古典文獻研究輯刊

二九編

潘美月・杜潔祥 主編

第24冊

中俄文學交流論稿（上）

李逸津 著

國家圖書館出版品預行編目資料

中俄文學交流論稿（上）／李逸津 著 — 初版 — 新北市：花
木蘭文化事業有限公司，2019〔民108〕
序 12+ 目 2+138 面；19×26 公分
（古典文獻研究輯刊 二九編；第 24 冊）
ISBN 978-986-485-963-4（精裝）
1. 中國文學 2. 俄國文學 3. 學術交流
011.08   108012008

ISBN-978-986-485-963-4

9 789864 859634

古典文獻研究輯刊
二九編　第二四冊　　　　　　　　ISBN：978-986-485-963-4

中俄文學交流論稿（上）

作　　者　李逸津
主　　編　潘美月　杜潔祥
總 編 輯　杜潔祥
副總編輯　楊嘉樂
編　　輯　許郁翎、王筑、張雅淋　美術編輯　陳逸婷
出　　版　花木蘭文化事業有限公司
發 行 人　高小娟
聯絡地址　235 新北市中和區中安街七二號十三樓
　　　　　電話：02-2923-1455／傳眞：02-2923-1452
網　　址　http://www.huamulan.tw 信箱 hml810518@gmail.com
印　　刷　普羅文化出版廣告事業
初　　版　2019 年 9 月
全書字數　339224 字
定　　價　二九編 29 冊（精裝）　新台幣 58,000 元　
版權所有・請勿翻印

中俄文學交流論稿（上）

李逸津 著

作者簡介

李逸津，男，1948 年 10 月出生於天津市，1973 年畢業於天津師範學院（現天津師範大學）中文系，留校任教，直至 2011 年退休。曾任天津師範大學文學院教授、文藝理論教研室主任、國際中國文學研究中心副主任。於 1988～1989 年、1999～2000 年兩度受國家公派，到俄羅斯列寧格勒國立赫爾岑師範學院、聖彼得堡國立大學做訪問學者。在國內外學術刊物發表中國古代文論、中俄文學關係研究論文 80 餘篇，70 餘萬字。出版個人及合作學術專著 7 部，主編古代文論和美學教材兩部。

提　要

　　本書爲作者自 2009 年以來，參與多個國家或省部級社會科學重點研究項目而撰寫的論文匯編。各篇所論，基本圍繞 20 世紀中國與俄羅斯（包括蘇聯時期）之間文學交流這個中心。內分「文化外播」「文論吸納」「個案分析」三編，分別介紹俄羅斯漢學關注中國民俗文學與文化的傳統，並通過譯介中國古代志怪傳奇、「三言二拍」、《聊齋誌異》等通俗小說對中國民俗文化的接受與闡釋；中國自 20 世紀 30 年代左翼文學運動，尤其是 1949 年之後對俄蘇文論的吸收引進和本土化改造；當代俄羅斯著名漢學家宏觀論述中國文學史寫作和中國現代文學在俄蘇的研究情況，以及對《文心雕龍》《金瓶梅》《紅樓夢》等中國古典文學和文學理論經典著作的專題研究史。所有論文皆建立在實證材料的基礎上，舉證翔實，史論結合，對所述材料不是簡單羅列，而是皆有作者個人的議論和點評，具有一定的民俗學、文藝學、文學史研究乃至翻譯闡釋學方面的理論價值。文中所引俄文資料，大多由作者直接根據原文譯出，其中有些材料係首次向中文讀者披露，故亦有一定的資料價值。讀者可從中瞭解 20 世紀俄羅斯漢學—文學研究的發展概況，中國文學與文化在俄羅斯的傳播，以及中國特色現代文藝理論體系對俄蘇文論選擇性吸納的歷程。

我與中俄文學關係研究
（代序）

　　眼下「海外漢學」熱悄然興起，不僅許多外語專業人士以此為新的學術發展方向，中文、歷史，甚至經濟學、政治學、社會學等專業的學者，也有不少人躋身海外漢學研究。國內許多高校和科研院所，也紛紛成立「海外漢學」或「國際中國學」等研究機構，召開了不少這方面的學術會議，國家也批准了一系列與這一領域研究有關的科研立項。作為一個自上世紀 90 年代初就涉足中俄文學關係研究的參與者，看到自己為之努力的學術領域有了新的同志，有了被社會認可和呼應的學術潮流，自然是十分欣喜。不過，我始終不認為自己是在研究俄羅斯漢學。因為在我看來，海外漢學是一個十分寬廣的學術領域，不僅是文學，還有哲學、歷史、地理、政治、經濟、文化，甚至軍事、宗教等等，所有一切外國人研究中國這些領域問題的學術，都屬於「海外漢學」的範疇。而我所做的工作，不過是研究俄羅斯如何引進介紹和研究中國文學的情況，所以我總說自己從事的是「中俄文學關係」研究。

　　說起我進入這個學術領域，實在是很偶然，甚至帶有被動、「誤闖」的成分。上世紀 80 年代末，長期緊張的中蘇關係出現解凍，蘇聯方面自 1985 年戈爾巴喬夫上臺之後，推出一系列旨在改善中蘇關係的舉措，其中包括雙方互派 600 名高等學校教師進行學術交流。我自己早在 60 年代上小學時就學過俄語，以後從初中到高一「文革」開始之前，又學了 4 年俄語。70 年代末報考研究生，為了應付外語考試，駕輕就熟還是選擇了俄語。研究生學習期間，作為研究生公共外語課程，又跟專業老師學了一年俄語。以後考慮到評職稱還要考外語，又參加了學校為青年教師晉升職稱組織的俄語輔導

班。自己還訂閱過一些俄語普及讀物，甚至買過一些俄文原著練習翻譯。有了這些積累和儲備，當學校通知各系選拔赴蘇訪學教師的時候，我毫不猶豫就報了名，並且通過了學校內部的初選。然後就是到北京參加出國人員外語水平測試（BFT）。1987年春天第一次考試沒過，但瞭解了考試門路。到秋天再考，得了84分，超出非專業人員及格線2分，被批准參加國家教委委託上海外國語大學主辦的出國外語強化培訓班。這樣1988年上半年到上海培訓，考試合格，下半年就被派到蘇聯列寧格勒國立赫爾岑師範學院（現名俄羅斯國立赫爾岑師範大學）去做「訪問學者」（俄文名稱叫「進修生」——стажёр）。

我自己是中文系教師，在學校裏教文藝理論和古代文論，到俄羅斯學什麼？學中國古代文論？那真成了錢鍾書先生在《圍城》裏諷刺的「學國文的人出洋『深造』聽來有些滑稽」了，所以我只能選新中國建國之初從蘇聯引進的「文藝理論」。想到當時國內正在反思長期影響我國文藝理論教學和文藝路線政策的蘇聯文論體系，研究如何創建有中國特色的社會主義文藝理論。到這套理論的源頭去做追根溯源的探尋，實地考察其課堂教學與文藝工作實踐，與教師、學者和文藝工作者直接對話，瞭解其現實發展與爭議質疑，自認為是很實際，也是很急需的吧？於是我就在填報進修選題時寫了「蘇聯高等學校文藝理論教學現狀評估」。此時我還根本沒想到研究什麼「蘇聯漢學」。

還是到臨出發的前一天，我到系裏去跟領導、同事們道別，在樓門前遇到古漢語教研室的隋文昭老師。隋老師問我去蘇聯的事，同時提醒我說：「列寧格勒可是蘇聯重要的漢學研究基地，你到那裡應該考察一下他們漢學資料收藏和最新的研究狀況。」這話對於當時的我來說，可謂醍醐灌頂、茅塞頓開，這時我才在自己的進修計劃裏加上了考察蘇聯漢學的內容。

到達列寧格勒赫爾岑師範學院語文系之後，系裏指派葉甫蓋尼·阿列克謝耶維奇·卡斯丘辛副教授做我的學術導師。別看他是副教授，但擁有正博士學位，這在當時的蘇聯高校非常難得，所以課程表上他的名字前頭，標有兩個俄文字母「Д」（Доктор 博士加 Доцент 副教授）。導師不懂中文，派他做我的導師，一是因為當時赫爾岑師院語文系裏只有他一個人在教文藝理論，同時也因為他出生在哈薩克斯坦，其博士論文研究的是中亞民間動物故事和傳說，用當時系秘書小姐的話來說：「算是和你們中國沾點邊吧！」導師早年

畢業於莫斯科大學，是蘇聯著名文學理論家、波斯彼洛夫學派創始人 Г.Н. 波斯彼洛夫（1899～1992）〔註1〕教授的學生。在這樣一位導師指導下研究蘇聯文學理論問題，自然十分榮幸。但我還是想試著貼近自己在國內原來的研究方向，以便揚長避短，易出成果。與導師接觸不久，我就提出想寫一篇介紹中國古代文論的論文，將來就算作我的進修總結報告。導師很爽快地答應了，並親自幫我修改。這樣我就寫出了平生第一篇俄文論文《什麼是「氣」──論中國古代文學理論的一個概念》（Что такое ЦИ？──Об одном из понятии древнекитайской теории литературы），這也算是我在中俄文學交流研究方面的處女作吧。

赫爾岑師院裏沒有東方學科，也沒有懂漢語的人和漢籍藏書，所以在這裏根本談不上考察什麼「蘇聯漢學」。幸好我在中國駐列寧格勒總領館組織的出國留學人員集會上，認識了當時在列寧格勒大學東方系教漢語的來自北京語言學院的劉鐮力（原名劉蓮麗，文革時改的這樣一個革命化名字）老師。劉老師是 60 年代天津南開大學中文系的畢業生，又和我當時所在系黨總支書記的愛人是同班同學，找到了幾個共同點，這就一下子拉近了我們之間的距離。劉老師是個熱心人，當即向我提供了幾位列大東方系漢學家的名單。經她介紹，我得以拜訪和諮詢了著名漢語翻譯家尼古拉・斯別什涅夫（漢名司格林，1931～2011）〔註2〕，著名中國古典文學和戲曲研究專家列夫・緬尼什科夫（漢名孟列夫，1926～2005）〔註3〕，古漢語研究專家謝爾蓋・雅洪托夫（1926～2018）〔註4〕等老一代學者，還有當時在東方系讀研究生並兼任教學秘書的一位記不清是叫「維拉」還是「列娜」的小姐。這位小姐當時正跟司格林教授攻讀中國當代文學，她向我介紹了中國當代文學作品在蘇聯翻譯和

〔註1〕 根納季・尼古拉耶維奇・波斯彼洛夫（Геннадий Николаевич Поспелов，1899～1992），蘇聯著名文藝學家、文學理論家，自 1960 至 1977 年任莫斯科大學文學理論教研室主任。其所提出的「藝術的意識形態本性」理論，對我國新時期之初關於藝術本質的大討論產生過較大影響。

〔註2〕 尼古拉・阿列克謝耶維奇・斯別什涅夫（Николай Алексеевич Спешнев），出生於北京，在中國生活了 16 歲，是俄羅斯漢學界著名的中國通。生前爲俄羅斯國立聖彼得堡大學榮譽教授，俄羅斯聯邦高等學校功勳工作者。

〔註3〕 列夫・尼古拉耶維奇・緬尼什科夫（Лев Николаевич Меньшиков），現代蘇聯新漢學奠基人 В.М. 阿列克謝耶夫的學生，東方學家、漢學家，翻譯家，自 1955 年起任蘇聯科學院東方學研究所列寧格勒分所研究員。

〔註4〕 謝爾蓋・葉甫蓋尼耶維奇・雅洪托夫（Сергей Евгеньевич Яхонтов），列寧格勒國立大學東方系副教授，漢學家，歷史比較和普通語言學家。

研究的情況，還幫我複印了一批從圖書館借來的中國新時期文學作品的俄譯本。當時正值戈爾巴喬夫計劃訪華，蘇聯掀起了一場不大不小的「中國文學熱」，許多中國新時期文學作品在蘇聯被翻譯介紹。這使當時與中國隔閡 20 多年、並對中國改革開放抱有極大新鮮感的蘇聯讀者產生了濃厚的興趣。記得當時在列寧格勒涅瓦大街書店裏出售新版《中國當代短篇小說選》（Современная новелла Китая）〔註5〕的時候，我也是擠在排隊大軍中才搶到了一本。這種盛況，今天是看不到了。

　　就這樣，我在列寧格勒零零散散地搜集了一些俄譯中國文學方面的資料，當時也沒想到要幹什麼，回國後有什麼用。不成想，我 1989 年 8 月底回國，本系王曉平老師找到我，說他和當時任中文系主任的夏康達教授領銜，申報了一個國家社科基金項目「20 世紀國外中國文學研究」，已經把我列入課題組成員名單。過不多久，他又找到我，說中國社會科學院文學研究所的周發祥先生約他申報的一個國家社科基金項目「中國古典文學在世界」也獲批准，但原定參加項目的社科院一位懂俄語的研究員因病退出，請我也參與這項工作。這樣，我一下子介入了兩個國家級社科基金項目的研究工作，壓力實在是不小。現在想來，也是我自己無知膽大，充滿自信，遇事不愁頭、不怯陣的性格使然，當時竟一口答應下來。曉平老師雖只比我大一歲，差不多算是同年，但他學業精進，科研起步很早，到我倆 1987 年一起去北京參加出國人員外語選拔考試的時候，他已經出版了一部專著《近代中日文學交流史稿》〔註6〕，評上了副教授職稱。這在今天年輕一代博士、教授們看來可能不算什麼，但在我們當年卻是了不起的成績。此時他正要去日本訪學，自然又能深入庫藏，淘到不少資料。而我已從蘇聯回來，當時匆匆帶來的那點資料肯定不夠，面對如此龐大的科研計劃，真是一頭霧水，確實感到了「書到用時方恨少」啊！

　　怎麼辦？只能再去北京國家圖書館淘材料了。曉平兄為了幫我完成任務，借給我一本北京大學李明濱先生贈予他的《中國文學在俄蘇》〔註7〕，這是我見到的介紹中國文學北播俄羅斯最早的一部著作，當時可以說就是我的學術路線圖和指南針。按照李先生著作的指引，我到北京國家圖書館複印了

〔註5〕　С・霍赫洛娃主編：《中國當代短篇小說選》（Современная новелла Китая），集體翻譯，莫斯科：藝術文學出版社，1988 年出版。
〔註6〕　王曉平著：《近代中日文學交流史稿》，長沙：湖南文藝出版社，1987 年出版。
〔註7〕　李明濱著：《中國文學在俄蘇》，廣州：花城出版社，1990 年出版。

第一批資料，有現代蘇聯新漢學的奠基作、В. М. 阿列克謝耶夫的《中國論詩人的長詩——司空圖〈詩品〉》（Китайская поэма о поэте-Стансы Сыкун Ту，彼得格勒：А. Ф. 德列斯列爾印刷所，1916 年出版），И. С. 李謝維奇的《古代與中世紀之交的中國文學思想》（Литературная мысль Китая на рубеже древности и средних веков，莫斯科：科學出版社，1979 年出版），К. И. 戈雷金娜的《19 至 20 世紀初中國的美文學理論》（Теория изящной словесности в Китае ХIХ-начала Х Х в.，莫斯科：科學出版社，1971 年出版）等等，此外還複印了蘇聯自 1970 年以後歷年出版、在國圖有館藏的《遠東文學研究的理論問題》、《中國：社會與國家》學術討論會論文集裏有關中國文學的一些重要文章。當時我的指導思想就是「韓信點兵，多多益善」，因爲我們未來要寫的「中國文學在俄羅斯的傳播與研究」，內容實在是包羅萬象，古典、現代，詩、詞、歌、賦，小說、戲劇，神話傳說、散文、筆記，只要在俄羅斯有翻譯和研究，就都是我要搜羅的文獻。那時我 40 歲出頭，正值壯年，在系裏也算是中青年骨幹教師，教學工作繁重，只能利用每年春節剛過，正月初五到十五這段寒假還沒過完，北京相對清靜的時間，到北京國家圖書館招待所住下，慢慢翻看、複印需要的資料。早上進圖書館翻卡片櫃，塡索書單，交借閱臺。拿到書以後，翻閱查找自己需要的部分，再送複印室複印。當時圖書館規定一次只能借五本書，取書、複印都需要等待，所以一整天下來，最多能取還兩次，看到十本書。有時不順利，借出來的書不適用，或是想要的書籍庫裏找不到，還看不了這麼多。忙活一整天，最後在暮色蒼茫中拖著疲憊的身軀，捧著一大摞複印材料離去。

這樣的日子，大約持續了四、五年。那時研究中俄文學關係的人還不多，經常是我到國圖再度索取去年看過的某本書時，該書借閱卡上記錄的還只有我的名字，中間再沒有別人看過。估計裏邊書庫工作人員看借閱卡，就能知道去年那個人又來了。資料到手，眞正的重頭戲還在後頭。我是非俄語專業出身，平時作爲公共外語和出國前突擊培訓學的那點兒俄語，只能應付一般生活交際，用來讀專業性很強的文學研究著作，那眞是杯水車薪，不敷一用。沒辦法，只能借助詞典硬啃。從 1990 年開始動手翻譯資料，到 1998 年第一批書稿交付出版社，我前後翻爛了兩本厚厚的《大俄漢辭典》。有些老一代俄羅斯漢學家的著作，用的還是舊俄文字母，需要對照新舊俄文字母表去辨認；遇到措辭艱深冷僻的著作，甚至需要一個詞一個詞地查字典。而自己

當時做講師已過五年，晉升高級職稱迫在眉睫，像這樣慢吞吞的工作節奏，出成果要等到何時？形勢逼得我不能等集體項目全部完成，必須先打短平快，湊夠一篇文章的材料就及時成文，及時發表。我自己讀研究生時學的是古代文論，而俄羅斯漢學家研究這方面內容的著作，當時國內翻譯介紹的還不多，即便介紹也比較簡略。像李明濱先生《中國文學在俄蘇》一書中對阿列克謝耶夫司空圖《詩品》研究的介紹，就是如此。於是我決定以此為突破口，先翻譯評論這方面的著作。經過三年多的奮鬥，我在 1994 年《天津師大學報》第 2 期上發表了我在俄蘇漢學——文學研究領域的第一篇論文《〈文心雕龍〉在俄羅斯》，同年 9 月在《天津外國語學院學報》第 2、3 期合刊上，發表了《中國古代文論研究在俄羅斯》，次年在《齊齊哈爾師範學院學報》1995 年第 3 期上，發表了《俄羅斯漢學家對〈文賦〉的接受與闡釋》。這一年還在《河北師院學報》第 1 期上，發表了《前蘇聯中國新時期文學研究述評》。這幾篇文章的發表，使我得以晉升為副教授，也從此奠定了我後半生學術生涯的基本走向。

現在回過頭來看，我當時發表的那幾篇文章，實在十分淺薄，基本上可以說是翻譯材料的堆積。其中唯一可以自我肯定的，是我憑自己以前所學中國古代文論方面的知識積累，對俄蘇漢學家翻譯研究中國古代文論的著作，作了一定程度的文本分析和點評。這在當時純俄文專業出身學者的著作中尚不多見。以後到 1999 年，中國社會科學院文學研究所編纂的《中國文學年鑒（1995～1996）》，全文收錄了我撰寫的《中國古典文論在俄蘇》〔註8〕；我為合作專著《國外中國古典文論研究》撰寫的「司空圖〈詩品〉研究舉要」一節〔註9〕，被俄羅斯著名漢學家李福清院士錄入其為 2008 年再版的 B. M. 阿列克謝耶夫《中國論詩人的長詩——司空圖〈詩品〉》一書編寫的《現代司空圖作品研究文獻目錄》〔註10〕。進入 21 世紀，一些研究中俄文學交流的碩士、博士論文和專著中，也有人引用我當年對阿列克謝耶夫《詩品》研究所作的

〔註 8〕 《中國文學年鑒（1995～1996）》，北京：作家出版社，1999 年版，第 633～639 頁。

〔註 9〕 王曉平、周發祥、李逸津著：《國外中國古典文論研究》，南京：江蘇教育出版社，1998 年版，第 365～370 頁。

〔註 10〕 B. M. Алексеев: Китайская поэма о поэте Стансы Сыкун Ту. Москва: изд. Фирма 《Восточная литература》 РАН. 2008.c.677.

B. M. 阿列克謝耶夫：《中國論詩人的長詩——司空圖〈詩品〉》，莫斯科：俄羅斯科學院東方文學出版公司，2008 年版，第 677 頁。

翻譯和評論，說明我對這門學術的發展，也做出了自己的貢獻。當年的辛勞沒有白費，這是我最為欣慰的。

1999 年，我獲批國家教育部公派訪問學者，第二次來到蘇聯解體後恢復舊名聖彼得堡的列寧格勒，進聖彼得堡國立大學語文系進修。這時我已經在國內與學界友人合作，出版了《國外中國古典文論研究》、《國外中國古典戲曲研究》〔註11〕和《二十世紀國外中國文學研究》〔註12〕三本專著，再到俄國，面對俄羅斯漢學家們，有了一些可作自我展示和平等對話的資本了。當時我提出想改派到東方系，但中國駐聖彼得堡總領館教育領事王英老師對我說：「你是中文系副教授，到他們東方系進修什麼？給他們講課還差不多，還是別改了吧？」於是維持原計劃到了語文系。

這次出發前，經過數年學術合作已經建立起深厚友誼的周發祥先生特意從北京給我打來電話，他此時擔任社科院文學所比較文學研究室主任，囑咐我多搜集一些俄羅斯比較文學研究方面的最新情況，所以我去語文系也算重任在肩，不是「打醬油」瞎混。

到了聖彼得堡大學語文系，我才知道俄羅斯大學裏並沒有「比較文學」這門課程，他們的叫法是「比較文藝學」（Сравнительное литературоведение）或「歷史比較文藝學」（сравнительно-историческое литературоведение），其內容被定義為研究各民族文學之間的相互聯繫，以及不同國家文學的相似性與區別性，屬於文學史的一部分，因此劃歸文學史教研室。而俄羅斯這門學術分支的創始人亞歷山大・尼古拉耶維奇・維謝洛夫斯基（Александр Николаевич Веселовский，1838～1905）恰恰是沙皇時代聖彼得堡大學的功勳教授，他的代表作《歷史詩學》（Историческая поэтика）現在已經被譯成中文，由我們天津百花文藝出版社出版。我到聖彼得堡大學語文系來，還真算拜對了山門。語文系指派給我的學術導師是俄羅斯文學史教研室主任奧斯柯里德・鮑里索維奇・穆拉托夫教授（Аскольд Борисович Муратов，1937～2005），這位老先生是俄國傑出的文藝學家，專攻 19 世紀俄羅斯文學史。但讓他來指導我這個憑「半弔子」俄語來到俄國，而且並非研究俄羅斯文學的進修生，實在也是大材小用。老先生借給我兩本 1926 年列寧格勒出版的介紹

〔註11〕孫歌、陳燕谷、李逸津著，南京：江蘇教育出版社，2000 年 1 月出版。
〔註12〕夏康達、王曉平主編，本人撰寫俄蘇部分，天津：天津人民出版社，2000 年 1 月出版。

維謝洛夫斯基生平事蹟和學術思想的小冊子，以後就很難找到他了。看著手裏這兩本書脊磨損、紙頁薰黃的小書，估計其文物價值大於文獻價值，我實在有些誠惶誠恐，小心翼翼，生怕弄丟或弄爛。據同來的中國俄語界人士說，國內早有翻譯介紹維謝洛夫斯基學說的著作發表，不必在俄國啃這種老古董，於是我匆匆摘譯了一半左右，就把它們完璧奉還給穆教授了。

　　我心中實際的興奮點，還是在俄羅斯漢學——文學研究。這次很幸運地結識了此時正在東方系司格林先生門下讀研究生的華僑學者韓丹星女士。其實我與她應該說早就認識，1989 年我第一次在赫爾岑師院進修時就見過她。她當時是國內東北師大地理系教師，帶著 6 歲的女兒來列寧格勒看她的俄國姨媽。那時和我在一起的有東北師大俄語系的于延春老師，與韓丹星的媽媽是同事，他倆在食堂裏見面說話，我在一旁聽著，但她可能不記得我。後來我第二次來俄羅斯之前，也是第一次出國結識的老朋友、清華大學的李剛軍老師給我來信，說有個中國研究生需要買平凹研究方面的資料，我便複印了一些有關文章給他寄去了。到了彼得堡之後我才知道，我所寄材料給的就是這位韓丹星。這樣，我倆以文結緣，也就成了朋友。經韓老師牽線搭橋，我得以認識了當時擔任東方系中國語文教研室主任的 E. A. 謝列布里亞科夫〔註13〕教授，並參加了東方系為慶祝中華人民共和國成立 50 週年舉辦的學術研討會。又經謝教授介紹，認識了當時在俄羅斯科學院東方學研究所彼得堡分所工作的瑪麗娜・克拉夫左娃（漢名瑪麗）〔註14〕，再以後又通過他們的輾轉介紹，以及我天津師大中文系過去的學生、現在莫斯科攻讀碩士學位的古紅雲女士的幫助，結識和拜訪了 E. A. 托爾奇諾夫（漢名陶奇夫）〔註15〕、

〔註13〕 葉甫蓋尼・亞歷山大洛維奇・謝列布里亞科夫（Евгений Александрович Серебряков，1928～2013），生於列寧格勒。1950 年畢業于列寧格勒大學東方系。1954 年以論文《中國偉大詩人杜甫的愛國主義與人民性》獲語文學副博士學位。1973 年以論文《陸游的生平與創作》獲博士學位。1950 年後在列寧格勒大學東方系任教，長期擔任中國語文教研室主任。

〔註14〕 瑪麗娜・葉甫蓋尼耶夫娜・克拉夫左娃（Марина Евгеньевна Кравцова，1953～），出生於列寧格勒。1975 年畢業于列寧格勒大學東方系。自 1975 年至 2003 年在俄羅斯科學院東方學研究所聖彼得堡分所工作。1983 年以論文《沈約的詩歌創作》獲語文學副博士學位。1994 年獲語文學博士學位，論文題目《中國傳統詩歌藝術美學經典的形成》。2003 年 9 月調入聖彼得堡大學哲學系東方哲學與文化教研室任教授，2004 年 9 月起為該教研室主任。

〔註15〕 葉甫蓋尼・阿列克謝耶維奇・托爾奇諾夫（Евгений Алексеевич Торчинов，1956～2003），蘇聯－俄羅斯宗教學家、漢學家、佛學家、中國哲學與文化史

譚傲霜〔註16〕、A. M. 卡拉別契揚茨（漢名高辟天）〔註17〕、Г. A. 特卡琴科〔註18〕等知名漢學家，從他們那裡獲得了許多關於當代俄羅斯漢學——文學研究情況的最新信息。

這一年在聖彼得堡大學我還結識了同住在瓦西里島謝甫琴科街 25 號聖彼得堡大學研究生和外國留學生宿舍樓的 A. A. 羅季奧諾夫（漢名羅流沙）〔註19〕和他的妻子 O. П. 羅季奧諾娃（漢名羅玉蘭）〔註20〕，他倆當時還都在讀研究生。這是一對對中國和中國人民懷有友好感情的小夫妻，我們之間

家。1994 年獲哲學博士學位，聖彼得堡大學哲學系教授，聖彼得堡佛館佛學講師及名譽主席。《宗教學》雜誌編委會成員。

〔註16〕 譚傲霜（1931～2017），具有中國血統的俄羅斯漢學家，畢業於北京大學中文系。1995 年獲語文學博士學位，2000 年 10 月起任莫斯科大學亞非學院教授。在漢語研究、漢語教學及教材編寫方面成績卓著，爲俄羅斯漢語教學和漢語推廣做出了重大貢獻。

〔註17〕 阿爾傑米·米哈伊洛奇·卡拉別契揚茨（Артемий Михайлович Карапетьянц，1943～），生於莫斯科，譚傲霜的丈夫。蘇聯—俄羅斯中國語文學家、版本學家和中國哲學史家。自 1966 年起爲莫斯科大學亞非學院教師。

〔註18〕 萬里高利·亞歷山大洛奇·特卡琴科（Григорий Александрович Ткаченко，1947～2000），出生於莫斯科，1965 年進入莫斯科大學東方語言學院（現爲亞非學院）中國語文教研室學習。1970 年大學畢業後到軍隊服役。1972～1974 年在政治新聞通訊社（АПН）遠東總編室工作。1974～1976 年在蘇聯科學院東方學研究所工作。1982 年以論文《作爲文學文獻的〈呂氏春秋〉》獲莫斯科大學語文系副博士學位。1984 年回到東方學研究所，從 1991 年起成爲俄羅斯科學院哲學研究所東方哲學部研究員。自 1995 年起俄羅斯國立人文大學（РГГУ）東方語言教研室主任，並在 1996～1999 年間兼任人文大學歷史與文化人類學所長。

〔註19〕 阿列克賽·阿納托里耶奇·羅季奧諾夫（Алексей Анатольевич Родионов，1975～），出生于布拉格維申斯克，1992～1997 年在布拉格維申斯克師範大學漢語教學專業學習。1998～2001 年在俄羅斯國立聖彼得堡大學研究生班學習，師從俄羅斯當代著名漢學家、漢語翻譯家尼古拉·斯別什涅夫（司格林）教授。2001 年以論文《老舍與中國 20 世紀文學中的國民性問題》獲語文學副博士學位。現任俄羅斯聖彼得堡國立大學東方系副教授、系常務副主任，聖彼得堡俄中友協副主席，歐洲漢學協會副理事長，俄中兩國互譯 50 部文學作品工作小組成員。

〔註20〕 阿克薩娜·彼得羅夫娜·羅季奧諾娃（Оксана Петровна Родионова，1976～），出生于布拉格維申斯克。1993～1998 年在布拉格維申斯克國立師範大學外語系學習，主修漢語、英語和中文翻譯。1999～2003 年在科學院遠東研究所做研究生，師從俄羅斯當代著名漢學家 В. Ф. 索羅金教授。2003 年以論文《當代中國作家張賢亮的創作》獲語文學副博士學位。現任俄羅斯國立聖彼得堡大學東方系漢語教研室副教授。

建立起如俄國人所說的「互相幫助」（俄語：помогать друг другу）的合作關係。我向他們請教俄文方面的問題，他們向我諮詢中國文學。流沙的研究題目是老舍，玉蘭研究張賢亮。我們之間的這種忘年交友誼一直延續到今天。現在他倆已經是在俄羅斯漢學界享有一定名氣，並且在工作崗位上挑大樑的中年學者了，他們對我後來的研究工作，也提供了許多具體的幫助。

除了向俄羅斯漢學家當面諮詢和請教，搜集俄羅斯漢學——文學研究資料最基本的途徑當然還是購買圖書和複印資料。聖彼得堡大學東方系所在的大學河岸街 11 號樓一層半地下室的書店，以及大學主校區北面不遠的俄羅斯科學院聖彼得堡分院圖書館，就成了我經常光顧的地方。在我進修的那一年裏，幾乎書店裏所有新上架的中國文學翻譯和研究方面的著作，都被我盡數收入囊中。此外，位於涅瓦大街、鑄造廠大街和瓦西里島上的幾處舊書店，也成了我淘書的好地方。要知道，在俄羅斯買舊書有時比新書還貴，並且俄國政府規定 40 年代以前出版的舊書算文物，不許出境，買書的時候還要看好年代。我在這些地方買到的一些有重要參考價值的好書，如 К. И. 戈雷金娜的《太極——中國 1～13 世紀文學與藝術中的世界圖畫》（Великий предел: китайская модель мира в литературе и культуре Ⅰ-ⅩⅢвв.莫斯科：科學出版社，1995 年出版）、И. Г. 巴蘭諾夫的《中國人的信仰和習慣》（Верования и обычаи китайцев，莫斯科：螞蟻出版社，1999 年出版）、В. А. 魯賓的《古代中國的個性與政權》（Личность и власть в древнем китае，莫斯科：俄羅斯科學院東方文學出版中心，1999 年出版）、С. А. 謝洛娃的〔註21〕《俄羅斯白銀時代戲劇文化與東方藝術傳統（中國、日本、印度）》（Театральная культура серебрянного века в Росси и художественные традиции Востока: Китай. Японния. Индия，莫斯科：俄羅斯科學院東方學研究所，1999 年出版）等等，尤其那本在舊書店裏淘到的《中國色情》（Китайский эрос，莫斯科：正方出版聯合體，1993 年出版），回國後從中取材，助我寫成了好幾篇得以在核心期刊發表的重要文章。直到最近，《重慶三峽學院學報》發表我的一篇《俄譯中國古代豔情小說中的性民俗與性文化解讀》，許多材料還是取自那本《中國色

〔註21〕 斯維特蘭娜・安德烈耶夫娜・謝洛娃（Светлана Андреевна Серова，漢名謝雪蘭，1933～），出生於莫斯科。其父二戰時在蘇軍總政治部工作，參加過解放中國的戰鬥，並且跟中國人學習過漢語。受父親影響，她 1951 年中學畢業後即入東方學院學習漢語，1957 年畢業。後又進國際關係學院學習，獲歷史學博士學位。現任俄羅斯科學院東方學研究所主任研究員。

情》。一年出國搜集的資料，讓我用了十多年，甚至國內某知名作家在舉辦中俄文化論壇展覽時，還借用過我收藏的俄譯漢籍作爲展品。直至我退休之後，仍有學界朋友邀我參與國家級重點科研項目，每年還能在國內外學術刊物上發表兩三篇論文，用我的一位當過出版社編輯的同事的話來說，這叫「抓住了活魚」，充分說明了在學術研究中佔有第一手資料的重要。

2000 年秋天回國後，我申報並主持了天津市「十五」社科規劃項目「20世紀俄羅斯漢學——文學研究」，並承蒙天津師範大學和文學院領導的支持，成立了由我任所長的「天津師範大學當代俄羅斯漢學研究所」，組織本校學術力量，有計劃地開展對當代俄羅斯漢學的研究工作。以後我這個所又與王曉平教授主持的「比較文學與比較文化研究所」合併，於 2009 年成立了天津師範大學國際中國文學研究中心，承擔了國家級重大社科項目「20 世紀中外文學學術交流史」的研究。有團隊的協作，有項目的規劃，使我的工作更有目標，也更有動力。自 2009 年之後，我在 8 年時間裏在國內外學術刊物和學術討論會上累計發表了俄羅斯漢學——文學方面的研究論文 70 多篇，60 余萬字，出版了兩部個人學術論文集：《兩大鄰邦的心靈溝通——中俄文學交流百年回顧》（哈爾濱：黑龍江人民出版社，2010 年出版）和《文化承傳與交流互讀》（哈爾濱：黑龍江人民出版社，2016 年出版）。這些零星瑣碎的成績，在方家耆宿或年富力強的學界新秀看來，可能微不足道，但畢竟是個人心血的結晶，難免「敝帚自珍」，聊以自慰。撫今追昔，感慨萬端，拉拉雜雜陳述如上，也希望能對後生學子起一點鼓舞和激勵作用。

回顧自己涉足中俄文學關係研究近 30 年的歷史，我總結出以下四點體會，供有志於此道的後生學人參考：

其一，要堅持不懈、持之以恆，有甘於寂寞，安於坐冷板凳的精神。中外文學關係研究是新興學科，可資借鑒的前人成果較少，且要求兼通中文和外語，需要披沙揀金，自己去開發研讀原始資料。這就需要時間，需要下笨工夫。期望抄近道，走捷徑，短期見效，早出成果，十分困難。我當年第一次回國投入研究工作，花了四年時間，才寫出第一篇論文，這就大大拖慢了自己晉升職稱的速度。所以，必須有爲學術獻身的精神和定力。不受暫時成敗的干擾，心不旁騖，執著專一，才能最終取得成果。

其二，要讀書，也要讀無字書。搞中外文學關係研究的人，肯定要出國，要接觸國外社會和文化語境。那就要把握住機會，廣交學界朋友，尤其是外

國漢學家，同他們保持密切的聯繫，及時瞭解對方最新的學術動態。尤其現在有了互聯網這個便利條件，與遠隔千山萬水的外國友人聯繫，只是電腦鍵盤敲幾秒鐘的時間。我近幾年寫的一些文章，就是利用俄國漢學家朋友提供的最新材料完成的。交友，就要真誠，就要有許多功利目的之外的人與人之間相互暖心的溝通。宋代詩人陸游說：「汝果欲學詩，工夫在詩外」，今天做學問也是如此。為什麼外國朋友能對你有求必應？你自己平時就要維護這個關係，不能急來抱佛腳，用時才燒香。與外國漢學界人士保持長期穩定良好的友誼，是從事中外文學關係研究一門必不可少的「詩外工夫」。

其三，研究國外漢學，尤其是外國人的中國文學研究，一方面要克服盲目自大，認為外國人研究中國文學全是「門外文談」，不可能有什麼超過中國的真知灼見的偏見；另一方面也要防止崇洋媚外，奉外國人意見為金科玉律的「文化殖民」心理。早在上世紀 90 年代，國內理論界就有學者提出了文藝理論上的「失語症」的問題。外國人的一些「新術語」「新學說」「新見解」，在某些人看來就是「現代意識」，就要全盤吸納，這是另一種需要克服的傾向。在中外文學關係研究中，我們必須堅持自己的文化自信，要站在馬克思主義世界觀和方法論的高度，去科學地批判地吸收借鑒外國人對中國文學的分析評價。要用我們自己對祖國文學的深刻理解，及時糾正和批駁外國人對中國文學的曲解和誤讀。也只有這樣，我們才能在世界漢學——文學研究論壇上彰顯一個文化大國的風範，真正贏得國外漢學家對我們的敬重。

其四，要堅持我國歷來奉行的對待外來文化的「洋為中用」原則。海外漢學本質上屬於外國學，研究國外中國文學研究，是要摸清中國文學流播海外的底數，研究外國人對我們中國文學如何譯介、如何評價，最終為中國文學走向世界服務。所以，我們的立足點是中國，要站在中國需要的立場上，有選擇地觀察和研究外國學術的走向。我們不能被外國人牽著鼻子走，而要積極地引導和扶助外國人對我們的研究。隨著中國綜合國力的強大，國際地位的提高，實際上外國人更加關注的也是現代中國的實際情況，對這方面的話題更感興趣。所以，我們做中外文學關係研究的學者，要密切關注外國對中國文學最新動向的研究，及時報導和評論他們這方面的研究成果。這也是國內學術期刊最願意發表的題目，是有志於此道的青年學子們的成功之路。

（作於 2017 年 10 月 10 日，69 歲生日之際）

目次

第一編　文化外播

引論：俄蘇漢學關注與研究中國民俗文化的傳統

　　俄語「民俗」（Фольклор）一詞來自英文（folklore），其本意係指「民間的智慧」。筆者當年在俄羅斯國立赫爾岑師範大學進修時的導師、語文學博士葉甫蓋尼・阿列克謝耶維奇・卡斯丘辛（Е. А. Костюхин，1938～2006）教授在他 2004 年出版的《俄羅斯民俗學講座》中寫道：「在我國，民俗這一概念通常指的是民間口頭創作，換句話說，就是作為文本總和的口頭文學作品。」〔註1〕本編即通過對俄羅斯 20 世紀以來翻譯闡釋中國民間通俗小說的介紹，探討中國民俗文化借助文學交流的渠道在俄羅斯傳播的問題。

　　俄羅斯漢學素有關注中國民俗和民間文學的傳統。早在 18 世紀初，彼得大帝在 1700 年下令向中國派遣傳教士的諭旨中就要求：「他們能學會漢語、蒙語和中國文書，並瞭解中國人的迷信」，以便把中國人帶到「對耶穌的信仰」。〔註2〕據 П. Е. 斯卡奇科夫（Петр Емельяно Скачков，1892～1964）所編《中國書目》記載，1828 年在俄國出版了中國通俗小說《玉嬌梨》〔註3〕

〔註1〕 Костюхин Е. А.: Лекции по русскому фольклору. Москва: изд. Дрофа, 2004. c.5.

　　　　Е. А. 卡斯丘辛：《俄羅斯民俗學講座》，莫斯科：大鴇出版社，2004年版，第5頁。

〔註2〕 Дацышен В. Г.: История изучения китайского языка в Российской империи. Красноярск: изд. Красноярский государственный университет. 2000. c.15.

　　　　В. Г. 達奇生：《俄羅斯帝國漢語研究史》，克拉斯諾雅爾斯克：克拉斯諾雅爾斯克大學出版社，2000年版，第15頁。

〔註3〕 Атенеум，г. 1828. №20.《雅典娜神廟》雜誌，1828 年第 20 期。

片斷，1832 年至 1833 年出版了《好逑傳》〔註4〕，但這些都是從法文譯本轉譯的。1832 年，俄國駐北京第 11 屆宗教使團中一位名叫帕維爾・庫爾良德采夫的學員因病回國，帶回一部《石頭記》手抄本，共 35 冊（現藏俄國科學院東方學研究所聖彼得堡分所）。這是最早傳入俄國的中國古典小說原著。此後，同一屆使團的另一位學員 А. И. 柯萬科在返國後用「德明」的筆名，在 1841 至 1843 年的《祖國紀事》雜誌上撰寫了 10 篇題為《中國紀行》的文章。其中在 1843 年第 26 期雜誌上發表的文章中，作者翻譯介紹了《石頭記》第一回的開頭部分。〔註5〕這大概是俄譯《石頭記》的最早文本了。

1880 年，俄羅斯科學院院士、聖彼得堡大學教授瓦西里・巴甫洛維奇・瓦西里耶夫（漢名王西里，Василий Павлович Васильев，1818～1900）出版世界上第一部中國文學史——《中國文學史綱要》（Очерк истории китайской литературы）。儘管該書用了大量篇幅來介紹在我們今天看來並非文學的古代文獻，但作為一個熟諳西方文學觀念的學者，作者心中對「中國文學」的真正內涵，其實是有自己的理解和標準的。這尤其表現在他突破中國傳統的以詩文為正宗的文學觀，對民間俗文學——戲劇、小說等給予了充分關注，並作出高度肯定的評價。在全書最後一章「民間文學——戲劇、中篇小說、長篇小說」〔註6〕中，王西里首先分析了「這種在我們這裡最能稱得上是雅文學的文學分支」卻為什麼「在中國人那裡處於完全被蔑視」〔註7〕地位的原因，那就是儒學的思想統治。他指出，中國文人及官方統治者對待小說戲劇的態度與廣大民眾之間的對立，來自於「儒學精心維護其所攫取到的統治思想的權力」。〔註8〕而當其中某種藝術種類被官方接受，比如元朝蒙古族統治者自己喜歡看戲，「皇上也有劇院」〔註9〕，儒生們便不再堅決反對，於是對那些

〔註4〕 莫斯科：拉扎列夫印刷所，1832～1833 年出版。

〔註5〕 參閱戈寶權：《談中俄文字之交》，載周一良主編：《中外文化交流史》，鄭州：河南人民出版社，1987 年版，第 548 頁。

〔註6〕 該章在《中國文學史綱要》，1880 年版中為第 15 章，2013 年再版為第 14 章。

〔註7〕 Васильев В. П.: Очерк истории китайской литературы. Санкт-Петербург: Институт Конфуция в СПбГУ, 2013. c.316.
В. П. 瓦西里耶夫：《中國文學史綱要》，聖彼得堡：聖彼得堡國立大學孔子學院，2013 年版，第 316 頁。

〔註8〕 В. П. 瓦西里耶夫：《中國文學史綱要》，聖彼得堡：聖彼得堡國立大學孔子學院，2013 年版，第 316 頁。

〔註9〕 這裡的「皇上」，俄文原文是「Богдохан」，係蒙古語中國皇帝（「大汗」、「神聖的汗」）之意。故筆者文中解釋為蒙古族統治者喜歡看戲。

「以語言優美著稱的民間戲劇表現出自己的寬容」。〔註10〕王西里指出，中國文人最看重的戲劇是《西廂記》。他說：「如果除去語言，拿（它的）情節和故事進程與我們優秀的歌劇相比，……未必在歐洲能找到很多如此精心創作的劇本。」〔註11〕

王西里書中論及的中國通俗小說有《聊齋誌異》、《列仙傳》、《搜神記》、《太平廣記》、《水滸傳》、《紅樓夢》、《金瓶梅》、《品花寶鑑》、《好逑傳》、《玉嬌梨》，以及歷史演義小說《開闢衍繹通俗志傳》、《東周列國志》、《前後七國志》、《三國志通俗演義》等。這裡被王西里評價為藝術性最高的是《聊齋誌異》。他說：「在語言的文雅和敘事的緊湊方面，最受尊崇的當屬在聊齋家裏編撰成的令人驚奇的小說集（《聊齋誌異》）。」〔註12〕對於聊齋故事，王西里特別注意揭示其中所體現的中國人的民族精神，如《羅剎海市》中「一個書生落到龍居之島，他們的國王喜歡他的賦、他的歌，就把自己的女兒嫁給了他。」王西里寫道：「這難道不是表達了中國人到處都應受尊敬的中國式的自信嗎？」〔註13〕

王西里在這一章裏分別以 25 行和 53 行文字的篇幅，概略介紹了長篇小說《紅樓夢》和《金瓶梅》的故事梗概。這與他對一般中國俗文學作品僅用隻言片語帶過相比，顯得十分突出。個中原因，用他自己的話來說就是：「總之在我們看來，憑個人觀察不能瞭解中國人的真實生活和他們對這種生活的真正想法，達到這一點還很遙遠，因為對歐洲人來說，不可能窺視到它的所有角落，也不能靠按時按日來分派人的生活的儒家書籍。只有長篇小說，使我們全面地認識這種生活，甚至也不是戲劇，因為它也不能提供那些詳情細節。」〔註14〕正因為長篇小說是對一段相對完整的社會生活過程的藝術反映，它那力圖按生活原貌再現生活的豐富性和全息性，通過複雜多樣的矛盾衝突

〔註10〕 В. П. 瓦西里耶夫：《中國文學史綱要》，聖彼得堡：聖彼得堡國立大學孔子學院，2013 年版，第 320 頁。

〔註11〕 В. П. 瓦西里耶夫：《中國文學史綱要》，聖彼得堡：聖彼得堡國立大學孔子學院，2013 年版，第 320 頁。

〔註12〕 В. П. 瓦西里耶夫：《中國文學史綱要》，聖彼得堡：聖彼得堡國立大學孔子學院，2013 年版，第 322 頁。

〔註13〕 В. П. 瓦西里耶夫：《中國文學史綱要》，聖彼得堡：聖彼得堡國立大學孔子學院，2013 年版，第 318、320 頁。

〔註14〕 В. П. 瓦西里耶夫：《中國文學史綱要》，聖彼得堡：聖彼得堡國立大學孔子學院，2013 年版，第 328 頁。

塑造人物性格和展現其內心世界的生動性和深刻性，是任何概括性的學術著作和程式化的戲劇表演所無法傳達和表現的。此外，王西里還指出：「從這些為中國人所鄙視的作品中，我們可以努力把一些片斷帶入（當然是將來）自己關於中國的教科書。」〔註 15〕民間通俗小說所使用的大量人民群眾活生生的口語，對於外國人學習語言確實是很好的教材，這也是俄羅斯漢學家重視《紅樓夢》《金瓶梅》這類市井人情小說的一個原因。

俄羅斯漢學家長期以來關注搜集和譯介中國民間通俗小說，除了藉以瞭解中國國情民俗，學習活生生的社會流行語的實用動機之外，還與他們大多出身貧寒，較少鄙視民間的貴族氣，而更願意吸收和接納體現下層情懷作品的審美趣味有關。王西里在書中談到像類似《金瓶梅》《品花寶鑒》這樣淫邪小說的價值時就寫道：「那裡有許多中國生活更為有意思的方面，除去奢華的豪宅，我們還瞭解了最貧窮的茅屋，骯髒的店鋪，以及那裡居民的風俗、情感和追求。」〔註 16〕

從現有的一些文獻記載看，19 世紀俄羅斯對中國民間俗文學的引進和介紹已經達到了一定的規模。如漢學家札哈爾・費德羅維奇・列昂契耶夫斯基（З. Ф. Леонтьевский，1799～1874）於 1835 年發表了根據王實甫劇本《西廂記》改寫的中篇小說《旅行者》〔註 17〕。曾於清光緒十三年（公元 1887 年）至十五年（公元 1889 年）任清政府駐俄使館隨員的繆祐孫〔註 18〕在其《俄遊日記》〔註 19〕中提到，他有個學習中文的俄國朋友顆利索甫（克利索夫）曾

〔註15〕 В. П. 瓦西里耶夫：《中國文學史綱要》，聖彼得堡：聖彼得堡國立大學孔子學院，2013 年版，第 328 頁。

〔註16〕 В. П. 瓦西里耶夫：《中國文學史綱要》，聖彼得堡：聖彼得堡國立大學孔子學院，2013 年版，第 328 頁。

〔註17〕 Рифтин Б. Л.: Из истории русско-китайских литературных связей дооктябрьского периода / Всемирная историяи Восток. Москва, 1999. // Голыгина К. И. Китайская классическая литература. / К. И. Голыгина и В. Ф. Сорокин: Изучение китайской литературы в России. Москва: изд. Восточная литература РАН. 2004. С.4.
李福清：《十月革命前俄中文學關係史片斷》，《世界歷史與東方》，莫斯科，1999 年版。轉引自 К. И. 戈雷金娜：《中國古典文學》，К. И. 戈雷金娜、В. Ф. 索羅金主編：《中國文學研究在俄羅斯》，莫斯科：俄羅斯科學院東方文學出版公司，2004 年版，第 4 頁。

〔註18〕 繆祐孫：生卒年不詳，清外交官。曾於清光緒十三年（公元 1887 年）至十五年（公元 1889 年）任清政府駐俄使館隨員。

〔註19〕 見上海著易堂版：《小方壺齋輿地叢鈔》第三帙，杭州：杭州古籍書店，1985

告訴他在俄國漢語學校裏的所用的教材：「其書之合滿漢文者，半爲康乾時官書，亦有私家所刊《西廂記》等。其譯成俄文之中國書，則有《古文尚書》、《孝經》、《三字經》、雜小曲。」可見當時俄國在引進中國經典、應用書籍之外，也同時引進民俗文學，以爲漢語學習的教材。這些都是早期俄羅斯漢學搜羅中國民俗文化資料的初步成果。

現代俄羅斯新漢學的奠基人瓦西里・米哈伊洛維奇・阿列克謝耶夫（B. M. Алексеев，1881～1951）在其半個多世紀的學術生涯中，一直不遺餘力地致力於翻譯、闡釋和研究以《聊齋誌異》爲代表的中國民間俗文學。1906 至 1909 年，阿列克謝耶夫被派往中國學習，期間他隨法國漢學家沙畹在中國華北進行了 4 個月的旅行。他此行的主要目的，本來是搜集中國民間年畫，但也就是在此期間，阿列克謝耶夫知道了蒲松齡的《聊齋誌異》，並且產生了翻譯和研究它的興趣。這一方面是因爲他在北京請的「中國先生」是拿《聊齋誌異》作爲教他學習漢語的教材，另一方面也由於他從《聊齋誌異》中看到了中國17、18 世紀的世俗生活和民間風情描寫，而這些恰恰可以爲他在中國看到的反映中國人日常生活與信仰的民間繪畫作文字的補充和說明。阿列克謝耶夫的女兒、俄羅斯科學院東方學研究所聖彼得堡分所研究員 M. B. 班科夫斯卡婭女士在《聊齋的朋友與冤家》一文中曾經指出：「對中國民間創作，特別是版畫的關注加深了阿列克謝耶夫對於《聊齋誌異》的興趣，因爲在這部作品中物質和精神生活的方方面面都得到了深刻的反映。這樣一來，就蒲松齡的作品來看，在阿列克謝耶夫對其進行研究的最開始就已經出現了兩個令他感興趣的方向——文學和民間創作：透過這部小說精短的形式，他看到了來自民間童話和傳說的成分，看見了大、『小』文化間的相互滲透。作品跌宕起伏的故事情節由作者取自民間，隨後又由民間說書人以即興講述的形式以及廉價的民間版畫的形式，再返回到民間。這一切恰好極其符合阿列克謝耶夫的『口味』，而且他至死也未曾背棄過這種『口味』。」〔註20〕

將中國民間版畫與《聊齋誌異》作爲互相印證的民俗學材料，加之阿列克謝耶夫本人在中國各地民間的實際考察，使他不僅對《聊齋》文本作出了精湛的俄文翻譯，還對其中涉及的中國人的民間風俗、信仰崇拜、婚喪禮儀

年影印本，第 3 冊。

〔註20〕 M. B. 班科夫斯卡婭：《聊齋的朋友與冤家》，閻國棟、王培美、岳巍譯，《蒲松齡研究》，2003 年第 1 期，第 130～131 頁。

等各方面物質和精神生活實況，作出了細緻的注釋和解說。這使得他的《聊齋》譯本不只是文學作品的翻譯，還具有民俗學、文化學研究的性質。阿列克謝耶夫的弟子 Л. З. 艾德林在其為阿列克謝耶夫《聊齋》譯文集撰寫的序言《瓦西里·米哈伊洛維奇·阿列克謝耶夫和他的聊齋》中特別指出：「阿列克謝耶夫寫的對故事翻譯的說明具有獨立的價值。這些以簡單指南樣式出現的東西不是單純的注釋，不是耐心的記錄表達的思想或者現實的注釋。在這裡每一篇文章都既是研究，又是觀察，還是必要的思考，它們能吸引讀者，因為讀阿列克謝耶夫的注釋是一件有意思的、甚至是引人入勝的工作。В. М. 阿列克謝耶夫在許多細節上詳細解釋了聊齋的中國，這些細節在任何地方都不能找到更多，它們表現出的不僅是學者令人吃驚的知識的結果，還有他素有的善於在所看到的地方發現本質的敏銳觀點。」〔註 21〕俄羅斯著名東方學家 Н. И. 康拉德在他 1925 年為同時出版的兩本聊齋文集寫的評論中，也指出阿列克謝耶夫的《聊齋》注釋揭示了作品中形象的真正意義，以及它們所包含的為西方人所不知道的一系列聯想。他寫道：「這樣一來讀者得到了不同種類的分類索引，反映了 В. М. 阿列克謝耶夫積累的人類學與哲學材料的豐富。」〔註 22〕

當代俄羅斯漢學的傑出代表、2008 年當選俄羅斯科學院院士的俄羅斯科學院高爾基世界文學研究所首席研究員鮑里斯·利沃維奇·李福清（Б. Л. Рифтин，1932～2012）在通過中國民間通俗小說研究和介紹中國民俗文化方面，也做出過重大貢獻。

李福清出生於列寧格勒（今聖彼得堡），1950 年入列寧格勒大學東方系學習中文。在學期間，他曾利用暑假，兩度到中亞地區一個叫「米糧川」的東幹人（Дунгане）集體農莊去考察。東幹人的祖先是來自中國甘肅的回族人，他們至今保持著許多中國傳統生活方式和中國民俗文化。李福清在那裡學習漢語和搜集中國民間傳說材料，利用這些材料，他在大學期間就開始發表論文。如他在四年級時寫的論文《東幹傳統民歌初探》，1956 年發表

〔註 21〕 Пу Сун-лин: Странные истории из Кабинета Неудачника-Ляо Чжай Чжи И. Санкт-Петербург: Петербургское Востоковедение, 2000. с.7.
蒲松齡：《來自失意者書齋的奇異故事（聊齋誌異)》，聖彼得堡：彼得堡東方學中心，2000 年版，第 7 頁。

〔註 22〕 蒲松齡：《來自失意者書齋的奇異故事（聊齋誌異)》，聖彼得堡：彼得堡東方學中心，2000 年版，第 7 頁。

於《蘇聯東方學》。1955 年大學畢業後，李福清被分配到蘇聯科學院世界文學研究所工作，專門從事中國民間文化與俗文學研究，迄今已逾半個多世紀。其代表性論著有《論長城故事和中國民間文學的體裁問題》（莫斯科，1961 年版），《中國的歷史史詩和民間文學傳統——口頭與書面版本的〈三國演義〉》（莫斯科，1970 年版），《從神話到長篇小說——中國文學人物描寫的演進》（莫斯科，1979 年版），《中國神話故事論集》（北京，1988 年版；臺北，1991 年版），《關公傳說與〈三國演義〉》（臺北，1997 年版，1999 年再版），《從神話到鬼話——臺灣原住民神話故事比較研究》（臺中，1998 年版；北京 2001 年增補版，改名爲《神話與鬼話》）等。李福清的這些論著，以材料翔實、角度新穎、觀點獨特爲世界漢學界所矚目，也受到中國本國學者的好評。

李福清 1977 年爲維克多·謝爾蓋耶維奇·馬努辛（В. С. Манухин，1926～1974）翻譯的《金瓶梅》兩卷本（節本）撰寫的長篇序言《蘭陵笑笑生和他的長篇小說〈金瓶梅〉》〔註23〕，充分展示了他深厚的漢學功底和對中國民俗文化的熟稔。作者憑藉其淵博的中國民俗知識對小說原作中潛藏的微言大義所做的闡釋，對包括中國人在內的廣大讀者都很有啓發。他這種立足於民俗學、人類學知識來研究文學的研究方法，也值得我們借鑒。從中可以看出民俗學研究對於文學研究的重要意義。

這裡，我們還想介紹一下長期以來在中俄文學與文化交流研究中被忽略了的一個方面，即旅華俄僑學者對中國民俗文化的考察與研究。

由於特殊的歷史原因，20 世紀初期以來，大批俄羅斯僑民湧入中國。作爲一個一貫重視教育和文化的民族，俄羅斯僑民雖然遠離祖國、流落他鄉，但並沒有忘記自己的文化承傳，沒有放棄文化和學術事業。他們除了在中國繼續從事傳統的俄羅斯文化學術活動之外，還利用自身新的生活條件，自覺投入對中國民俗文化的考察和研究，以期更好地融入中國人民的生活，更好地在中國生存。這方面比較有代表性的著作是 П. В. 施古爾金（Шкуркин Павел Васильевич，1868～1943）〔註24〕的《中國歷史上的傳說》〔註25〕（1922）

〔註23〕中譯文載我國《文藝理論研究》，1986 年第 4 期，第 80～84 頁。白嗣宏譯。
〔註24〕П. В. 施古爾金，1868 年出生於哈里科夫州。1888 年畢業於莫斯科第四武備學校和亞歷山大三世軍事學院，1889 年被派遣到符拉迪沃斯托克服役。後來又被送到符拉迪沃斯托克東方學院學習漢語，1903 年畢業，任符拉迪沃斯托克警察局副局長，參加過日俄戰爭。自 1913 年起任哈爾濱中東鐵路管理局翻

和 И. Г. 巴蘭諾夫（Баранов Ипполит Гаврилович，1886～1972）〔註26〕的《中國人的信仰與風俗》〔註27〕（1920～1930）。

《歷史中的傳說》一書共 157 頁，分爲《鬼谷子》、《張道陵》、《三個朋友》（劉備、關羽、張飛三人結義的故事）、《獵戶的腰帶》〔註28〕（關於唐玄宗李隆基、楊貴妃和安祿山的傳說）、《保護人》（岳飛、李自成故事，以及清廷選關羽爲保護神的傳說）、《沒有被安葬的皇帝》（吳三桂叛亂和清世祖福臨的故事）、《復仇》（康熙皇帝傳位於雍正，以及關於雍正暴死之謎的傳說）等七個專題。最後一章中施古爾金所記述的雍正之死極爲撲朔迷離，其殺手沒有確指，但影影綽綽似乎是一個嫁給了王氏書生的蕭姓女子，不是我國民間一般所傳的呂四娘。不知是他另有所本，還是與發生在康熙時代的《鴛鴦刀》故事中的俠客蕭半和相混淆。此外，這段故事中還附記了俄國曾於 1725 年向中國派出 50 名使臣，伊利里亞伯爵薩瓦・魯基奇・弗拉基斯拉沃維奇於 1727 年來到北京，與清廷簽訂恰克圖條約，以及修士大司祭普拉特闊夫斯基率領的第二屆東正教使團於 1729 年來到北京等中俄交往的史實，可爲研究清代中俄關係提供佐證材料。

П. В. 施古爾金在該書序言中闡述了他寫作這本書的目的，他說：「在這些被稱作『野史』的歷史中，經常能看到民間故事、傳說等等，『野史』所寫的有時要比有教訓意義的官方正史有趣得多。」他說：「我絕不是以寫中國歷史爲目

譯，以後還在哈爾濱各種俄國人學校任漢語教師，編寫過一些東方學教科書。他在哈爾濱出版的中國民族學與歷史學著作有：《中國故事與傳說》（1917年）；《中國傳說》（1921年）；《歷史中的傳說》（1922年）；《細柳：適合夫人和紳士的中國短篇小說》（1922年）等。1927年移居美國，1943年逝世於西雅圖。

〔註25〕 哈爾濱俄羅斯外阿穆爾軍官協會「ОЗО」（Общество заамурских офицеров）公司鉛印與石印印刷廠印製。

〔註26〕 И. Г. 巴蘭諾夫，1886年出生於托博爾斯克州，1911年畢業於托博爾斯克神學院，隨後進入符拉迪沃斯托克東方學院漢滿語部。1911年12月移居哈爾濱，任中東鐵路局總會計處的漢語翻譯。1912～1925年任哈爾濱男子商務學校漢語和經濟地理學教師。以後在哈爾濱一些俄國人開辦的學校任教，1932年獲得漢語編外副教授職稱。東北解放後於1946～1955年任哈爾濱工業大學漢語教研室主任，1958年6月回國，1972年卒於阿拉木圖。

〔註27〕 該文各節內容曾於1920～1930年間以單篇文章形式在哈爾濱《滿洲通報》等俄文雜誌上發表，1999年由莫斯科螞蟻出版社結集出版。

〔註28〕 文中穿插了一段楊貴妃指著天上銀河邊三顆星星爲唐玄宗講說牛郎織女故事的情節。過去有人認爲這「三星」就是西方天文學中所說的「獵戶的腰帶」，故作者用爲本節標題。

的，我只希望，按能力和可能的限度，使俄國讀者在一般特點上瞭解中國歷史的一些時期，以及不只是在官方的解釋中，而且是在『野史』、也就是歷史故事和箚記材料基礎上的它的人民。」〔註29〕作者在序言末尾寫道：「如果由我提供的這部概要能或多或少地在讀者面前掀開過去時代中國塵封的幕布，或者告訴他們一些未知的東西，使歐洲讀者在精神上與古代中國人相聯繫，或者表現出對歐洲精神和道德過程的懷疑，或者喚起對歐洲人自我意識基礎的足夠性的懷疑，或者迫使他們接受在現代秘傳學說與古代神秘主義之間的平行線，或者最後，作爲故事，使他們感到有興趣，我就會感到相當滿意了。」〔註30〕從中可見作者肯定中國古老文明的獨立性、力圖溝通西方與中國精神聯繫的積極態度。

И. Г. 巴蘭諾夫是一個在中國生活了將近 50 年（從 1911～1958）的俄羅斯學者，曾撰寫過一系列介紹和研究中國風情民俗的文章，發表在 1920 至 1930 年代哈爾濱出版的雜誌（主要是《滿洲通報》）上。這些文章多年來一直是俄羅斯漢學家重要的參考資料，但一直沒有在俄羅斯本國發表。直到 1999 年，才由莫斯科國立大學亞非學院 K. M. 傑爾金茨基編輯，莫斯科螞蟻（Муравей -Гайд）出版社以《中國人的信仰和習慣》爲題出版。

《中國人的信仰和習慣》一書共 303 頁，分 11 節：

一、中國民間生活的特點：介紹了中國的新年（即春節）、元宵節、端午節、七月十五鬼節、八月十五中秋節和冬至節等民間節日。

二、生孩子、結婚、死人的風俗和儀式：講述從孩子降生、起名到辦滿月、過百歲及一歲生日的各種禮儀；訂婚、送采禮、婚禮儀式和婚禮過程；葬禮儀式、爲死者入殮、選擇墓地、下葬以及服喪期限、墓碑的樣式、銘文等等。

三、中國新年：介紹中國曆法；帝制時代的新年節日設置，以及民國以後政府改革新年禮俗的嘗試；民間過年的整個過程；節日期間的灶神崇拜、財神崇拜，各種民間遊樂活動等等。

四、中國商業生活概述：介紹中國商業活動中的種種風俗，如購置房產店鋪的風俗、新店開張的風俗；商家過年的風俗；不同行業商家、手工業或

〔註29〕 Шкуркин П. В.: Легинды в истории. Харбинь: Типо-литография Т-ва ОЗО. 1922. c.5.

　　　　П. В. 施古爾金：《歷史中的傳說》，哈爾濱：ОЗО 公司鉛印與石印印刷廠，1922 年版，第 5 頁。

〔註30〕 П. В. 施古爾金：《歷史中的傳說》，哈爾濱：ОЗО 公司鉛印與石印印刷廠，1922 年版，第 6～7 頁。

工商企業的風俗以及迷信活動等。

五、哈爾濱的極樂寺〔註 31〕和孔廟〔註 32〕：介紹哈爾濱極樂寺和孔廟的建築歷史、外觀及內部裝修、寺廟裏的佛事和慶典活動等。作者在這裡還特別強調了俄國中東鐵路局對孔廟的資助。

六、全面和諧的宮殿（帽兒山道觀）〔註 33〕：介紹了帽兒山附近地區概況、寺廟的裝修及觀中道士等。

七、逛阿什河〔註 34〕中國寺廟：首先概述中國民間信仰中的眾神、各種神像和他們的意義、製作神像的方法、中國寺廟中的儀式、供奉的基本神。然後配以照片，具體介紹了當時阿什河地區的三皇廟、觀音廟、關帝廟、龍王廟、清真寺等寺廟的情況。

八、遼東南的民間信仰：介紹了大連營城子〔註 35〕鎮的佛教禪院、馬鞍山上的佛寺、漁夫和山民的道觀，以及民間供奉樹神、狐仙和其他野獸的小廟、供奉天仙聖母的廟宇等等。

九、中國農夫、漁民和獵人的迷信（中國的部分民俗）：介紹中國農民的過年習俗、一年四季的各種節日（立春、驚蟄、清明、夏至、立秋、冬至等等），關於中國絲綢的來源——蠶的各種知識，以及漁民、獵人的各種迷信禁忌等。

十、中國民間觀念中的陰間審判：首先介紹中國民間信仰的重要經典：《玉曆至寶鈔勸世文》〔註 36〕，然後輔以中國民間繪畫，圖文並茂地介紹了

〔註 31〕 極樂寺坐落在哈爾濱市南崗區東大直街盡頭，是老哈爾濱龍脈所在，建於民國十二年（公元 1923 年），與長春般若寺、瀋陽慈恩寺、營口楞嚴寺齊名，爲東三省四大著名佛教寺院之一。

〔註 32〕 即文廟，坐落在哈爾濱市南崗區文廟街 25 號哈爾濱工程大學院內，建於 1926年，落成於 1929 年。是東北地區現存規模最大、保存最爲完整的祭祀孔子的廟宇。

〔註 33〕 即帽兒山開元寺。帽兒山地處黑龍江省尚志市長白山系張廣才嶺西北麓，距哈爾濱 83 公里，因山頂酷似古代大臣的烏紗帽而得名。清雍正年間在山坡下建道觀——太和宮。十年動亂時，太和宮遭到破壞，現僅存廢墟殘跡。

〔註 34〕 現屬哈爾濱市阿城區，歷史上曾有東清宮、西華觀、三皇廟、慈恩寺、護國寺、保林寺、靈應寺、清真寺等多種宗教寺廟。

〔註 35〕 現屬大連市甘井子區，以古驛名聞遼南。該地歷史遺跡頗多，是各類古墓葬比較集中的地區，尤以漢墓聞名。

〔註 36〕 《玉曆至寶鈔勸世文》，全稱《玉帝慈恩纂載通行世間男婦改悔前非准贖罪惡玉曆》，簡稱《玉曆鈔傳》、《玉曆寶鈔》、《慈恩玉曆》等，是中國近代民間流傳很廣的一部勸善經文，與《太上感應篇》《太微仙君功過格》《文昌帝君陰

中國的土地神、地獄十殿閻君、門神、壽神等民間信仰中的神祇，以及中國智者勸善的學說和民間流傳的善惡報應的事例等等。

十一、中國的圓夢書：作者依據中國古代的圓夢書《玉匣記》〔註37〕，介紹了中國人對各種夢的解釋，以及要避免噩夢帶來的凶兆應該怎樣做等等。

在具有全書總論意義的第一節裏，作者首先指出：「中國屬於那些把風俗和儀式推到重要和榮耀地位的國家之列。」他以民國以來中國政府曾力圖改革民間傳統禮儀但最終不了了之的事實爲例，如 1928 年 7 月 28 日「北平市政府發佈命令，禁止與國民政府委員會進步理想不協調的舊中國婚喪禮儀」，但民間依舊自行其是，說明：「現實生活不是與其鬥爭的權力憑強力在一眨眼間大筆一揮所能廢除的。」他由此得出結論說：「在歐洲對其有許多或眞或假傳言的中國禮儀（Китайские церемонии）遠遠不能從中國人民中間消除，而且可以確定地說，它們將長久地存在下去。」〔註38〕

作爲一個在中國生活多年、有豐富親身體驗的作者，巴蘭諾夫具有一般外國學者難以比肩的優勢。他的這本書以大量的插圖、照片和實地採訪的資料，不僅爲外國讀者提供了一部詳盡的中國東北地區民俗概要，對今天中國人回顧歷史，也有很好的參考價值。但是他畢竟只是由於通曉漢語、由於特殊工作和生活經歷而涉足漢學領域的「半路出家」的學者，與俄羅斯漢學的學院派學者如瓦西里耶夫、阿列克謝耶夫等人相比，在理論修養、學術視野和資料積累上還是有一定的差距。因此，他的這本書只能如它的編者傑爾金茨基所言：「是一部獨特的關於中國的信仰與風俗世界的普及性的導遊指南」〔註39〕，有很強的可讀性和史料價值，但還不能說是高水平的研究著作。

驚文》等一道被學者視爲民間宗教和道德教訓讀物。

〔註37〕　《玉匣記》是集各類占卜之術的代表作，亦稱《玉匣記通書》。一般假託諸葛亮、鬼谷子、張天師、李淳風、周公、袁天罡等先賢所作。東晉道士許遜擇其妙要編纂成書，傳錄於世。後人或有增補，進而衍生出許多不同版本，其內容包羅萬象：從祭祀、嫁娶、赴任、出行、開張、耕種，到占夢、看骨相，甚至相貓納犬、眼跳耳鳴等日常雜事，都可以從中找到預卜凶吉的資料。

〔註38〕　Баранов И. Г.: Верования и обычаи китайцев. // М. изд. Муравей-Гайд, 1999. c.6.
И. Г. 巴蘭諾夫：《中國人的信仰與習慣》，莫斯科：螞蟻出版社，1999 年版，第 6 頁。

〔註39〕　И. Г. 巴蘭諾夫：《中國人的信仰與習慣》，莫斯科：螞蟻出版社，1999 年版，第 3 頁。

第一章 阿列克謝耶夫俄譯《聊齋誌異》對中國民俗文化的介紹與闡釋

　　俄譯《聊齋誌異》及「聊齋學」研究是現代俄羅斯漢學泰斗 B. M. 阿列克謝耶夫院士（1881～1951）近半個世紀學術生涯中的一個亮點，前面說過，他對《聊齋誌異》的研究興趣始於中國民間繪畫研究。將中國民間版畫與《聊齋誌異》作為互相印證的民俗學材料，加之阿列克謝耶夫本人在中國各地民間的實際考察，使他不僅對《聊齋》文本作出了精湛的俄文翻譯，還對其中涉及的中國人的民間風俗、信仰崇拜、婚喪禮儀等各方面物質和精神生活實況，作出了細緻的注釋和解說。這使得他的《聊齋》譯本不只是文學作品的翻譯，還具有民俗學、文化學研究的性質。阿列克謝耶夫《聊齋》注釋中對中國民俗文化的解說和評論，涉及到中國人的民間信仰與崇拜、民間巫術與禁忌、婚慶節日禮儀與日常生活風俗等多方面內容，下面分別加以介紹和點評。

第一節　中國人的民間信仰與崇拜

一、中國人的祖先崇拜與孝道

　　中國長期處於宗法制社會，祖先崇拜與孝道實際上在中國民眾中起著宗教的作用。對這種最基本的民間信仰，《聊齋》故事中時有涉及和表現。如《仙人島》中主人公王勉於海島上與仙女芳雲成親後，邀芳雲與其一起回鄉。芳

雲說：「本不欲踐紅塵，徒以君有老父，故不忍違。待父天年，須復還也。」
阿列克謝耶夫在此處注釋道：「宗法制中國的主要美德，許多宗教式的敬老
（孝）的例子豐富了聊齋故事，它是全部儒家道德的基礎，它既規定了家庭
制度，也規定了社會制度，因爲孝也延伸到對最大家庭的父親——國君的尊
敬。」〔註1〕《江城》篇中悍婦江城受老僧施法，袪除狠毒、喚醒良心，對丈
夫懺悔，說自己「有姑嫜而不能事。」阿列克謝耶夫注道：「敬老的宗教戒條
之一是像親生母親一樣服侍婆婆。」〔註2〕《細柳》篇末「異史氏曰」用了「蘆
花變生」典，阿列克謝耶夫在注解中解說這個歷史故事道：這是「以自己對
父母的孝行而出名的孔子弟子閔子騫，他從繼母那裡受了許多的苦，她給他
穿用蘆葦葉作保溫層的棉衣。他的父親生氣了要趕走她，而繼子卻說：『母在
一子寒，母去三子寒。』」〔註3〕這表明阿列克謝耶夫對中國傳統孝道的模範
人物和他們的事蹟，都有比較清楚的瞭解。

在中國人的孝道觀念中，生育子女、尤其是生兒子被看做是一項重要的
孝行，所謂「不孝有三，無後爲大」。養育兒女一是爲了自己的養老，二則是
爲了延續家族的香火。《俠女》篇說金陵顧生「以母老不忍離膝下」，阿列克
謝耶夫注釋道：「在中國廣泛普及的書《孝經》中說：『養兒是爲了供養父
母。』」〔註4〕而顧生的母親對俠女說自己家貧，兒子不能婚娶，「深以祧續爲
憂耳。」阿氏注「祧續」一詞說：「也就是繼承人，他們祭拜死去雙親的靈魂；
中國人傳統最公認的恐懼是不生育或者沒兒子。」〔註5〕

阿列克謝耶夫指出，作爲「舊中國基本美德」的「孝」，還延及到與父親
差不多位置的老師。因爲中國傳統道德尊崇的對象包括「天地君親師」，「師
徒如父子」，所以尊師也屬於孝行之列。《小二》故事中提到有個白蓮教首領
徐鴻儒收青年女子爲徒，「小女子師事徐者六人」。阿列克謝耶夫將「師事」

〔註1〕 蒲松齡：《來自失意者書齋的奇異故事（聊齋誌異）》，聖彼得堡：彼得堡東方
　　　　學中心，2000 年版，第 161 頁。
〔註2〕 蒲松齡：《來自失意者書齋的奇異故事（聊齋誌異）》，聖彼得堡：彼得堡東方
　　　　學中心，2000 年版，第 196 頁。
〔註3〕 蒲松齡：《來自失意者書齋的奇異故事（聊齋誌異）》，聖彼得堡：彼得堡東方
　　　　學中心，2000 年版，第 396 頁。
〔註4〕 蒲松齡：《來自失意者書齋的奇異故事（聊齋誌異）》，聖彼得堡：彼得堡東方
　　　　學中心，2000 年版，第 671 頁。
〔註5〕 蒲松齡：《來自失意者書齋的奇異故事（聊齋誌異）》，聖彼得堡：彼得堡東方
　　　　學中心，2000 年版，第 672 頁。

一語譯作：「像尊敬老師一樣地服侍他。」然後在注釋中指出：「尊師的嚴格體系有力地令人想起作為舊中國基本美德的孝。」〔註6〕這樣，「師事」一語就不僅僅是單純的以誰為老師，還包含像對待父親一樣地尊崇老師，這就突出了中國人觀念中「師」的地位的重要，揭示出原文蘊含的青年女子臣服於巫術首領的深層意旨。

中國人的祖先崇拜與孝道觀念，形成了把家庭和睦看作是社會和諧基礎的社會理想。《嬌娜》篇講述了孔子後裔孔雪笠救下狐狸嬌娜一家後，闔家團聚，「一門團圞」。阿列克謝耶夫注釋道：「儒家家庭和睦的理想是極為普遍的。類似的諺語如『一團和氣』等等，中國民間畫喜愛的題目，就有畫謎式的圓胖子造型，拿著寫有『和氣致祥』的紙卷。」〔註7〕這裡，阿列克謝耶夫運用了他對中國民間年畫的豐富知識，使這條注釋有了更具體的形象化物證。〔註8〕

二、中國民間的諸神崇拜

民間諸神是民間奉祀的神靈，它們既不等同於佛、道等宗教神譜中的眾神，也不同於國家統治者官方祭祀的神祇，但民間諸神崇拜又與「宗教諸神」、「國家諸神」有密切關連。它們之間有著交相融合、互相吸納的過程。

中國民間諸神崇拜占第一位的是玉皇大帝。玉帝源於上古的天帝崇拜，那時的天帝，還是一個抽象概念。《易經》上說：「大哉乾元，萬物資始，乃統天。」由於中國傳統宗法制文化精神中濃鬱的祖先崇拜意識，中國的神祇往往具有人間的身世和淵源，因此這位本是自然元氣化身的天帝在中國民間崇拜中也就逐漸變成了有父母出身的人。據《高上玉皇本行集經》記載：遠古之時有個光嚴妙樂國，國王淨德王，王后寶月光，老而無嗣。一夜王后夢見太上老君抱一嬰兒入懷，王后恭敬禮接，醒後覺有身孕。懷孕足足十二個月，於丙午年正月初九誕下太子。太子長大輔助國王，勤政愛民。國王駕崩

〔註6〕蒲松齡：《來自失意者書齋的奇異故事（聊齋誌異）》，聖彼得堡：彼得堡東方學中心，2000年版，第367頁。

〔註7〕蒲松齡：《來自失意者書齋的奇異故事（聊齋誌異）》，聖彼得堡：彼得堡東方學中心，2000年版，第390頁。

〔註8〕Алексеев В. М.: Китайская народная картина. Москва: изд.: Наука, главная редакция Восточной литературы. 1966. c.124, к.60.
　　В. М. 阿列克謝耶夫：《中國民間年畫》，莫斯科：科學出版社東方文學總編室，1966年版，第124頁，圖60。

後，太子遁入深山修道，經歷八百劫，終於修成眞道，飛昇九天之上，統御三界，是爲玉皇大帝。

阿列克謝耶夫的《聊齋》注釋注意到了中國玉皇世俗出身的特點。《小翠》篇中狐女自稱是「玉皇女」，阿列克謝耶夫注釋「玉皇」道：「被後期道家賦予統治天地的全能本質的神，可是又給了他純粹的地上出身，很明顯，按希臘神祇的類型，與大地有愛的聯繫。」〔註9〕希臘神話中有天地間自然存在的主神，有神與神之間結合生成的神，還有神與人交合產生的神人。阿列克謝耶夫在這裡將中國神祇聯繫希臘神加以解說，有助於歐洲讀者理解中國神的性質。這位玉皇在中國人的信仰中也就是上帝。《電神》篇中提到電神得「上帝玉敕」，阿列克謝耶夫注釋道：「也就是珍貴的，好像是在玉上畫出的玉皇大帝的命令。」〔註10〕從中可見玉皇掌控宇宙諸神、權威無比巨大的特點。

與「玉皇大帝」相比，中國民間神話傳說中出現最多的至尊主神其實是「王母」，也叫「王母娘娘」、「西王母」。這大約與遠古時代母系氏族社會遺留的母親崇拜有關，也可能因爲「玉皇大帝」過於神聖和威嚴，在皇權社會裏被民間認爲高不可攀，故只能在想像中求助於溫和一些的女性主宰。《聊齋》故事中提到「西王母」的有很多，如《狐夢》篇中狐女稱其「爲西王母徵作花鳥使」，阿列克謝耶夫注釋道：「西王母或者王母，是遙遠西方國土上的女神，住在碧玉湖和綠寶石河邊（即「瑤池」——譯者）的大理石宮殿裏。在她的花園裏生長著永生的桃子，每三千年結一次果實。關於西王母的神話保存在許多歷史和文學作品中，可是科學還沒有成功地猜到神奇的她的名字。」〔註11〕

中國民間法力無邊、至高無上的女性尊神還有觀音菩薩。《聊齋》故事中出現觀音的地方也很多。《江城》中提到高蕃母見兒子受媳婦江城虐待，夜夢一叟教她誦「觀音咒」以解孽緣。阿列克謝耶夫釋「觀音」曰：「觀音是『阿縛盧枳帝濕伐邏』（梵文 Avalokiteśvara）菩薩的譯名，他在中國特別被崇敬。起初他被描繪成男人的形象，後來就變成了女人。他沒有離開世界而圓寂——

〔註 9〕 蒲松齡：《來自失意者書齋的奇異故事（聊齋誌異）》，聖彼得堡：彼得堡東方學中心 2000 年版，第 377 頁。

〔註10〕 蒲松齡：《來自失意者書齋的奇異故事（聊齋誌異）》，聖彼得堡：彼得堡東方學中心，2000 年版，第 629 頁。

〔註11〕 蒲松齡：《來自失意者書齋的奇異故事（聊齋誌異）》，聖彼得堡：彼得堡東方學中心，2000 年版，第 59 頁。

—生命終結和怡然自得的熄滅。他犧牲自己以便幫助受苦的人。為此，他在所有災難中應祈禱而出現，每一次都接受這種情況下所需要的形式。篤信他的崇拜者們出版了許多書，其中這位大慈大悲的受難者的無窮變化按我們書中精神內容的方式被描繪和講述。」〔註12〕阿列克謝耶夫還依據他自己掌握的大量中國民間年畫材料，具體解說了觀音的形象。如《嫦娥》篇中狐女顛當討好嫦娥，扮「龍女侍觀音」，阿列克謝耶夫在這裡注釋道：「觀音，菩薩。被描繪為女性的形象，坐在蓮花上。旁邊是插有柳枝的玉淨瓶（灑聖水）。在神前面是善財童子和龍女。」〔註13〕沒有中國繪畫提供的直觀材料，是無法做出這樣詳細的解說的。在中國民間傳說中，觀音居住在南海，故觀音菩薩有時也被稱為「南海」。《上仙》篇中狐仙說「南海是我熟徑」，阿氏注釋道：「也就是在中國的南海岸邊，在普陀山島上，這裡住著觀世音菩薩。菩薩的稱號是『南海大士』。」〔註14〕

中華民族自古生活在黃河流域，水患災害頻仍，故「河神」在民間崇拜中佔有重要地位。《汾州狐》中提到狐女欲渡河，必須拜謁河神，求得河神同意。阿列克謝耶夫認為河神就是龍王，注釋道：「河神，即龍王，全面統領所有河流並下雨。」〔註15〕但中國民間所謂河神常指黃河水神，據《莊子》、《楚辭》、《山海經》等古籍記載，河神的稱呼叫河伯，名馮夷，或作冰夷，無夷。另有《文選》李善注以川後為河伯，《三教源流搜神大全》以禹強為河伯。阿列克謝耶夫此處的注釋不準確。類似的誤解還有《白秋練》中提到的洞庭龍君，阿氏注曰：「即龍王，河神。」〔註16〕看來他是把「龍王」與「河神」混為一談了。

中國古代神話中還有五大天帝，即東方青帝、南方炎帝（赤）、西方白帝、北方玄武帝（黑）、中央黃帝。青帝是位於東方的司春之神，又稱蒼帝、木帝，

〔註12〕蒲松齡：《來自失意者書齋的奇異故事（聊齋誌異）》，聖彼得堡：彼得堡東方學中心，2000年版，第194頁。

〔註13〕蒲松齡：《來自失意者書齋的奇異故事（聊齋誌異）》，聖彼得堡：彼得堡東方學中心，2000年版，第404頁。

〔註14〕蒲松齡：《來自失意者書齋的奇異故事（聊齋誌異）》，聖彼得堡：彼得堡東方學中心，2000年版，第562頁。

〔註15〕蒲松齡：《來自失意者書齋的奇異故事（聊齋誌異）》，聖彼得堡：彼得堡東方學中心，2000年版，第90頁。

〔註16〕蒲松齡：《來自失意者書齋的奇異故事（聊齋誌異）》，聖彼得堡：彼得堡東方學中心，2000年版，第222頁。

爲春之神及百花之神。《畫皮》篇中有一處「青帝廟」，阿氏注曰：「青帝，春天神的稱號。」〔註17〕東方還有一位大神是太山帝君。《小二》篇中提到巫女小二做法，剪紙作判官威嚇強盜鄰居，稱「太山帝君會諸冥曹，造暴客惡錄。」阿氏注「太山帝君」曰：「東方山峰（泰山）的統治者，掌管陰間審判，分配獎賞和懲罰一切死人。」〔註18〕泰山神即東嶽大帝，中國民間認爲泰山是管轄鬼魂的地方。阿列克謝耶夫的這些解釋是正確的。

中國民間信仰中的諸神還有財神、門神（廟神）和婚姻之神「月老」等。《鴉頭》篇中妓女鴉頭對鴇母說：「勿以區區放卻財神去。」阿氏釋「財神」曰：「財神是眾神中特別受到崇敬的神。稱富有的主人爲『活財神』，是含蓄的說法。」〔註19〕在《跳神》篇的注釋中，他還提到財神名叫「趙玄壇」，是「在中國北方非常普及的神。」〔註20〕與財神崇拜相關的還有搖錢樹的形象。《鴉頭》篇中鴉頭對鴇母說：「母日責我不作錢樹子。」阿列克謝耶夫釋「錢樹」曰：「在中國民間畫上描繪著飢餓的窮人幻想出來的日常生活的財富，一棵帶有與樹葉在一起的銅錢的樹──搖錢樹。而在文學習慣中也遇到這個形象。就像一個妓女在死前對母親所說的：『媽媽，你的搖錢樹倒了。』」〔註21〕

《小謝》篇中的小謝說：「三郎在部院，被廟神押赴冥司。」阿列克謝耶夫注釋「廟神」道：「在舊中國官府建築的大門上通常畫著兩個巨大的人像，穿著古代中國統帥的鎧甲，手裏握著斧鉞並有著誇張的令人恐怖的表情。這兩個神守衛著大門不讓不潔力量侵入，其中自然包括狐狸。後來這些畫像變成權力的標誌。」〔註22〕《辛十四娘》中說辛十四娘爲救夫，「遣婢赴燕都，欲達宮闈，爲生陳冤抑。婢至，則宮中有神守護。」阿列克謝耶夫將這裡的

〔註17〕蒲松齡：《來自失意者書齋的奇異故事（聊齋誌異）》，聖彼得堡：彼得堡東方學中心，2000 年版，第 298 頁。

〔註18〕蒲松齡：《來自失意者書齋的奇異故事（聊齋誌異）》，聖彼得堡：彼得堡東方學中心，2000 年版，第 371 頁。

〔註19〕蒲松齡：《來自失意者書齋的奇異故事（聊齋誌異）》，聖彼得堡：彼得堡東方學中心，2000 年版，第 419 頁。

〔註20〕蒲松齡：《來自失意者書齋的奇異故事（聊齋誌異）》，聖彼得堡：彼得堡東方學中心，2000 年版，第 617 頁。

〔註21〕蒲松齡：《來自失意者書齋的奇異故事（聊齋誌異）》，聖彼得堡：彼得堡東方學中心，2000 年版，第 419 頁。

〔註22〕蒲松齡：《來自失意者書齋的奇異故事（聊齋誌異）》，聖彼得堡：彼得堡東方學中心，2000 年版，第 313 頁。

「神」譯作「看護和守衛入口的」，並解釋說：「按照古代信仰，不潔力量努力經過大門進入屋子裏。因此在大門上貼上兩位面容猙獰的穿著鎧甲、向粗野的魔鬼射箭的武士的畫像。」〔註23〕在中國民間崇拜中屬於護法守衛神的還有王靈官，《靈官》篇中阿列克謝耶夫釋「靈官」曰：「類似於佛教寺院被具有武士形象、保衛佛教信仰抵禦它的敵人的宇宙統治者的巨大雕像所守護一樣，道觀也準確地臆想出某位王靈官，他被塑造成魔鬼兇惡的姿勢，高舉鋼鞭，守衛著廟宇的入口。」〔註24〕在阿列克謝耶夫的舊著《1907 年中國之行》中，就附有他在中國拍攝的廟宇中王靈官的塑像。

類似於羅馬神話中丘比特的中國的婚姻神是「月下老人」。《聊齋》裏的《毛狐》、《柳生》篇都提到「月老」，阿列克謝耶夫注釋說，這是「預先注定婚姻的神。」〔註25〕「或者叫月下老人，決定婚姻的神。」〔註26〕

聯繫到阿列克謝耶夫收藏的中國民間年畫中諸如財神、搖錢樹、門神、月老形象，可知《聊齋誌異》對民間信仰與崇拜的文字描述，與中國民間繪畫中的直觀形象描繪，在阿列克謝耶夫那裡是互為補充、互為佐證的。

專門被中國文人崇拜的神則有文昌帝君和魁星。《司文郎》中提到「梓潼府中缺一司文郎」，阿列克謝耶夫注釋「梓潼府」曰：「被認為是死後成為『文昌帝君』的張亞居住的地方，也是主管所有文學事業，其中包括考試——文章的地方。」〔註27〕文昌帝君是中國民間與道教尊奉的掌管士人功名祿位的神。文昌本星名，亦稱文曲星，或文星，古時認為是主持文運功名的星宿。它成為民間和道教所信奉的人格神——文昌帝君，與梓潼神張亞子有關。東晉寧康二年（公元 374 年），蜀人張育自稱蜀王，起義抗擊前秦苻堅，英勇戰死，人們在梓潼郡七曲山為之建張育祠，並尊奉他為雷澤龍神。而當時七曲山另有梓潼神亞子祠，因兩祠相鄰，後人將兩祠神名合稱張亞子，並稱張亞

〔註23〕蒲松齡：《來自失意者書齋的奇異故事（聊齋誌異）》，聖彼得堡：彼得堡東方學中心，2000 年版，第 453 頁。

〔註24〕蒲松齡：《來自失意者書齋的奇異故事（聊齋誌異）》，聖彼得堡：彼得堡東方學中心，2000 年版，第 602 頁。

〔註25〕蒲松齡：《來自失意者書齋的奇異故事（聊齋誌異）》，聖彼得堡：彼得堡東方學中心，2000 年版，第 65 頁。

〔註26〕蒲松齡：《來自失意者書齋的奇異故事（聊齋誌異）》，聖彼得堡：彼得堡東方學中心，2000 年版，第 504 頁。

〔註27〕蒲松齡：《來自失意者書齋的奇異故事（聊齋誌異）》，聖彼得堡：彼得堡東方學中心，2000 年版，第 271 頁。

子仕晉戰歿，實為《晉書》所載張育之事。於是梓潼府便成為傳說中主宰人間功名的地方，而梓潼帝君即為主宰功名之神。《戲術》篇中說有個叫李見田的人，用法術將窯中六十餘口巨甕夜間搬運至魁星樓下。阿列克謝耶夫注釋「魁星」曰：「被神化了的魁星（第一名的星），在繪畫中的樣子是一隻手抓著北斗星（大熊星座），另一隻手握筆的魔鬼形象；魔鬼站在一個幻想中的被描繪成宇宙的大龜、來自波浪的巨大怪物上面。這個繪畫作為畫謎，意味著在最高級別的國家考試中獲得成功。」〔註28〕在阿列克謝耶夫的年畫收藏中，也有描繪魁星的圖畫，可知他這裡的解說並非虛談。

三、中國人的陰司觀念與鬼崇拜

如果說諸神崇拜是祈求天上神靈的降福和祐護，具有啟人向善的正面力量；那麼陰司與鬼崇拜則是求告冥界神祇或鬼魂不要降災和懲罰，具有禁戒惡行的反面作用。但中國民間所說的「鬼」，不等於西方神話中非人類的怪物，而是人死後的化身。《說文解字》釋「鬼」字曰：「人所歸為鬼。」清段玉裁《說文解字注》說：「釋言曰：『鬼之為言歸也。』郭注引尸子：『古者謂死人為歸人。』《左傳》子產曰：『鬼有所歸。乃不為厲。』《禮運》曰：『魂氣歸於天。形魄歸於地。從兒、由象鬼頭。自兒而歸於鬼也。』」阿列克謝耶夫注釋就注意到了這一點。《嬰寧》篇說王子服的母親懷疑嬰寧是鬼，阿列克謝耶夫注曰：「鬼，不是我們所理解的鬼怪（雖然在故事裏出現的也有惡鬼、魔鬼），但更多是指沒有得到安息的死者，它以不可見或可見的樣子徘徊在大地上，為了不能給它帶來犧牲品而復仇；餓鬼則是飢餓的鬼魂。」〔註29〕

陰間的統治者是閻王，民間俗稱「閻王爺」。《王蘭》篇中說：「利津王蘭暴病死，閻王覆勘，乃鬼卒之誤勾也。」阿列克謝耶夫注釋「閻王」曰：「也叫閻羅王，是地獄裏最高的神。」他進一步解釋中國民間信仰中的「十八層地獄」說：「作為複雜整體的地獄，在民間傳說中被想像成有 18 個分區的官僚制度的王國，為罪人發明了與其罪孽類型相適應的磨難。」他同時指出：「這個等級制度和閻羅這個名字本身都發源於印度。」〔註30〕

〔註28〕蒲松齡：《來自失意者書齋的奇異故事（聊齋誌異）》，聖彼得堡：彼得堡東方學中心，2000 年版，第 638 頁。

〔註29〕蒲松齡：《來自失意者書齋的奇異故事（聊齋誌異）》，聖彼得堡：彼得堡東方學中心，2000 年版，第 28 頁。

〔註30〕蒲松齡：《來自失意者書齋的奇異故事（聊齋誌異）》，聖彼得堡：彼得堡東方

　　中國民間對「地獄」的想像，許多來自於佛教傳說。如《王蘭》篇中提到鄉人賀才因「邪蕩」而被「罰竄鐵圍山」。「鐵圍山」，梵語音譯為「斫迦羅婆羅」，又作「鐵輪圍山」、「金剛圍山」、「金剛山」。佛教世界觀認為世界以須彌山為中心，其周圍有八山八海圍繞，最外側由鐵構成的山即鐵圍山。阿列克謝耶夫在這裡只簡單注釋道：「在地獄裏。」〔註31〕《司文郎》提到被派作「司文郎」的宋某說：「去年上帝有命，委宣聖及閻羅王核查劫鬼，上者備諸曹任用，餘者即俾轉輪。」阿列克謝耶夫釋「轉輪」曰：「出自民間宗教『經輪』的概念和幻想中的由鬼魂旋轉的巨大的輪子，並選擇一些靈魂回到陽世開始新生的觀念。這些靈魂受滿懲罰，開始走向新的人生經驗。」〔註32〕

　　來自佛教觀念而形成中國民間節日的，最著名的莫過於每年農曆七月十五日祭奠死者的「盂蘭盆節」。自南朝梁大同四年（公元538年）梁武帝於同泰寺設盂蘭盆齋，中國各地逐漸形成了放焰火施餓鬼食、在河中放蓮花燈的民間習俗，主旨是拜祭先祖，超度亡靈，驅走災禍疾病，祈求吉祥平安。《封三娘》篇說：「會上元日，水月寺中諸尼作『盂蘭盆會』。是日，遊女如雲，女亦詣之。」阿列克謝耶夫釋「盂蘭盆會」曰：「『烏拉姆巴那』（梵語Ullambana）的漢語音譯，是在地獄裏『頭朝下被絞死』（筆者按：梵語盂蘭盆意為倒懸）的罪人日，後來就是所有罪人和死人的節日了。」他說：「在這一天，寂靜的中國寺廟和修道院裏都擠滿了人，上了年紀和信教的人成群站在熊熊燃燒的銅香爐前，注意聽念給死者的佛教祈禱文，而年輕人則利用擺脫家長監督的機會，互相展示自己。」〔註33〕這也就為文中女主人公范十一娘於盂蘭盤會日游水月寺，遇狐女封三娘而引發一段姻緣，做了背景說明。

　　在中國民間的地獄觀念中，也有出自中國本土的想像元素。比如作為冥界地方官的「城隍」，他本來產生於古代祭祀，後經道教演衍，變成地方守護神。阿列克謝耶夫在《布客》篇注釋「城隍」是：「城牆與壕溝的神」〔註34〕

　　　　學中心，2000年版，第108頁。
〔註31〕蒲松齡：《來自失意者書齋的奇異故事（聊齋誌異）》，聖彼得堡：彼得堡東方
　　　　學中心，2000年版，第111頁。
〔註32〕蒲松齡：《來自失意者書齋的奇異故事（聊齋誌異）》，聖彼得堡：彼得堡東方
　　　　學中心，2000年版，第270～271頁。
〔註33〕蒲松齡：《來自失意者書齋的奇異故事（聊齋誌異）》，聖彼得堡：彼得堡東方
　　　　學中心，2000年版，第431頁。
〔註34〕蒲松齡：《來自失意者書齋的奇異故事（聊齋誌異）》，聖彼得堡：彼得堡東方
　　　　學中心，2000年版，第560頁。

《小謝》篇中說秋容「經由城隍祠，被西廊黑判強攝去，逼充御媵」。阿列克謝耶夫注釋「黑判」曰：「在城市神龕入口前的走廊裏矗立著他的助手——審判寄送人的塑像，在他們前面居民感到迷信的恐懼，認爲他們有詛咒和厭惡不潔力量的特性。」〔註35〕

中國民間陰司崇拜的對象還有在陰間充當司法判官的鍾馗，古書記載他是唐初長安終南山人。阿列克謝耶夫注釋《小二》篇中提到的「判官」說：「鍾馗，地下法庭的執行者，他手中掌握著罪人的靈魂。他在中國辟邪藝術中被描繪成樣子可怕的武將或者官員。……在這個形象中匯合了許多信仰，他是折中的。對於人民他是明白的念咒者和驅魔者，因此他是一個善神。」〔註36〕

中國民間鬼魂觀念中還有一種惡鬼，叫做「倀」。《太平廣記・卷四百三十》曰：「倀鬼，被虎所食之人也，爲虎前呵道耳。」宋孫光憲《北夢瑣言逸文》卷四：「凡死於虎，溺於水之鬼號爲倀，須得一人代之。」《珠兒》篇中一小兒的鬼魂自稱：「爲妖僧迷殺桑樹下，驅使如倀鬼。」阿列克謝耶夫譯「倀鬼」爲「被老虎任意驅使的鬼」，注釋道：「據傳說，當人遇到老虎的時候，他的衣服和腰帶自己都解開了，因爲老虎只吃赤裸的身子。這就造成了鬼僕役。他們是從哪裏來的？原來是，當老虎咬死人的時候，死者的靈魂哪裏也不敢去，只能爲像老爺一樣的老虎服務。」〔註37〕

四、中國民間的眾仙崇拜

中國民間崇拜的對象，除諸神、鬼魂外，還有眾仙。仙人崇拜與遠古初民萬物有靈的多神教觀念有關。《仙人島》篇中仙人們說：「我等皆是地仙。」阿列克謝耶夫注釋道：「按照一種中國的長生理論，不死之人分成天仙、地仙、人仙、水仙和其他仙人。所有他們的稱號都是『仙』。但只有那些能隨意變化自己的樣子的，被稱爲神仙——神聖的天才。」〔註38〕

〔註35〕蒲松齡：《來自失意者書齋的奇異故事（聊齋誌異）》，聖彼得堡：彼得堡東方學中心，2000年版，第313頁。

〔註36〕蒲松齡：《來自失意者書齋的奇異故事（聊齋誌異）》，聖彼得堡：彼得堡東方學中心，2000年版，第370頁。

〔註37〕蒲松齡：《來自失意者書齋的奇異故事（聊齋誌異）》，聖彼得堡：彼得堡東方學中心，2000年版，第174頁。

〔註38〕蒲松齡：《來自失意者書齋的奇異故事（聊齋誌異）》，聖彼得堡：彼得堡東方學中心，2000年版，第161頁。

　　中國民間眾仙故事中最普及的是嫦娥，她似乎沒有什麼法力，民間也沒
人求她做什麼，倒是她一人獨守廣寒宮，反有幾分令人同情。故唐代李商
隱詩云：「嫦娥應悔偷靈藥，碧海青天夜夜心。」阿列克謝耶夫把《嫦娥》
篇的篇名譯作「被放逐的嫦娥」，簡要概括出「嫦娥」的身世特點。《嶗山道
士》中有道士剪紙作月亮、擲筷子化作嫦娥跳舞助興的情節。阿列克謝耶
夫釋「嫦娥「曰：「嫦娥，或者叫姮娥，月亮的仙女。因為普通人都要死，她
偷了自己丈夫的不死藥，飛昇上天並住到月亮上的廣寒宮裏。」〔註39〕與
嫦娥相聯繫的還有月宮裏的玉兔。《褚遂良》篇寫狐女見一白兔躍入，便說：
「春藥翁來見召矣！」阿列克謝耶夫在此處注釋道：「中國傳說講，在月亮
上住著玉兔，它手裏有搗杵，用它在研缽裏搗製仙人與人聯繫所需要的藥
劑。」〔註40〕

　　嫦娥之外，中國民間崇拜最多的仙人恐怕就是「八仙」了。「八仙」中第
一位的是呂洞賓，《陳雲棲》中說黃州有呂祖庵，阿列克謝耶夫注釋曰：「呂
洞賓，8 世紀著名的聖者，也是中國最普及的神。在畫像上他被描繪成肩負
寶劍，並讚揚他，說他來去無蹤，能根據信徒的祈禱而消滅污穢力量。」
〔註41〕「八仙」中唯一的一位女仙是何仙姑。《青娥》篇中說女主人公青娥
「慕何仙姑之為人」，阿列克謝耶夫注釋「何仙姑」道：「八仙之一，對她的
崇拜遍及全中國。在她的生平中她是一個商人的女兒。有一次一位勝利的神
靈、自身實現了光明本源（純陽）的、在人世間名叫呂洞賓的神仙偶然遇
到了她，給她吃了自己的半個桃子。此後她再也不餓了，此外她還得到了決
定每個人命運的能力。她死後，她的身體就消失了，但關於她的各類傳說有
很多。」〔註42〕

　　中國民間婦女崇拜的仙女還有紫姑，紫姑也叫廁神（後世亦稱坑三姑
娘），六朝時已有信仰。《顯異錄》中說，紫姑是萊陽人，名叫何媚，被李景
納為妾，但遭李景妻子嫉妒，正月十五那天被殺死在廁所。後來天帝憫之，

〔註39〕蒲松齡：《來自失意者書齋的奇異故事（聊齋誌異）》，聖彼得堡：彼得堡東方
　　　　學中心，2000 年版，第 138 頁。
〔註40〕蒲松齡：《來自失意者書齋的奇異故事（聊齋誌異）》，聖彼得堡：彼得堡東方
　　　　學中心，2000 年版，第 524 頁。
〔註41〕蒲松齡：《來自失意者書齋的奇異故事（聊齋誌異）》，聖彼得堡：彼得堡東方
　　　　學中心，2000 年版，第 348 頁。
〔註42〕蒲松齡：《來自失意者書齋的奇異故事（聊齋誌異）》，聖彼得堡：彼得堡東方
　　　　學中心，2000 年版，第 206 頁。

把她任命爲廁神。〔註43〕但紫姑並非專主廁事，而是能先知。所以民間多以箕帚、草木或筷子，著衣簪花，請神降附。婦女們就把自己的心事向其訴說，或代自己未出嫁的女兒祈禱。《胡大姑》篇提到家中婦女曾做芻偶請紫姑，卻引來狐精作祟。阿列克謝耶夫注釋「紫姑」曰：「神靈的名字，木偶（雕刻物），她被女孩子們求告，請求她這個好婆婆，並總是像對神諭者那樣詢問她。」〔註44〕

《白於玉》篇主人公吳青庵想成仙，文中稱「欲尋赤松遊」。赤松子又名赤誦子，號左聖南極南嶽眞人左仙太虛眞人，是秦漢傳說中的上古仙人，相傳爲神農時雨師。阿列克謝耶夫釋「赤松」曰：「道家傳說的仙人，曾前往崑崙山拜訪西王母的宮殿。」〔註45〕

中國民間崇拜還有由英雄人物轉化成的神仙，其中最著名的就是關羽。《跳神》篇中提到跳神者請來的諸仙有「關、張、玄壇」。「關」是關帝，即三國名將關羽。「張」是張仙，又稱送子張仙，是一個傳說中能夠賜給世人兒女後嗣的道教男性神祇，類似於送子娘娘。民間流傳的《桃園明聖經》則認爲張仙奉天帝指派爲關帝君的屬神。「玄壇」即趙玄壇，名公明，是中國民間祭祀的財神。因道教神話中封其爲正一玄壇元帥，故名趙玄壇，又名趙公元帥。他本爲五方神，後來傳說他能保病禳災、主持公道、買賣得利，遂成爲財神。阿列克謝耶夫注釋這三位神祇說：「關帝、張仙、趙玄壇，在中國北方非常普及的神。」〔註46〕《跳神》文中說：「滿洲婦女，奉事尤虔。小有疑，必以決。」可作阿氏此說的佐證。

在中國民間崇拜的諸仙中除了正仙、善仙之外，還有各種妖仙，諸如狐、蛇、鼠、黃狼等。而在妖仙崇拜中占第一位的無疑是狐仙，這也是蒲松齡《聊齋誌異》中講得最多的故事，因此阿列克謝耶夫在十月革命後編譯出版的第一本《聊齋》故事集就是《狐妖》。在他 1909 年出版的《在舊中國——1907 年中國紀行》和他 1922 年爲《狐妖》一書撰寫的序言中，都有對中國民

〔註43〕 也有人說紫姑是杜撰出來的名字，其實指的是西漢時的戚夫人，她是死於廁所的。後來「戚」變成了「七」，又轉化爲「紫」，是音近而變了稱呼。

〔註44〕 蒲松齡：《來自失意者書齋的奇異故事（聊齋誌異）》，聖彼得堡：彼得堡東方學中心，2000 年版，第 84 頁。

〔註45〕 蒲松齡：《來自失意者書齋的奇異故事（聊齋誌異）》，聖彼得堡：彼得堡東方學中心，2000 年版，第 239 頁。

〔註46〕 蒲松齡：《來自失意者書齋的奇異故事（聊齋誌異）》，聖彼得堡：彼得堡東方學中心，2000 年版，第 617 頁。

間狐仙崇拜的記載。他寫道:「狐狸成為沒有名號的神,與中國無數其他神靈具有相同的地位。」〔註47〕「當你沿著中國大地旅行,突然就會看到,在某一個崗丘前擺放著巨大的桌子,上面擺著一排古代式樣的器皿、小旗子、位牌,以及一切我們所知為寺廟所特有的東西。你向一個經過的村夫打聽,就會聽到這樣的回答:『這是狐仙。』你看見了嗎?它住在某個窩裏,他們求它不要傷害有錢人,不僅是不傷害,相反還要像保祐普通魂靈那樣保祐他們。是的,你看看那小旗子、特別是那精美的漆牌上寫的大字:「有求必應」、「大仙寬恕」等等。一句話,狐狸成了與中國無數個其他的神明一樣平等的匿名的神祇。」〔註48〕

《青鳳》篇中提到胡叟對耿去病說:「聞君祖纂《塗山外傳》。」阿列克謝耶夫釋《塗山外傳》曰:「關於神話君主禹(公元前23世紀)的一個傳說,內稱禹在大洪水之後在中國疏導水,走到塗山。天黑了。禹害怕他在黑暗中測量不準確,便決定和山神結婚,以便得到某種徵兆。在他面前出現了一隻九尾白狐,他認為是國王寶座的預兆。他娶了她,給她名字叫女嬌。」〔註49〕這段注釋,與漢代趙曄所撰《吳越春秋‧越王無余外傳》上記載的禹娶塗山氏之女故事〔註50〕,基本是一致的,可見阿列克謝耶夫對中國史籍上記載的狐仙傳說,有相當廣泛和深入的瞭解。

狐仙長生不死、并能施展法術的秘訣往往在於它們會修煉「金丹」。《董生》篇說狐女因惑人致死,被陰司法曹「追金丹去」。阿列克謝耶夫釋「金丹」為「傳說狐狸所追求的延續生命到無盡頭、到非塵世現實的煉金術藥劑。」〔註51〕狐狸通過修煉,能夠死而復生,這時它們便得道成仙,具有了

〔註47〕 瓦‧米‧阿列克謝耶夫:《1907年中國紀行》,閻國棟譯,昆明:雲南人民出版社,2001年版,第52頁。

〔註48〕 蒲松齡:《來自失意者書齋的奇異故事(聊齋誌異)》,聖彼得堡:彼得堡東方學中心,2000年版,第10～11頁。

〔註49〕 蒲松齡:《來自失意者書齋的奇異故事(聊齋誌異)》,聖彼得堡:彼得堡東方學中心,2000年版,第72頁。

〔註50〕 《吳越春秋‧越王無余外傳》云:「禹三十未娶,恐時之暮,失其制度,乃辭云:『吾娶也,必有應矣。』乃有九尾白狐,造於禹。禹曰:『白者吾之服也,其九尾者,王者之證也。塗山之歌曰:綏綏白狐,九尾厖厖。我家嘉夷,來賓為王。成家成室,我造彼昌。天人之際,於茲則行。明矣哉!』禹因娶塗山,謂之女嬌。」

〔註51〕 蒲松齡:《來自失意者書齋的奇異故事(聊齋誌異)》,聖彼得堡:彼得堡東方學中心,2000年版,第557頁。

神奇的法力。《馬介甫》篇中狐仙馬介甫辭別萬氏祖孫時說，自己的「道侶相候已久」，阿列克謝耶夫譯「道侶」為「道——真理的朋友」，並注釋說：「讀者已經從前面的故事知道，狐狸在再生的時候，接近了道的完善——換句話說，變成了常樂不死的人。」〔註52〕這就向域外讀者解釋了狐狸之所以能夠成仙的原因。

第二節　中國的巫術文化

　　巫術觀念是人類自史前時代起就具有的一種精神信仰。由於生產力和認識水平的低下，人類面對大自然的無窮威力感到由衷的恐懼和敬畏，但又幻想通過某種神秘的力量來控制和操縱大自然，於是創造出各式各樣的法術，這就是巫術。巫術是一種具有普世性的精神活動，世界各民族都有自己的巫術體系，中國民間巫術更是源遠流長。在自詡「雅愛搜神」、「喜人談鬼」的蒲松齡《聊齋誌異》中，就有不少巫師、道士運用巫術降妖除怪、驅災辟邪的情節，涉及諸多中國巫術的具體方法，為研究中國民間巫術提供了形象的史料。而阿列克謝耶夫俄譯《聊齋誌異》注釋中對此所作的解說，又有向域外讀者傳播中國巫術文化的意義，值得我們梳理和研究。

　　中國民間巫術最常見的是畫符、貼符。「符」是中國道教創立的一種法術，指書寫於黃色紙、帛上的筆劃屈曲、似字非字、似圖非圖的符號或圖形，估計與古代中國人對文字本身的神秘崇拜有關。《嬰寧》篇中王子服的表兄吳生回憶自己的姑丈曾被狐所祟，並生有一女。姑丈死後，狐還常來，「後求天師符黏壁上，狐遂攜女去。」阿列克謝耶夫將這裡的「天師符」譯作「天師辟邪的文字」，解釋說：「天師即張天師，他的封號之一是『具有天的力量的老師』他的通常名稱是東方高峰（泰山）的神靈，地點在山東。這個祭司是迷惑人們的卑微魔鬼的高級領導人。他書寫的文字、帶有印記的紙片，被認為確實能夠抵禦一切邪惡。」〔註53〕但我們說，張天師是對五斗米道創立者張陵及其後代世襲繼位者的通稱，他世居江西龍虎山。而位居泰山的神靈是東嶽大帝，中國民間認為泰山是管轄鬼魂的地方，阿列克謝耶夫在這

〔註52〕蒲松齡：《來自失意者書齋的奇異故事（聊齋誌異）》，聖彼得堡：彼得堡東方學中心，2000年版，第613頁。

〔註53〕蒲松齡：《來自失意者書齋的奇異故事（聊齋誌異）》，聖彼得堡：彼得堡東方學中心，2000年版，第27頁。

裡是把兩種傳說混淆了。所謂天師符即用黃紙蓋以朱印，繪有張天師、鍾馗等圖像，黏於中門以避邪驅祟的符咒。當年阿列克謝耶夫在中國旅行期間，曾經大量搜羅和記錄一般歐洲漢學家所不屑的各種民間招貼、牌匾、廣告、符籙等有文字題銘的實物材料。他寫道：「中國是一個大村子，也是一件大古董。只有牆上、門上、門框上、頂子上、船上的題銘在描繪當今活生生的中國。」〔註54〕在他身故後於 1966 年出版的《中國民間繪畫》一書中，就收有他從中國帶來的各種符籙圖像。因此他對中國「符咒」的解說，是有實物依據的。《胡四姐》篇說尚生家人請來巫師做法降狐，「符咒良久」。阿列克謝耶夫釋曰：「辟邪的圖形咒語，它造成了用漢字寫的巨大文獻，乃是稀奇古怪的變化的象形字，還有決定人命運的星星象徵。類似咒語的一般公式是：『雷劈（打死）鬼！』，有時這個句子又加上一個符頭『敕令』，如『奉天師敕令滅鬼，賜吾魔力』。」〔註55〕從中可見他對中國「符咒」瞭解的詳細。

中國巫師道士在施行法術的時候，還有特定的步法動作，即依北斗七星排列的位置而行步轉折，宛如踏在罡星斗宿之上，稱「步罡踏斗」。因其相傳為大禹所創，故又稱「禹步」。《胡大姑》篇寫巫師降狐，「禹步庭中」，阿列克謝耶夫注「禹步」道：「神話的國君禹（公元前 23 世紀）疏導國家的河流，很疲勞並且生病了。他的腿歪斜並乾枯，他邁步走，但沒有一隻腳能走在另一隻腳前面。中國念咒者在這種步伐中看到了自己占卜的一種特別實際的手段。他們相信在這種時候，按照星座來走，最終會有幫助。」〔註56〕戰國時人尸佼所撰《尸子》云：「禹於是疏河決江，十年未闚其家，手不爪，脛不毛，生偏枯之疾，步不相過，人曰禹步。」此應為阿氏解說之所本。

中國巫師做法往往要用一些法器，最常用的是桃木劍。桃木辟邪的觀念在中國由來已久。《淮南子・詮言訓》曰：「羿死於桃棓」。東漢許慎注：「棓，大杖，以桃木為之，以擊殺羿，由是以來鬼畏桃也」。《畫皮》篇中描寫道士降妖「仗木劍，立庭心」，阿列克謝耶夫釋「木劍」曰：「有魔法的劍，念咒

〔註54〕瓦・米・阿列克謝耶夫：《1907 年中國紀行》，閻國棟譯，昆明：雲南人民出版社，2001 年版，第 57 頁。

〔註55〕蒲松齡：《來自失意者書齋的奇異故事（聊齋誌異）》，聖彼得堡：彼得堡東方學中心，2000 年版，第 34 頁。此處咒語系按俄文意譯，未考原文——譯者。

〔註56〕蒲松齡：《來自失意者書齋的奇異故事（聊齋誌異）》，聖彼得堡：彼得堡東方學中心，2000 年版，第 84 頁。

者的主要標誌物。」在注釋《妖術》篇中「倚劍」一詞時，他說：「爲了『劈開』不潔力量，所有中國的念咒人都用劍。學會這個傳統的俗人不懷疑它對於理智來說是明確的、成功的符咒方法。」〔註57〕在《畫皮》的注釋中，他還說：「有時這種『寶劍』由刻有神秘花紋的錢幣做成。」〔註58〕中國舊時有用絲線連綴古銅錢成劍形，據說是鎮宅辟邪消災最有力的法物。而阿列克謝耶夫也是研究中國古代錢幣的專家，他在1913年被聘爲科學院亞洲博物館館員後，曾爲博物館鑒定、整理過中國錢幣，並親手編寫了亞洲博物館和彼得堡大學館藏中國錢幣的大部分卡片和目錄。因此，他能在注釋「木劍」時提到錢幣劍，估計是他親眼見到過這樣的實物。

施行巫術還常用到圖形、偶像，這在巫術中屬於模擬巫術，即通過模擬某物的形貌或狀態來對該事物施加影響。《聊齋》故事中如《胡氏》篇提到「芻靈」，《妖術》篇提到「紙人」、「土偶」。阿列克謝耶夫釋「芻靈」爲「用於祈禱的紙質畫像」〔註59〕，釋「紙人」爲「中國交感巫術的方法，準確地說出相應的祈禱文或咒語並寫在希望變成現實的紙形上，紙形就會變成活人或者與其合一，在他身上產生未知的後果」〔註60〕，釋「土偶」曰「非常便宜和有輕便特點的塑像」，並特別指出：「位於列寧格勒老村喇嘛寺裏的佛像就是用的這種塑造方法。」〔註61〕這裡他對「芻靈」的解釋稍有不確，因爲「芻靈」是用茅草紮成的人形馬形送葬物，而非紙質畫像，其他兩條的解釋還都是正確的。

巫師們用來降妖除怪的法器除木劍外，還可以用一些生活中的器物，如《畫皮》篇說道士「以蠅拂授生，令掛寢門」。阿列克謝耶夫注釋道：「爲了詛咒和驅逐凶神及所有妖精，念咒人不只是在門上放一把具有降妖魔力的劍，還有一些無害的物品，如扇子、蠅拂等。這樣一來，人類活動的對象就

〔註57〕 蒲松齡：《來自失意者書齋的奇異故事（聊齋誌異）》，聖彼得堡：彼得堡東方學中心，2000年版，第440頁。

〔註58〕 蒲松齡：《來自失意者書齋的奇異故事（聊齋誌異）》，聖彼得堡：彼得堡東方學中心，2000年版，第300頁。

〔註59〕 蒲松齡：《來自失意者書齋的奇異故事（聊齋誌異）》，聖彼得堡：彼得堡東方學中心，2000年版，第346頁。

〔註60〕 蒲松齡：《來自失意者書齋的奇異故事（聊齋誌異）》，聖彼得堡：彼得堡東方學中心，2000年版，第440頁。

〔註61〕 蒲松齡：《來自失意者書齋的奇異故事（聊齋誌異）》，聖彼得堡：彼得堡東方學中心，2000年版，第440頁。

被用來反對妖魔力量的不可見世界。」〔註62〕當道士殺掉妖怪後，乃「出一葫蘆」，將其所化煙霧吸走。由於俄羅斯沒有「葫蘆」這種植物，阿列克謝耶夫將其譯作「瘦南瓜」，並解釋道：「是一種瘦長的、帶攀藤的細頸南瓜，曬乾到充分變硬，可以用作盛藥的容器。在聖像畫上被描繪爲仙人的標誌物。」〔註63〕這也是由於阿列克謝耶夫手中掌握中國繪有葫蘆形象的圖畫，才能做出這樣的解釋。

　　中國民間認爲具有驅鬼辟邪作用的植物還有葵花，據宋孟元老《東京夢華錄》卷八記載：「自五月一日及端午前一日，賣桃、柳、葵花、蒲葉、佛道艾。次日家家鋪陳於門首，與五色水團、茶酒供養。又釘艾人於門上，士庶遞相宴賞。」可知古代有以葵花辟邪的風俗。《小梅》篇中狐女小梅囑咐夫君：「家有死口時，當於晨雞初唱，詣西河柳堤上，見有挑葵花燈來者，遮道苦求，可免災難。」阿列克謝耶夫注釋「葵花燈」曰：「按照迷信的觀念，葵花可以驅逐鬼的魔力。」〔註64〕但上述《聊齋》故事中說的是「葵花燈」，即葵花形狀的燈，而非葵花，阿列克謝耶夫單單拈出「葵花」（俄：подсолнечник，向日葵）來注釋，很可能與俄羅斯人以向日葵爲國花的民族心理有關。這樣的解釋無疑拉近了俄國讀者與中國民俗文化的心理距離。

　　與巫術相關的還有占卜。占卜術也是在科學不發達的時代，人類無法掌控自己的前途命運，但又渴望判斷未知事物或預測未來的一種精神性的實踐活動。漢字「占」意爲觀察，「卜」是用火灼燒龜殼，以其出現的裂紋形狀預測吉凶福禍。後來發展出相面、測字、掣籤等多種占卜方式。《聊齋》故事中提到許多民間占卜方法，如《醫術》篇說一道士「善風鑒」，阿列克謝耶夫注釋曰：「根據臉部特點的一種占卜術，在中國非常普及。人面特徵方面的文獻相當廣泛，但是同所有神秘主義文章一樣，全是用不可翻譯成一般語言的風格寫成的。」〔註65〕《雲蘿公主》篇雲蘿公主借一婢女腹產子，嬰兒降生後說「此兒福相」。阿列克謝耶夫注釋「福相」曰：「根據面孔輪廓的預言，如

〔註62〕蒲松齡：《來自失意者書齋的奇異故事（聊齋誌異)》，聖彼得堡：彼得堡東方
　　　　學中心，2000年版，第298頁。

〔註63〕蒲松齡：《來自失意者書齋的奇異故事（聊齋誌異)》，聖彼得堡：彼得堡東方
　　　　學中心，2000年版，第300頁。

〔註64〕蒲松齡：《來自失意者書齋的奇異故事（聊齋誌異)》，聖彼得堡：彼得堡東方
　　　　學中心，2000年版，第636頁。

〔註65〕蒲松齡：《來自失意者書齋的奇異故事（聊齋誌異)》，聖彼得堡：彼得堡東方
　　　　學中心，2000年版，第170頁。

其他占卜形式一樣，在中國具有眾多書籍。」〔註66〕從中可知阿列克謝耶夫
對中國相書有一定的瞭解。

中國民間預測未來最常用的方式是到廟宇中去求籤。《錢卜巫》中說巫婆
把商人提供的錢「盡內木筒中，執跪座下，搖響如祈籤狀」。阿列克謝耶夫注
「祈籤」曰：「手拿帶有刻著行列數字的小棍的罐子，跪在神龕前，自己祈禱
以後，然後抖晃一下罐子，取出小棍籤。和尚或者寺廟裏的僕役去看書，那
上面寫著神靈對每一個籤上將要發生的情況，其中包括爲跪求籤卦的人讀到
的去病的藥方。不過，如果廟裏有印刷好的神諭的文本，那麼，所有的人都
能憑某種酬金買到它，以便在家裏讀這些預言。」〔註67〕對照阿列克謝耶夫
本人在其《1907年中國紀行》中對中國廟宇求籤方法的記載，可知他的這些
解釋都是有親眼所見爲依據的。〔註68〕

祈籤之外，中國民間更便捷的占卜方法還有擲錢幣，以錢幣落下後的正
反面來測吉凶否泰。《錢卜巫》篇說巫婆把錢放入籤筒搖晃後，「傾錢入手，
而後於案上次第擺之。其法以字爲否，幕爲亨。」阿列克謝耶夫注釋道：「中
國錢幣從7世紀起就在正面刻有這樣的字：『某朝通寶』，也就是被加給國君
的年號，而避免使用他的名字。這些字先是手寫，然後做出黏土的模子，再
澆鑄出錢幣。字都是由著名書法家寫的，而且按錢幣出品的時代有明顯的不
同。錢幣的背面通常是沒有字的。」〔註69〕這條注釋不是講占卜方法，而是
介紹中國的錢幣，很明顯是運用了他到中國考察和在自己國內博物館從事中
國錢幣鑒定整理工作，而積累起來的豐富的中國錢幣知識。

《聊齋》中提到的中國民間占卜方法還有「鏡聽」。此法相當古老，唐人
王建《鏡聽詞》中就有句云：「重重摩挲嫁時鏡，夫婿遠行憑鏡聽」。《聊齋誌
異》中的《鏡聽》篇即以此法爲標題。文中說二媳婦盼丈夫考試得中，「竊於
除夜以鏡聽卜」。阿列克謝耶夫注釋道：「由以下方法構成的占卜：取一精製
古代銅鏡，獨自進入廚房，面向灶神（灶王），許下咒語。然後走路偷聽談話，

〔註66〕蒲松齡：《來自失意者書齋的奇異故事（聊齋誌異）》，聖彼得堡：彼得堡東方
　　　　學中心，2000年版，第659頁。
〔註67〕蒲松齡：《來自失意者書齋的奇異故事（聊齋誌異）》，聖彼得堡：彼得堡東方
　　　　學中心，2000年版，第536頁。
〔註68〕參閱《1907年中國紀行》，閻國棟譯，昆明：雲南人民出版社，2001年版，
　　　　第70～71頁。
〔註69〕蒲松齡：《來自失意者書齋的奇異故事（聊齋誌異）》，聖彼得堡：彼得堡東方
　　　　學中心，2000年版，第536頁。

以確定未來的吉凶。再閉眼走七步，睜開眼，對準鏡子，其中照見的東西，合乎偷聽來的話……『占卜沒有不符合實際的。』——在記載此事的文章中這樣說。」〔註70〕考元人伊世珍《嫏嬛記》卷上云：「先覓一古鏡，錦囊盛之，獨向神灶，雙手捧鏡，勿令人見。誦咒七遍，出聽人言，以定吉凶。又閉目信足走七步，開眼照鏡，隨其所照，以合人言，無不驗也。」估計即爲阿列克謝耶夫注釋之所本，他的引文，也是由此而來的。

　　《聊齋》中被視爲吉兆的占卜術還有聽喜鵲叫。此觀念也由來已久，據唐人張鷟《朝野僉載》所記：「貞觀末，南康黎景逸居於空青山，常有鵲巢其側，每飯食以喂之。後鄰近失布者誣景逸盜之，繫南康獄，月餘劾不承。欲訊之，其鵲止於獄樓，向景逸歡喜，似傳語之狀。其日傳有赦，官司詰其來，云路逢玄衣素衿人所說。三日而赦至，景逸還山。乃知玄衣素衿者，鵲之所傳也。」〔註71〕可見喜鵲報喜的說法還不僅是因其名字中有「喜」字，故能象徵喜悅，它還有幫人解困、預報人回家的功能。阿列克謝耶夫注釋《蕭七》篇中「晨占雀喜」一語曰：「喜鵲預兆喜悅，它的叫聲被認爲是好的兆頭。它還部分地預兆出門人返回。」〔註72〕可能就是由這個故事產生的聯想。

第三節　中國民間婚俗

　　中國數千年宗法社會，家庭爲社會組合之最小細胞，故一貫重視婚姻的締結與家庭的組合。漢代《詩大序》談詩歌的社會作用稱：「先王以是經夫婦、成孝敬、厚人倫、美教化、移風俗。」夫婦之道被排在人倫關係的第一位。《禮記・昏義》篇說：「昏禮者，禮之本也。」可見婚嫁活動在中國民俗中佔有重要地位。《聊齋》故事中有許多涉及中國民間的婚俗禮儀，阿列克謝耶夫俄譯注釋對其作了詳盡的闡釋。

一、婚禮程序

　　舊中國青年男女一般到十五、六歲就該談婚論嫁了。《雲蘿公主》篇說安

〔註70〕蒲松齡：《來自失意者書齋的奇異故事（聊齋誌異）》，聖彼得堡：彼得堡東方學中心，2000 年版，第 650 頁。
〔註71〕張鷟：《朝野僉載・隋唐嘉話》，西安：三秦出版社，2004 年版，第 136 頁。
〔註72〕蒲松齡：《來自失意者書齋的奇異故事（聊齋誌異）》，聖彼得堡：彼得堡東方學中心，2000 年版，第 362 頁。

大業母親夢到自己的兒子將來要娶公主，但到了「十五六迄無驗」，阿列克謝耶夫在這裡注釋說：「這個年齡在舊中國被認為實際上應該娶妻或嫁人了；訂婚還要更早些，甚至有些孩子彼此還在娘胎裏時就占卜了。」〔註73〕而父母為兒女選擇對象的一個重要標準是生辰八字的匹配。《阿繡》篇中說劉子固之母為其「議婚」，但劉「屢梗之」。阿譯「議婚」為「開始猜想、揣度婚姻」，注曰：「選擇新娘，她的出生年、月、日、時辰的標誌都要與未婚夫的標誌相和諧。」〔註74〕這些都可謂瞭解中國民間婚俗的知情之談。

選好了婚姻對象，就要請媒人去說媒了。媒人和做媒在中國古代有多種委婉的說法，《聊齋》中都有體現，如媒人叫「蹇修」、「冰人」，做媒叫「作冰」、「作伐」、「冰斧」、「執柯斧」等。《宦娘》篇鬼魂宦娘暗中促成溫如春與葛良工的姻緣，自稱：「代作蹇修」。阿列克謝耶夫注釋「蹇修」曰：「改變『跛腳』與婚姻受阻狀況的媒婆。」但他又說：「聊齋沒有停止在追尋這個原型上，他在這裡是暗用了屈原的說法，其媒婆形象係借用於來自與史前帝王伏羲相聯繫的古代神話。」〔註75〕這裡，他指出「蹇修」來自於屈原的說法，是正確的。屈原《離騷》有句曰：「解佩纕以結言兮，吾令蹇脩以為理。」王逸注：「蹇脩，伏羲氏之臣也……言己既見宓妃，則解我佩帶之玉，以結言語，使古賢蹇脩而為媒理也。」故後人以此指媒妁。但「蹇修」在這裡只是人名，阿列克謝耶夫按其字義解釋為「改變跛腳」，卻有過渡闡釋之嫌了。

媒人還有另一個稱呼叫「冰人」。《晉書·藝術傳·索紞》：「孝廉令狐策夢立冰上，與冰下人語。紞曰：『冰上為陽，冰下為陰，陰陽事也。士如歸妻，迨冰未泮，婚姻事也。君在冰上與冰下人語，為陽語陰，媒介事也。君當為人作媒，冰泮而婚成。』」後世因稱媒人為冰人，做媒也叫「作冰」。《青梅》篇說狐女青梅攛掇張生母派「冰人」去給自家小姐做媒。阿列克謝耶夫釋「冰人」曰：「媒人的形象說法。」〔註76〕又釋《胡氏》篇中「作冰」曰「也就是

〔註73〕蒲松齡：《來自失意者書齋的奇異故事（聊齋誌異）》，聖彼得堡：彼得堡東方學中心，2000年版，第652頁。

〔註74〕蒲松齡：《來自失意者書齋的奇異故事（聊齋誌異）》，聖彼得堡：彼得堡東方學中心，2000年版，第590頁。

〔註75〕蒲松齡：《來自失意者書齋的奇異故事（聊齋誌異）》，聖彼得堡：彼得堡東方學中心，2000年版，第260頁。

〔註76〕蒲松齡：《來自失意者書齋的奇異故事（聊齋誌異）》，聖彼得堡：彼得堡東方學中心，2000年版，第496頁。

做媒人。」〔註77〕這些解釋雖都不錯，但沒能說出其來源，略顯簡單了。但《嬌娜》篇稱做媒爲「作伐」，阿列克謝耶夫在這裡指出這一說法的出處曰：「出自《詩經》詩句的一個形象的說法：『伐柯如何，匪斧不克；取妻如何，匪媒不得。』」〔註78〕說明他對這些典故還是有瞭解的。由這兩個典故而來，做媒還有一個兩典合併的說法叫「冰斧」，如《鴉頭》篇中諸生王文看中勾欄女子鴉頭，其友趙東樓對王文戲言：「君倘垂意，當作冰斧。」阿列克謝耶夫注釋道：「即做媒。」〔註79〕

　　請好媒人之後，男方要拿出禮物，請媒人帶到女方家去提親。這在古代叫「納采」，也叫行聘，是婚禮中的第一個儀式。其實此前男女雙方已經由媒人撮合好了，只是履行個程序而已。古代禮儀要求男方向女方送大雁作爲聘禮，所以納采又稱「委禽」或「奠雁」。《白秋練》篇中白氏媼親自爲女兒做媒，對慕生說：「人世姻好，有求委禽而不得者。」《胡氏》篇中說主人答應與胡氏結親，「乃詳問里居，將以奠雁」。阿列克謝耶夫注「委禽」曰：「發生在婚禮之前的一個結婚儀式。」〔註80〕將「奠雁」譯作「送來雁」，並注釋說：「給新娘家送禮。古代婚禮前的婚俗之一。」〔註81〕與前注「冰人」、「作冰」等一樣，只是說出了含義，沒有指出詞義的淵源。

　　古代婚禮納采之後下一個程序是「問名」。所謂「問名」是要男方出具庚辰束帖，寫上男子姓名、出生年、月、日、時，送到女家。女方則答以寫有女子姓名、出生年、月、日、時的「回束」。《宦娘》中葛公欲嫁女，「臨邑劉方伯之公子，適來問名」。阿列克謝耶夫注釋「問名」說：「古代婚俗要求來自男方的媒人或媒婆帶著提供女方的名字、出生年月日的信，把所有這一切交給占卜者，等他做出決定。」〔註82〕《陳雲棲》篇說「問名者女輒不願」，

〔註77〕蒲松齡：《來自失意者書齋的奇異故事（聊齋誌異）》，聖彼得堡：彼得堡東方學中心，2000年版，第344頁。

〔註78〕蒲松齡：《來自失意者書齋的奇異故事（聊齋誌異）》，聖彼得堡：彼得堡東方學中心，2000年版，第387頁。

〔註79〕蒲松齡：《來自失意者書齋的奇異故事（聊齋誌異）》，聖彼得堡：彼得堡東方學中心，2000年版，第418頁。

〔註80〕蒲松齡：《來自失意者書齋的奇異故事（聊齋誌異）》，聖彼得堡：彼得堡東方學中心，2000年版，第221頁。

〔註81〕蒲松齡：《來自失意者書齋的奇異故事（聊齋誌異）》，聖彼得堡：彼得堡東方學中心，2000年版，第347頁。

〔註82〕蒲松齡：《來自失意者書齋的奇異故事（聊齋誌異）》，聖彼得堡：彼得堡東方學中心，2000年版，第257頁。

阿列克謝耶夫釋「問名」曰：「也就是做媒。」〔註83〕都講的是中國婚俗中的這一程序。《長治女子》篇說一惡道士欲謀陳氏女，謊稱自己有親戚「欲求姻好，但未知其甲子。」由於俄國沒有中國古代干支紀年這一套符號體系，故阿列克謝耶夫在此處將「甲子」譯爲「被安排給她的符號」，然後解釋道：「進入婚姻結合的必要條件就是新郎和新娘的八字，也就是雙方特殊的年、月、日和出生時間的標記符號，絕不能互相衝突。但這個特殊的公式，主要還是源於占卜者。」〔註84〕這一解釋是比較準確的。

問名之後，如果經卜算，雙方庚辰八字合宜，就要確定吉日，男方備禮品送往女家，算作婚姻已定，這叫「納吉」。以後所有婚禮程序，都要選擇吉日。《聊齋》中提到的說法，有「擇吉」、「涓吉」等等。《嬰寧》篇說「母擇吉爲之合巹」，阿列克謝耶夫注釋道：「擇吉是非常複雜的占卜儀式，爲此要有特別專業的人士。沒有它不能著手進行任何重要的事情，尤其是婚姻這樣的大事。」〔註85〕

兩家人達成婚約，被叫做結「秦晉之好」。春秋時期，秦、晉是兩個相鄰的大國。秦穆公爲實現霸業，向晉國求婚，晉獻公將其女兒伯姬嫁給了秦穆公，這就是歷史上所謂「秦晉之好」的開端。在此後二十年間，又有過兩度秦晉聯姻之舉。因此「秦晉之好」最初代表了因婚姻構建的國家之間的聯合，後來漸漸將男女之間的婚姻也稱作結爲「秦晉之好」。《小梅》篇中狐女小梅求黃太僕「主秦晉之盟」，阿列克謝耶夫在注釋中指出，「秦」、「晉」是古代兩個國名，「這兩個古代分封國家總是互相結爲親戚，以便不做敵人。這裡當然說的是結親。」〔註86〕中國人結親講究門當戶對，如果男方門第低娶了地位高的妻子，比如平民娶了公主，那就要換一個說法來表示恭敬。《雲蘿公主》中安大業母「夢曰：『兒當尚主』」，阿列克謝耶夫注釋道：「一般稱娶媳婦爲『選妻』，但是在歷史文本中，如聊齋在這裡暗示的，『選』這個概念在談到公主的時候被認爲是越軌的，而換成『尚』（俄譯作『敬』——譯者）這個詞

〔註83〕蒲松齡：《來自失意者書齋的奇異故事（聊齋誌異）》，聖彼得堡：彼得堡東方學中心，2000年版，第354頁。

〔註84〕蒲松齡：《來自失意者書齋的奇異故事（聊齋誌異）》，聖彼得堡：彼得堡東方學中心，2000年版，第167頁。

〔註85〕蒲松齡：《來自失意者書齋的奇異故事（聊齋誌異）》，聖彼得堡：彼得堡東方學中心，2000年版，第29頁。

〔註86〕蒲松齡：《來自失意者書齋的奇異故事（聊齋誌異）》，聖彼得堡：彼得堡東方學中心，2000年版，第633頁。

來表示尊敬的意思。」〔註87〕這也是深知中國禮儀的精到之談。

到舉行婚禮這天，新郎要親自去女家迎娶新娘。《宦娘》篇說溫如春在宦娘幫助下娶到良工，婚禮那天「溫既親迎」，阿列克謝耶夫注釋道：「古代習俗，在婚禮這天新郎穿禮服，帶著隨從出現在未婚妻家裏，送上必須的禮物，然後退回去，在自己家門前等待妻子。」〔註 88〕這是對古代迎親儀式比較詳盡的描述。

二、婚禮場面

中國婚禮進行時的場景、布置、服飾，以及具體過程，可謂豐富多彩，也是外國讀者最感興趣、最希望瞭解的地方。故阿列克謝耶夫對《聊齋》中講述到的這些內容，做了比較詳細的解說。

首先是婚禮儀式的基本色調。《狐妾》篇提到劉洞九在官衙中遇狐，狐女「出一紅巾戲拋面」。阿列克謝耶夫在這裡注釋道：「紅顏色一般是喜慶的顏色，並總和婚姻相聯繫。婚禮儀式時圍繞新郎新娘的所有東西多半都是紅色的。」〔註 89〕《紅玉》篇說衛翁答應馮相如求婚後，「書紅箋而盟焉」。阿列克謝耶夫注釋說：「在婚禮儀式中紅色被認爲是用於一切的。」〔註 90〕都說明了紅色是中國婚禮中必用的表示喜慶的顏色。

舉辦婚禮時，新人婚房裏要擺放紅蠟燭，稱「洞房花燭」。《蓮香》篇中狐女蓮香對桑生說：「君行花燭於人家。」阿列克謝耶夫在這裡將「花燭」譯爲「婚禮帶花紋的蠟燭」，特意強調了其用於婚禮的性質，並解釋道：「把用樣式獨特的模子做成的、帶有金色的紅蠟燭擺放在新人的房間裏。在六世紀詩人那裡我們讀到『洞房花燭燕雙飛』」。〔註 91〕考公元 6 世紀北朝詩人庾信《三和詠舞詩》有「洞房花燭明，舞餘雙燕輕」句，估計是阿注所本。而他

〔註87〕蒲松齡：《來自失意者書齋的奇異故事（聊齋誌異）》，聖彼得堡：彼得堡東方學中心，2000 年版，第 652 頁。
〔註88〕蒲松齡：《來自失意者書齋的奇異故事（聊齋誌異）》，聖彼得堡：彼得堡東方學中心，2000 年版，第 258 頁。
〔註89〕蒲松齡：《來自失意者書齋的奇異故事（聊齋誌異）》，聖彼得堡：彼得堡東方學中心，2000 年版，第 66 頁。
〔註90〕蒲松齡：《來自失意者書齋的奇異故事（聊齋誌異）》，聖彼得堡：彼得堡東方學中心，2000 年版，第 527 頁。
〔註91〕蒲松齡：《來自失意者書齋的奇異故事（聊齋誌異）》，聖彼得堡：彼得堡東方學中心，2000 年版，第 49 頁。

能在這裡指出「花燭」是「帶有金色的紅蠟燭」，完全符合中國婚禮花燭的實際模樣，說明他親眼見過實物。

行婚禮時，新娘要佩戴鳳冠。《狐嫁女》篇中狐女出場，「翠鳳明璫，容華絕世」。阿列克謝耶夫在這裡注釋說：「鳳與凰是夫妻幸福的象徵，而女人的頭飾，特別是婚禮的冠冕經常要描繪飛翔的鳳凰。這一開始僅只為皇后和貴族夫人使用，後來這種模式就普及到所有中國女人。『鳳凰髮型』不只靠自己的樣式，還要用髮簪和髮夾等等，使人感到像鳳凰的頭。」〔註92〕但原文「明璫」是玉製的耳飾，而阿譯只譯作「頭飾的顏色搭配華麗的鳳凰服飾」，未譯出「明璫」，估計是有意把重點放在介紹「鳳冠」上。

中國古代北方民族還有在舉行婚禮時讓新人坐在青布搭成的帳篷中的風俗，這帳篷叫「青廬」。《玉臺新詠·古詩為焦仲卿妻作》有「其日牛馬嘶，新婦入青廬」句。唐段成式《酉陽雜俎·禮異》篇曰：「北朝婚禮，青布幔為屋，在門內外，謂之青廬，於此交拜。」《聊齋誌異》大多記載北方地區故事，且蒲松齡本人也是北人，故文中多有「青廬」的記載。《蓮香》篇說：「蓮香扶新婦入青廬」；《辛十四娘》說：「雙鬟扶女坐青廬中」。阿列克謝耶夫釋「青廬」曰：「古代風俗，在整個婚禮宴會期間把新人帶到綠色帳篷裏坐著，並接受祝賀，不能離開它。」〔註93〕

婚禮中一個重要節目是新人夫妻喝交杯酒，古代叫「合卺酒」。《蓮香》篇說：「蓮陪卺飲」，阿列克謝耶夫將「卺飲」譯作「喝合卺酒」，並解釋道：「新人把嘴對在一起同飲一杯酒——最隆重的婚禮儀式。」〔註94〕《柳生》篇注「合卺」為「完成婚禮儀式。」〔註95〕指出「合卺」意味著婚禮的完成。

婚禮上必須的儀式還有拜父母。《長亭》篇說長亭之母瞞著老公，偷偷送女兒與石太璞成婚，「媼促兩人庭拜訖」。阿列克謝耶夫譯「拜」為「обряд поклонения」（崇拜的儀式），並注釋道：「婚禮儀式，新婚者拜父母。」〔註96〕

〔註92〕蒲松齡：《來自失意者書齋的奇異故事（聊齋誌異）》，聖彼得堡：彼得堡東方學中心，2000年版，第37頁。
〔註93〕蒲松齡：《來自失意者書齋的奇異故事（聊齋誌異）》，聖彼得堡：彼得堡東方學中心，2000年版，第49頁。
〔註94〕蒲松齡：《來自失意者書齋的奇異故事（聊齋誌異）》，聖彼得堡：彼得堡東方學中心，2000年版，第49頁。
〔註95〕蒲松齡：《來自失意者書齋的奇異故事（聊齋誌異）》，聖彼得堡：彼得堡東方學中心，2000年版，第506頁。
〔註96〕蒲松齡：《來自失意者書齋的奇異故事（聊齋誌異）》，聖彼得堡：彼得堡東方

可見即便最簡單倉促的婚禮，也必須要有拜父母的儀式。

三、婚後生活與婚姻關係稱謂

一對新人合巹之後，就要開始過夫妻生活了。在中國古代哲學、醫學和道家學說對陰陽和諧、性欲和性生活質量重要性認識的共同影響下，中國古人對夫妻生活的和諧、性生活的美滿，積累了大量的理論和實踐經驗。正如俄羅斯科學院民族學與人類學研究所研究員 И. С. 孔〔註97〕教授在 1993 年為《中國色情》一書撰寫的前言中所說：「與把性看作是某種齷齪的、卑鄙的和極其危險的基督教文化不同，中國文化在性欲中看到了活生生的重要的積極因素，它強調，沒有圓滿健康的性生活，就不會有任何幸福……性欲以及一切與其相聯繫的東西，被中國文化理解為是非常嚴肅、非常正當的。」〔註98〕中國古代夫妻房中使用的性器具，就是這種性文化的實際物證。雖然性器具在後世宋明理學禁欲主義性觀念的影響下被視為「淫器」，但在民間實際上盛行不衰，在各類市井狎邪小說中更是風光無限，《聊齋誌異》中自然也有一定記載。如《司訓》篇提到「房中僑器」，阿列克謝耶夫將其譯作：「суррогат-секрет супружеской спальни」，並解釋其為「夫妻臥房中秘密之事的代用品。」〔註99〕

夫妻和諧，中國人謂之「琴瑟之好」。《宦娘》篇中宦娘對溫如春說：「君琴瑟之好」，阿列克謝耶夫注釋曰：「夫妻和諧的通常形象令人想起相互接近的絃樂器和諧的演奏，這就是琴和瑟。琴是齊特拉琴的古老前身，瑟是案頭古斯里琴的一種。」〔註100〕這裡，阿列克謝耶夫用歐洲人熟悉的古代樂器來解說中國獨有的古樂器琴與瑟，有助於域外讀者對這一概念的感性理解。

新婚夫妻成婚後過幾天還要回女方娘家省親，這叫「歸寧」。歸寧的時間

學中心，2000 年版，第 478 頁。
〔註97〕伊戈爾‧謝苗諾維奇‧孔（1928～2011），生於列寧格勒（今聖彼得堡），1947年畢業於列寧格勒赫爾岑師範學院歷史系。1950 年在新歷史與哲學兩個研究生班畢業。曾在列寧格勒化學藥劑研究所、列寧格勒大學、蘇聯科學院哲學研究所、社會學研究所、社會科學研究所等單位工作。1975 年起為俄羅斯科學院民族學與人類學研究所首席研究員。
〔註98〕《中國色情》，莫斯科：正方出版聯合體，1993 年版，第 6 頁。
〔註99〕蒲松齡：《來自失意者書齋的奇異故事（聊齋誌異）》，聖彼得堡：彼得堡東方學中心，2000 年版，第 112 頁。
〔註100〕蒲松齡：《來自失意者書齋的奇異故事（聊齋誌異）》，聖彼得堡：彼得堡東方學中心，2000 年版，第 260 頁。

各地風俗不同，有的地方是在結婚的第三日，叫「三朝回門」，也有的地方是第四天，叫「回四」。阿列克謝耶夫有時將「歸寧」譯爲「安撫父母」（успокоить родителей），如《辛十四娘》篇所說「時自歸寧」；有時又譯作「探望父母」（проведать родителей），如《長亭》篇中的「翁家取女歸寧」。他在注釋中解釋道：「按古代風俗，年輕女人和丈夫過一兩天後，就回到自己家短期休息，以便問候父母是否健康，是否安寧。」〔註101〕這些解釋都是正確的。

男人婚後如果死了妻子又再娶，稱爲「續弦」或「膠續」。《小翠》篇說狐女小翠負氣離去後，王公子「寢食不甘，日就羸瘁」，「公大憂，急爲膠續以解之」。阿列克謝耶夫釋「膠續」曰：「娶第二個妻子。有人從西方給一位古代國君帶來一種特殊的用鳳凰血製成的膠水，它甚至能夠黏上斷了的弓弦。後來在歌曲中唱道：『琴唱盡我悲傷的旋律，我的知音很少。我等著鳳凰來接續斷了的弦……』」〔註102〕據西晉張華《博物志》卷二載：「漢武帝時，西海國有獻膠五兩者，帝以付外庫。餘膠半兩，西使佩以自隨。後武帝射於甘泉宮，帝弓弦斷，從者欲更張弦，西使乃進，乞以所送餘香膠續之，座上左右莫不怪。西使乃以口濡膠爲水注斷弦兩頭，相連注弦，遂相著。帝乃使力士各引其一頭，終不相離。西使曰：『可以射。』終日不斷，帝大怪，左右稱奇，因名曰續弦膠。」阿列克謝耶夫這裡提到的就是這個典故。注釋中所引歌詞，係出自宋文瑩《玉壺清話》卷四載陶穀《春光好》詞之下闋，原詞曰：「好因緣，惡因緣，奈何天，只得郵亭一夜眠？別神仙。瑟琶撥盡相思調，知音少。安得鸞膠續斷弦，是何年？」從中可見阿列克謝耶夫對中國婚俗用語所涉及的典故有很深入的瞭解。

古代中國人圍繞婚姻關係創造了一套隱語、敬語、謙辭或委婉語，這些在《聊齋誌異》中也都有體現，如稱妻子爲「荊人」、「山荊」、「細君」，稱做妻子爲「奉事」、「奉箕帚」，稱做女婿爲「代養其老」，稱岳父和女婿爲「冰玉」，稱皇帝的女婿爲「粉侯」等等。《長亭》篇說「與荊人言」，阿列克謝耶夫注曰：「也就是與妻子」。〔註103〕《鳳仙》篇中狐仙少年提及自己妻子說：「此

〔註101〕蒲松齡：《來自失意者書齋的奇異故事（聊齋誌異）》，聖彼得堡：彼得堡東方學中心，2000 年版，第 451 頁。

〔註102〕蒲松齡：《來自失意者書齋的奇異故事（聊齋誌異）》，聖彼得堡：彼得堡東方學中心，2000 年版，第 380 頁。

〔註103〕蒲松齡：《來自失意者書齋的奇異故事（聊齋誌異）》，聖彼得堡：彼得堡東方學中心，2000 年版，第 477 頁。

即山荊也。」阿列克謝耶夫注「山荊」為：「未加工的、粗糙的大棒子。」並解釋說：「對自己的妻子，按理必須用貶稱。」〔註104〕《局詐》篇中程道士說：「適此操乃傳自細君者。」阿列克謝耶夫釋「細君」曰：「也就是妻子。古代詩人東方朔（公元前 2 世紀）在皇帝宴請的宴會上往袖子裏藏美味的肉塊，說：『您知道嗎？這是為我的小國君——統治者。』」〔註105〕」〔註106〕

　　《長亭》篇中狐狸丈人翁叟為求石太璞救其女兒，曾許諾說：「小女長亭，年十七矣，願遣奉事君子。」阿列克謝耶夫釋「奉事」曰：「也就是作妻子。」〔註107〕《狐夢》篇中狐婦對畢怡庵說：「有小女及笄，可侍巾櫛」，阿列克謝耶夫將「侍巾櫛」譯為「為您服務，給您洗濯和梳頭」，並注釋說：「也就是『為您收拾房間』，這是從古代就有的『做妻子』概念的委婉表卑的說法，當時未來的岳父對漢朝皇帝（公元前 3 世紀）說：『臣有息女，願為箕帚妾。』」〔註108〕《鍾生》篇中老叟要把自己的外甥女嫁與鍾慶餘，說「以奉箕帚如何？」阿列克謝耶夫將「奉箕帚」俄譯為「為您收拾房間」，然後解釋說：「做妻子」。〔註109〕《柳生》篇中盜首對周生說：「我有息女，欲奉箕帚」，阿列克謝耶夫也注釋道：「做妻子」〔註110〕。男方委婉地表示要做人家女婿，則說「代養其老」。《俠女》顧生母對自己兒子說要去對門女家提親，「兒可代養其老」，阿列克謝耶夫注曰：「也就是做女婿，在宗法制中國通常的形象化說法。」〔註111〕

〔註104〕蒲松齡：《來自失意者書齋的奇異故事（聊齋誌異）》，聖彼得堡：彼得堡東方學中心，2000 年版，第 619 頁。

〔註105〕《漢書·東方朔傳》：「歸遺細君，又何仁也！」顏師古注：「細君，朔妻之名。一說，細，小也。朔輒自比於諸侯，謂其妻曰小君。」後人因此作為妻子的代稱。

〔註106〕蒲松齡：《來自失意者書齋的奇異故事（聊齋誌異）》，聖彼得堡：彼得堡東方學中心，2000 年版，第 184 頁。

〔註107〕蒲松齡：《來自失意者書齋的奇異故事（聊齋誌異）》，聖彼得堡：彼得堡東方學中心，2000 年版，第 477 頁。

〔註108〕蒲松齡：《來自失意者書齋的奇異故事（聊齋誌異）》，聖彼得堡：彼得堡東方學中心，2000 年版，第 55 頁。注釋中所引係漢高祖劉邦故事，見《史記·高祖本紀》：「臣有息女，願為季箕帚妾。」——譯者。

〔註109〕蒲松齡：《來自失意者書齋的奇異故事（聊齋誌異）》，聖彼得堡：彼得堡東方學中心，2000 年版，第 247 頁。

〔註110〕蒲松齡：《來自失意者書齋的奇異故事（聊齋誌異）》，聖彼得堡：彼得堡東方學中心，2000 年版，第 506 頁。

〔註111〕蒲松齡：《來自失意者書齋的奇異故事（聊齋誌異）》，聖彼得堡：彼得堡東方

《長亭》篇末「異史氏」評石太璞與其狐狸丈人始終不能釋嫌曰：「天下之有冰玉而不相能者」，阿列克謝耶夫注釋道：「這一說法來自於公公和岳父的傳說，他們的同時代人拿他們的文學才能作比較，一個清純，另一個潤澤，也就是像冰和玉。這裡是代指岳父和女婿。」〔註112〕據《晉書・衛玠傳》記載，衛玠為名士，從小生得冰清玉秀，風神綽約，而其岳父樂廣亦名著海內，故當時人稱「婦公冰清，女婿玉潤」。而如果是皇帝的女婿，委婉的代稱則是「粉侯」。此典出自三國，魏何晏面如傅粉，娶魏公主，賜爵為列侯，故後世又稱駙馬為「粉侯」。《雲蘿公主》中婢女為安大業和雲蘿公主安排好棋盤，說：「主日耽此，不知與粉侯孰勝？」阿列克謝耶夫釋「粉侯」曰：「在舊中國文本中這就意味著皇帝的女婿。」〔註113〕從上述注釋可見阿列克謝耶夫對這些詞語的來源是很清楚的。

第四節 中國民間生活習俗、自然物崇拜與禁忌

從某種意義上說，蒲松齡《聊齋誌異》通過其所構建的「五光十色的平民社會」（恩格斯語）來講述花妖狐魅的奇異故事，展現了明清兩代中國民間生動豐富的生活場景，堪稱中國民俗知識的百科全書。阿列克謝耶夫俄譯《聊齋誌異》對這些民間生活習俗的解釋，也成為幫助外國讀者瞭解中國人日常風俗習慣、交際禮儀、自然物崇拜與忌諱的指南。

一、中國人的方位意識

中國自古以來以農業為經濟主體，中國人置地造屋都要適合農耕生活的需要，故特重方向的辨認。尤其在北方地區，地勢平坦，房舍低矮，視野開闊，人們習慣以太陽出沒來定方位、行作息，因此形成了日常生活中極強的方位意識。這在城市經濟相對發達、人們活動在迂曲迴旋的城堡里巷之間的歐洲人看來，就是很新奇的事情。《嬰寧》篇中有一處說：「一女郎由東而西」，這句話在中國人看來可能無所謂，但引起了阿列克謝耶夫注釋的興趣，他在

學中心，2000 年版，第 671 頁。
〔註112〕蒲松齡：《來自失意者書齋的奇異故事（聊齋誌異）》，聖彼得堡：彼得堡東方學中心，2000 年版，第 481 頁。
〔註113〕蒲松齡：《來自失意者書齋的奇異故事（聊齋誌異）》，聖彼得堡：彼得堡東方學中心，2000 年版，第 654 頁。

這裡寫道：「中國人不喜歡借助左右手來表示，而準確地按地上方位來標記。歐洲人會很奇怪在中國詩句中遇到這樣的表述：『題寫在太師椅的東邊』、『無憂無慮地住在北客棧裏』——等等。口語中還有更奇怪的句子：『喂，瞎子，往東走，你聽見了嗎？』『把釘子釘北一點』等等。」〔註114〕《小梅》篇中提到「北堂」，阿列克謝耶夫注曰：「客廳，從入口處進來的第一間房。中國人按方位稱呼一切東西。」〔註115〕《小二》還有「西鄰」一語，阿列克謝耶夫注曰：「按方向來定位。」〔註116〕這都是阿列克謝耶夫親自到過中國北方，對民間生活有較深入瞭解的結果。

方位意識造成了漢語中許多由方位詞構成的詞語，最常見的如「東道主」、「西賓（或西席）」等。《狐諧》篇說眾賓客相約，「有開諧端者，罰作東道主」，阿列克謝耶夫注釋「東道主」道：「宴會的主人。很久以來東方的概念都與主人的概念相聯繫，而西與客人相聯繫。主人是「東人」，相反，教師以客人身份住在家裏，稱為西賓，等等。」〔註117〕

東西之外還有南北，南向為尊，北向為卑。《青鳳》篇中說：「一叟儒冠南面坐」，阿列克謝耶夫釋曰：「按照古代中國的禮儀，國君面朝南坐，朝臣都面向他站著，也就是朝北。作為與國君有關的高級官員在自己統治地區面對低級官員也應該這樣坐，他們的臉則要朝北。同樣，學生對老師、家庭所有成員對家長——父親，也要這樣做。」〔註118〕《恒娘》篇說：「北面為弟子」，阿列克謝耶夫注曰：「從邊上面對老師，就像對尊敬的國君。」〔註119〕《偷桃》篇說：「恐為南面者怒」，阿列克謝耶夫注「南面」曰：「官員高級的位子。」〔註120〕又說：「望北稽首」，阿列克謝耶夫注曰：「臉向著貴人。」〔註121〕《小

〔註114〕蒲松齡：《來自失意者書齋的奇異故事（聊齋誌異）》，聖彼得堡：彼得堡東方學中心，2000年版，第22頁。

〔註115〕蒲松齡：《來自失意者書齋的奇異故事（聊齋誌異）》，聖彼得堡：彼得堡東方學中心，2000年版，第632頁。

〔註116〕蒲松齡：《來自失意者書齋的奇異故事（聊齋誌異）》，聖彼得堡：彼得堡東方學中心，2000年版，第370頁。

〔註117〕蒲松齡：《來自失意者書齋的奇異故事（聊齋誌異）》，聖彼得堡：彼得堡東方學中心，2000年版，第330頁。

〔註118〕蒲松齡：《來自失意者書齋的奇異故事（聊齋誌異）》，聖彼得堡：彼得堡東方學中心，2000年版，第71頁。

〔註119〕蒲松齡：《來自失意者書齋的奇異故事（聊齋誌異）》，聖彼得堡：彼得堡東方學中心，2000年版，第332頁。

〔註120〕蒲松齡：《來自失意者書齋的奇異故事（聊齋誌異）》，聖彼得堡：彼得堡東方

梅》篇說：「設坐南向」，阿列克謝耶夫注釋道：「爲了臉朝南坐著接受拜見，這通常是給予國家的皇帝和皇后的。」〔註122〕都解說出了中國方位詞的內在意蘊。

二、中國人的交際禮節

中國自古號稱「禮儀之邦」，「禮」是旨在維繫建立在等級制度和親屬關係上的社會差異的一整套典章制度和道德規範。禮的本質在「辨異」，故《禮記》云：「禮者所以定親疏，決嫌疑，別同異，明是非也。」長期以來，傳統禮儀對中華民族精神素質的修養起了重要作用，其中既有培養文明禮貌、端正行爲舉止、密切人際關係等積極意義，但也有鉗制個性、助長虛僞、馴化奴性等消極影響。單說它那套繁文縟節的表現形式，就令西方人感到不可理喻和怪異滑稽。故俄國自 17 世紀有使臣拜訪中國以來，就產生了「中國禮儀」（Китайские церемонии）這一帶有貶諷意味的成語。《聊齋》講述中國人的日常生活故事，必然涉及許多人際交往的禮儀。這些在中國人看來很平常的事情，外國譯者在翻譯時卻往往需要特別加以說明。阿列克謝耶夫的俄譯《聊齋》注釋，就相當全面地展示了中國人日常交際禮節的各個方面。

比如親戚或朋友互相拜訪，要發邀請、遞名片。《嬰寧》篇說王子服思念嬰寧成疾，求表兄吳生去尋訪，吳故意拖延，王「怪吳不至，折束招之」。阿列克謝耶夫注釋「折束」道：「折字條——發出邀請，把它疊成信的樣子。」〔註123〕《局詐》篇說「邑丞程氏新蒞任，投刺謁李」，阿列克謝耶夫釋「投刺」曰：「寄出邀請。」〔註124〕《濰水狐》中說李氏拜訪狐翁，「投刺往謁」，阿列克謝耶夫在這裡未作注解，但在譯文中譯爲：「李發出自己的拜訪卡片，前去拜訪。」〔註125〕這也等於說明了「投刺」的含義。《蓮香》篇說

學中心，2000 年版，第 340 頁。
〔註121〕蒲松齡：《來自失意者書齋的奇異故事（聊齋誌異）》，聖彼得堡：彼得堡東方學中心，2000 年版，第 340 頁。
〔註122〕蒲松齡：《來自失意者書齋的奇異故事（聊齋誌異）》，聖彼得堡：彼得堡東方學中心，2000 年版，第 632 頁。
〔註123〕蒲松齡：《來自失意者書齋的奇異故事（聊齋誌異）》，聖彼得堡：彼得堡東方學中心，2000 年版，第 21 頁。
〔註124〕蒲松齡：《來自失意者書齋的奇異故事（聊齋誌異）》，聖彼得堡：彼得堡東方學中心，2000 年版，第 183 頁。
〔註125〕蒲松齡：《來自失意者書齋的奇異故事（聊齋誌異）》，聖彼得堡：彼得堡東方學中心，2000 年版，第 62 頁。

蓮香勸桑生去張燕兒家求婚，燕兒母出面接待，「媼睹生名」。阿列克謝耶夫在這裡將「名」譯作「名片」（Визитная карточка），然後解釋道：「在紅紙做的大紙片上用黑墨寫上姓名。問候性質的拜帖也這樣做。紙頁折成像跪著的人的樣子。」〔註126〕沒有在中國實際見到過這類實物，是不可能做出這樣的注釋的。

　　古代中國人見面的禮節不是西方的握手，而是作揖。《胡四相公》說張虛一入狐宅，見「闃寂無人」，「遂揖而祝」。阿列克謝耶夫將此句譯作「對合雙手致敬」，並注釋道：「雙手握成拳頭從下抬高到前額，或者比較隨便一些的問候到胸前。」〔註127〕《宮夢弼》篇中柳和因與岳母有嫌隙，斥責妻子接納外人，劉媼上前把責任攬到自身，柳和「乃上手謝過」。阿列克謝耶夫注釋「上手」曰：「表示致敬。」〔註128〕《道士》篇中說「道士向主客皆一舉手」，阿列克謝耶夫解釋道：「致敬的禮節，致敬者雙手向內抱拳從低抬高，這時不說話。這個手勢當然可以表達對人的任何態度。」〔註129〕

　　中國人見面後往往先要寒暄。《狐諧》篇說狐女與家中數位來者「備極寒暄」，阿列克謝耶夫注曰：「關於天氣和一切瑣碎的事。」〔註130〕陌生人見面還要詢問對方的家世、身份。《嬰寧》篇說王子服自己找到嬰寧家，媼接見，「坐次，具展宗閥。」阿列克謝耶夫將此句譯作：「詳細述說，誰是誰怎樣的親屬？」，然後注釋道：「中國家庭的宗法制要求準確地記住父親一方和母親一方所有數不清的親屬。」〔註131〕《嬌娜》篇中孔雪笠入陌生少年家，以為對方是房主，「即亦不審官閥」。阿列克謝耶夫注「審官閥」曰：「顯示必要的客氣。中國人表現最高的輕蔑就是不問姓名、職務、家庭和財產等等。」〔註132〕

〔註126〕蒲松齡：《來自失意者書齋的奇異故事（聊齋誌異）》，聖彼得堡：彼得堡東方學中心，2000年版，第49頁。

〔註127〕蒲松齡：《來自失意者書齋的奇異故事（聊齋誌異）》，聖彼得堡：彼得堡東方學中心，2000年版，第77頁。

〔註128〕蒲松齡：《來自失意者書齋的奇異故事（聊齋誌異）》，聖彼得堡：彼得堡東方學中心，2000年版，第416頁。

〔註129〕蒲松齡：《來自失意者書齋的奇異故事（聊齋誌異）》，聖彼得堡：彼得堡東方學中心，2000年版，第179頁。

〔註130〕蒲松齡：《來自失意者書齋的奇異故事（聊齋誌異）》，聖彼得堡：彼得堡東方學中心，2000年版，第331頁。

〔註131〕蒲松齡：《來自失意者書齋的奇異故事（聊齋誌異）》，聖彼得堡：彼得堡東方學中心，2000年版，第23頁。

〔註132〕蒲松齡：《來自失意者書齋的奇異故事（聊齋誌異）》，聖彼得堡：彼得堡東方

這就說出了長期宗法制度下中國人交際習慣的特點。但《嬌娜》篇中孔雪笠的「不審官閥」，乃是誤認對方為房主，並非出於輕蔑。阿列克謝耶夫在這裡的注釋只能說是借題發揮，講述中國人的交際習慣，對理解原文有可能產生誤導。

長期的宗法制社會、人與人之間的親族關係，還造成了中國人敬老、尊老的民族心理。《胡大姑》篇中狐女對岳於九說：「我齒較汝長，何得妄自尊？」阿列克謝耶夫注曰：「在宗法制中國，年齡總是獲得尊敬。『老』和『尊敬』的概念都用一個詞來表達──『老』。」〔註133〕同樣，出於按年齒為序的長幼尊卑觀念，兄弟在一起時，弟弟也要尊敬哥哥。《嬌娜》篇中皇甫公子欲為孔雪笠做媒，說：「弟為兄物色」。阿列克謝耶夫在這裡注釋道：「宗法制中國非常嚴肅的禮貌。應當記住，當哥哥出現時，弟弟總是要站著。」〔註134〕這條注釋明顯地不是在注原文，而是藉此解說中國的禮儀習慣。此外，從這裡也可以看出，在士人交往中，稱兄道弟有時並非真是兄弟，而是以兄為尊，以弟為謙辭。《黃九郎》篇中何生有斷袖之癖，欲與黃九郎搞肌膚之親，黃九郎對他說：「實以相愛無益於弟，而有害於兄。」阿列克謝耶夫在這裡注釋「弟」道：「也就是我；當然，這裡的重音是在『年少』上，與客氣的要求相適應。」〔註135〕這就指出了舊中國禮儀以長者為尊的特點。

中國封建社會男尊女卑，婦女在社交活動中處於被禁錮的卑微地位。《青鳳》篇中青鳳夜間私會耿去病，其叔怒斥她說：「賤輩辱我門戶！」阿列克謝耶夫在這裡注釋道：「舊中國宗法制道德要求婦女成為隱士──窈窕，『深藏』。在12世紀對品行提出了更為嚴酷的要求，哲學家程頤在具有後期儒家觀點的論文中說：『餓死事小，失節事大』。」〔註136〕《蓮香》篇中桑生去張燕兒家求親，張家「使燕兒窺簾認客」，阿列克謝耶夫在這裡注釋道：「恪守婦女疏遠的宗法制原則達到偽善的地步。人們在給死於1908年的垂老女皇慈

學中心，2000年版，第383頁。

〔註133〕蒲松齡：《來自失意者書齋的奇異故事（聊齋誌異）》，聖彼得堡：彼得堡東方學中心，2000年版，第82頁。

〔註134〕蒲松齡：《來自失意者書齋的奇異故事（聊齋誌異）》，聖彼得堡：彼得堡東方學中心，2000年版，第387頁。

〔註135〕蒲松齡：《來自失意者書齋的奇異故事（聊齋誌異）》，聖彼得堡：彼得堡東方學中心，2000年版，第665頁。

〔註136〕蒲松齡：《來自失意者書齋的奇異故事（聊齋誌異）》，聖彼得堡：彼得堡東方學中心，2000年版，第74頁。

禧的奏章中還要這樣說：『乞請簾後垂聽，云云……』。」〔註137〕《鴉頭》篇
說諸生王文被友人拉入勾欄，「妮子頻來出入。王局促不安。」阿列克謝耶夫
注釋道：「在宗法制的中國，女人不能出現在男人面前。」〔註138〕《柳生》篇
說周生娶強盜首領女兒為妻，那女子精明能幹，「每諸商會計於簷下，女垂簾
聽之。阿列克謝耶夫注釋「垂簾」道：「不出現在外人面前。」〔註139〕《局
詐》篇中程道士設局謀騙李生的古琴，提出請李到自己家去聽其妻子彈琴。
李生說：「恨在閨閣，小生不得聞耳。」程說：「我輩通家，原不以形跡相限。」
阿列克謝耶夫注上句道：「因為妻子不能出現在外人面前。」注下句曰：「我
們的家庭那樣地友好，互相開放，如同親戚。」〔註140〕這就說出了只有至親
之人才能見對方家女眷的中國古代禮儀規範。

　　婦女會見客人的禮節是要「斂衽」。《白於玉》篇中吳筠赴白於玉之邀，
有「四麗人斂衽鳴瑲，給事左右。」阿列克謝耶夫注「斂衽」道：「古代習俗要
求，大臣面見國君時要提起自己的長袍。同樣，對於女人這種表現意味著尊敬
的歡迎。」〔註141〕女人向男人致意則要道「萬福」。《狐諧》篇中客人孫得言
調侃萬福的狐女情人說：「妓者出門訪情人，來時『萬福』，去時『萬福』。」阿
列克謝耶夫注釋道：「萬名叫福，萬福就意味著『百萬幸福』，這通常是古代婦
女向男人致意的話。孫說的這句話應當從內在理解：『這個狐狸女子只知道自己
的情人萬福，萬福啊萬福。』」〔註142〕這既是對文本的注釋，也順帶說出了中
國婦女在交際活動中的禮儀。此外，男女之間還不能有任何肌膚的接觸。《巧
娘》篇華三娘托傅廉捎信，「女出書付婢，婢轉付生」。阿列克謝耶夫注釋道：
「在當時嚴格守舊的中國閨閣生活中，另外的方式是不可想像的。」〔註143〕

〔註137〕蒲松齡：《來自失意者書齋的奇異故事（聊齋誌異）》，聖彼得堡：彼得堡東方
　　　　學中心，2000年版，第49頁。
〔註138〕蒲松齡：《來自失意者書齋的奇異故事（聊齋誌異）》，聖彼得堡：彼得堡東方
　　　　學中心，2000年版，第418頁。
〔註139〕蒲松齡：《來自失意者書齋的奇異故事（聊齋誌異）》，聖彼得堡：彼得堡東方
　　　　學中心，2000年版，第508頁。
〔註140〕蒲松齡：《來自失意者書齋的奇異故事（聊齋誌異）》，聖彼得堡：彼得堡東方
　　　　學中心，2000年版，第184頁。
〔註141〕蒲松齡：《來自失意者書齋的奇異故事（聊齋誌異）》，聖彼得堡：彼得堡東方
　　　　學中心，2000年版，第238頁。
〔註142〕蒲松齡：《來自失意者書齋的奇異故事（聊齋誌異）》，聖彼得堡：彼得堡東方
　　　　學中心2000年版，第330頁。
〔註143〕蒲松齡：《來自失意者書齋的奇異故事（聊齋誌異）》，聖彼得堡：彼得堡東方

這就說出了舊禮教對婦女行為的嚴格約束。

中國人特別是士人知識分子，在人際交往中還有敬稱、謙稱等一套交際語言，尤其要避免對長者直呼其名。如自己稱呼自己的父母要叫「家嚴」、「家慈」，稱呼對方的父母則為「令尊」、「令堂」等。《黃九郎》篇中黃九郎說：「家慈在外祖家」，阿列克謝耶夫注曰：「也就是母親。父親叫『家嚴』。在舊中國的禮貌語，一般在自謙情況下，不能用平常的名字來直呼年長者。」〔註 144〕《胡氏》篇說有客為胡氏說媒，對主人曰：「確知令愛待聘」。阿列克謝耶夫將「令愛」一詞譯作「您的愛的美好對象」，注釋道：「也就是您的女兒。在中國的客氣話中避免用人稱代詞，而代之以描述的說法，其中所有尊敬的態度都是對交談對方，而所有的貶義都給說話人。」〔註 145〕

中國人交際語言中的「客氣」還表現在其他許多方面。如《宦娘》篇中溫如春對趙氏媼求婚，說自己「不揣寒陋，欲求援繫。」阿列克謝耶夫注「寒陋」曰：「極為謙恭的客氣形式。」注「援繫」曰：「求婚與結婚。聊齋使用了借自歷史書（古書《國語》）中的說法。」〔註 146〕按《國語·晉語》曰：「董叔將娶於范氏，叔向曰：『范氏富，盍已乎！』曰：『欲為繫援焉』。」故後人以「援繫」指婚姻，阿列克謝耶夫的這一解釋是準確的。《嬌娜》篇中孔雪笠患病，皇甫公子對父親說：「兒前夜思先生清恙。」阿列克謝耶夫注「清恙」曰：「禮貌委婉的說法。如果說自己，那就相反，說『濁』。」〔註 147〕以「濁」對「清」的解釋固然是不錯的，但中國人稱自己有病，往往說「賤恙」，而非「濁恙」。至於送人工藝品、名人字畫等文玩禮品，稱「清賞」、「清玩」，而若是自己的文章書畫，則要說「拙作」、「塗鴉」、「補壁」等。總之，在實際使用中，相對於「清」的措辭是很靈活的，阿列克謝耶夫的解釋，只能說是就其大概而言，不能完全概括中國人相對於「清」的各種謙辭。

學中心，2000 年版，第 509 頁。

〔註 144〕蒲松齡：《來自失意者書齋的奇異故事（聊齋誌異）》，聖彼得堡：彼得堡東方學中心，2000 年版，第 664 頁。

〔註 145〕蒲松齡：《來自失意者書齋的奇異故事（聊齋誌異）》，聖彼得堡：彼得堡東方學中心，2000 年版，第 344 頁。

〔註 146〕蒲松齡：《來自失意者書齋的奇異故事（聊齋誌異）》，聖彼得堡：彼得堡東方學中心，2000 年版，第 255 頁。

〔註 147〕蒲松齡：《來自失意者書齋的奇異故事（聊齋誌異）》，聖彼得堡：彼得堡東方學中心，2000 年版，第 386 頁。

三、中國人的名字

　　姓名是中國名文化的一個重要支脈，是以血脈傳承爲根基的社會群體中人們互相區分的人文標識。中國人的姓名體系不僅在命名原則上與俄羅斯人有很大的不同，而且在使用上也有自己的習慣和規則，如有違誤，會被視爲不敬或悖理，故自然引起阿列克謝耶夫注釋的興趣。

　　《胡四姐》篇中有「自言胡氏，名三姐」一語，阿列克謝耶夫在這裡作了一段較長的注釋，他說：「在舊中國經常按排行來稱呼女孩：大姐、二姐等等，再爲了與別人家相比較而合併成張大姐、李二姐等等（也就是按他們出生的順序，在沒文化的居民大眾中，起名字叫王五、周三等等）。可是高等妓女、女演員、女尼姑，以及在文學中讀到的女性（在舊中國很少）總有自己的綽號和名字——與此相反的人，則不能越出自己宗法制統治的閫限。」他還順便指出中國人命名的一般原則說：「一般說來，在中國沒有基督教和伊斯蘭教國家採用的公式化的名字系統。在所有有點兒文化的家庭，一般都給男孩子起一個獨創的名字，很少重複。第一個正式名字是啓蒙老師起的，而朋友和家裏人叫他第二個名字，通常這名字與第一個名字有某種上下文的關係。姓總是在前面。」〔註 148〕這就說出了一般中國人的名和字，以及女性命名的原則。

　　《陳雲樓》篇有一處提到「夫人審名字」，阿列克謝耶夫注釋道：「姓在中國數量是很有限的，因此名和字扮演著實際的角色，尤其是描述它的詞語是在最爲離奇組合的文學習慣中產生。」〔註 149〕我們知道，俄羅斯以及歐美許多民族的姓可以有許多，而名字卻很有限，並且是預先規定的。像俄國在十月革命前的人名都是按教會曆書指定的人名表來命名，某一天出生的人必須要叫哪幾個名字，其名字也大多來自聖經或古希臘羅馬神話。而中國取名則是通過漢字的自由組合，顯示被命名者的輩分、他所屬家族的文化教養、信仰追求，以及根據易學神秘觀念而來的筆劃數目、五行搭配、八字運程等一整套避凶趨吉的講究。所以阿列克謝耶夫稱之爲「在最爲離奇組合的文學習慣中產生」的詞語，是有道理的。

〔註 148〕蒲松齡：《來自失意者書齋的奇異故事（聊齋誌異）》，聖彼得堡：彼得堡東方學中心，2000 年版，第 31 頁。

〔註 149〕蒲松齡：《來自失意者書齋的奇異故事（聊齋誌異）》，聖彼得堡：彼得堡東方學中心，2000 年版，第 352 頁。

　　中國人在使用名字上也有一套規範要求。比如對陌生人只能問姓，而不能輕易問名。一般朋友、同僚之間只能稱字和號，也不能直呼其名。《馬介甫》篇說楊萬石初見馬介甫，「詢其姓字」。阿列克謝耶夫注釋道：「在中國認爲詢問名字是不禮貌的，因爲這有理由使人想到，他們想要像用名字來叫僕人一樣地稱呼人。因此要問『貴姓』，或請問『尊號』，而通常的回答是字和號。」〔註150〕只有父母、老師可以叫兒女、學生的名，而這時如果錯叫了字，也算違禮。《仙人島》篇中王冕「炫其冠軍之作」，文章標題爲《孝哉閔子騫》，破題云：「聖人贊大賢之孝……」這時綠雲調侃他說：「聖人無字門人者，『孝哉……』一句，即是人言。」阿列克謝耶夫在這裡注釋道：「確實是這樣。孔夫子叫了學生的字。被王引的這句話按傳統被認爲是曲解了的。這樣一來，王看起來就不博學了。」〔註151〕閔子騫名損，子騫是他的字，王冕的文章用孔子的口氣來說話，卻用字來稱呼自己的學生，這在中國文人看來是不對的。此外，中國人稱呼熟人、尊者，有時不提姓而只稱名，這是親近、尊敬的表現。如《上仙》篇說：「會高振美亦從念東先生至郡」，阿列克謝耶夫在注釋中寫道：「不提姓而稱名，是尊敬的稱呼方式。」〔註152〕他的這些解說，有助於域外讀者瞭解中國人使用姓、名、字、號的規則。

　　中國人除了正式的名字以外，還有小字，也就是小名或曰乳名。男人的小名在他成年後，只有長輩親人或妻子才能這樣叫他。《跳神》篇說：「聞婦厲聲呼翁姑及夫嫂小字。」阿列克謝耶夫將「小字」譯作「童名」，解釋道：「也就是只有父母有權利叫並只在小時候叫的名字。」〔註153〕《孫生》篇說「婦呼孫小字」，阿列克謝耶夫注釋曰：「這個名字只有特別親近的人能夠叫他，而妻子只有在最親密溫柔的時候叫。對於年輕的弟弟妹妹，不存在這個名字。」〔註154〕而對於女人，卻往往終生被人叫小名。如《青梅》篇中青梅

〔註150〕蒲松齡：《來自失意者書齋的奇異故事（聊齋誌異）》，聖彼得堡：彼得堡東方學中心，2000年版，第606頁。

〔註151〕蒲松齡：《來自失意者書齋的奇異故事（聊齋誌異）》，聖彼得堡：彼得堡東方學中心，2000年版，第157頁。

〔註152〕蒲松齡：《來自失意者書齋的奇異故事（聊齋誌異）》，聖彼得堡：彼得堡東方學中心，2000年版，第560頁。

〔註153〕蒲松齡：《來自失意者書齋的奇異故事（聊齋誌異）》，聖彼得堡：彼得堡東方學中心，2000年版，第615頁。

〔註154〕蒲松齡：《來自失意者書齋的奇異故事（聊齋誌異）》，聖彼得堡：彼得堡東方學中心，2000年版，第294頁。

說自己「小字青梅」，阿列克謝耶夫注「小字」曰：「不給女人起像男人那樣的正式的名字。」〔註155〕這也就指出了舊中國在起名上的男尊女卑。

四、中國的計數體系

中國傳統採用十天干十二地支的計數系統，據說其發明者是上古時期的大撓氏。唐劉恕《通鑒外紀》引古書說：「（黃帝）其師大撓……始作甲子。」這雖僅是傳說，但從殷商帝王名叫天乙（即成湯）、外丙、仲壬、太甲等來看，干支的來歷必定早於殷代，即在三千五百多年之前便已出現了。起初，古人是以天干來記日，用地支來記月，後來又把天干與地支搭配起來記日期，這就發展成用干支來記年、記月和記時了。此外，中國還有一套用十二地支與十二種動物相配合來標記人出生年份的體系，這叫屬相，又稱生肖。這種紀年計時方式在西方人看來是很陌生的，所以需要譯者來解說。

《嬰寧》篇中秦氏媼問王子服年紀：「得非庚午屬馬者耶？」阿列克謝耶夫在這裡注釋道：「『庚午』，是循環紀年中的年份。在我們的紀年法中沒有這樣的年。中國人表示自己的年份借助於十個被稱為『天干』和十二個『地支』的字，把它們兩兩輪流配合就得到 60 個詞組，這之後循環又重新開始。這樣一來，按這個表述，我們只能在知道了其他年的時候，準確地確定這一年。『屬馬』，循環紀年系統，並且每一年都被安排了十二種動物之一：鼠、牛、虎、兔、龍、蛇、馬、羊、猴、雞、狗、豬。」〔註156〕這一解釋應該說是很完備的了。

《某乙》篇出現了以計數符號「乙」作人名的情況，阿列克謝耶夫解釋道：「『乙』是十個數字符號中的第二個，不具有詞彙意義，只為日曆計數使用。除此之外，像在現在這種情況下，這些字起著我們字母中標記人的作用。這樣一來，可以把這個說法翻譯成：『某位 Б』或者『某位 Ｙ』，需要注意的是，『乙』這個字位於『甲』之後，相當於『Б』在『А』之後，或者『Ｙ』在『Ｘ』之後。」〔註157〕這種聯繫基里爾和拉丁字母表來解說中國計數系統的辦法，

〔註155〕蒲松齡：《來自失意者書齋的奇異故事（聊齋誌異）》，聖彼得堡：彼得堡東方學中心，2000 年版，第 493 頁。

〔註156〕蒲松齡：《來自失意者書齋的奇異故事（聊齋誌異）》，聖彼得堡：彼得堡東方學中心，2000 年版，第 24 頁。

〔註157〕蒲松齡：《來自失意者書齋的奇異故事（聊齋誌異）》，聖彼得堡：彼得堡東方學中心，2000 年版，第 573 頁。

有助於西方讀者理解中國的干支計數意義。

與中國計數體系相關的還有中國人的數字崇拜，這裡主要說的是「五」。中華文化中有許多用「五」來表示的事物，如「五行」、「五色」、「五味」等。《辛十四娘》篇說：「薛尙書，今作五都巡環使。」阿列克謝耶夫注釋這裡的「五都」道：「中國人非常喜歡把數字『5』用於很嚴肅的文章，成為形容首都的公式，它在不同時期有變化。因為在這件事情上，按照民間信仰，首都一開始就應該是這個數量。」〔註158〕阿列克謝耶夫所指出的中國人在計數上的這一心理習慣，應該說也具有民俗研究的意義。

五、中國的民俗器物

這裡說的民俗器物，是指具有民俗文化意義的生活用品。比如「貫索」本是古代穿有孔錢幣用的線繩，屬於普通對象，但它與中國古代錢幣聯繫在一起，就成了有文化意蘊的民俗器物了。阿列克謝耶夫釋《賭符》篇中提到的「貫索」說：「在舊中國，硬幣中間都有一個方形的孔。可以用繩子穿過它，繩子上面通常可以穿上一千個銅錢。」〔註159〕同樣的注釋還有對《姬生》篇中所謂「錢四百，以赤繩貫之」的解說：「帶方形孔的錢幣用細繩穿牢，它上面可以穿到一千個錢，細繩通常拴在腰帶上。」〔註160〕這都是阿列克謝耶夫親自到中國作過考察，對中國古幣頗有研究，才能解說得如此細緻。

《醫術》篇說張氏醫好了太守的病，太守「旌以金匾」。阿列克謝耶夫注釋道：「在漆成黑色或紅色的板上寫上巨大的字，表彰醫生的醫術，類似的如：『妙手回春』等。」〔註161〕這也是他在《1907年中國紀行》中提到過的他在中國注意觀察研究的各種文字題銘之一。《局詐》篇中騙子程氏請李生奏琴，「撥爐爇沉香，請爲小奏」。阿列克謝耶夫譯「爇沉香」爲「燃起深沉的香」，然後解釋說：「點燃冒煙的蠟燭，冒煙的蠟燭用於廟宇儀式和禮節中，在慶祝

〔註158〕蒲松齡：《來自失意者書齋的奇異故事（聊齋誌異）》，聖彼得堡：彼得堡東方學中心，2000年版，第449頁。

〔註159〕蒲松齡：《來自失意者書齋的奇異故事（聊齋誌異）》，聖彼得堡：彼得堡東方學中心，2000年版，第166頁。

〔註160〕蒲松齡：《來自失意者書齋的奇異故事（聊齋誌異）》，聖彼得堡：彼得堡東方學中心，2000年版，第572頁。

〔註161〕蒲松齡：《來自失意者書齋的奇異故事（聊齋誌異）》，聖彼得堡：彼得堡東方學中心，2000年版，第172頁。

各種生活事件時,甚至在讀偉大的著作和進入祭拜的愉快時,都要點燃。它們在廟宇裏建立起祈禱的錯覺。」〔註162〕俄國沒有「香」這樣的儀式用品,他們在教堂祈禱時用的是點燃的蠟燭,不冒煙。所以阿列克謝耶夫只能把「香」解釋為「冒煙的蠟燭」。他指出燃香可以用於祭祀、祈禱、讀書,以及這裡說的彈琴等有神聖意義的活動,有助於建立「祈禱的錯覺」、「進入祭拜的愉快」,是很正確的。

本為日常生活用品,後來上升到具有民俗文化意味的器物還有「如意」。「如意」起源於俗稱「不求人」的日用搔背工具。最早的如意,柄端作手指形,因手所不能至,搔之可如意,故稱「如意」。如意的頭部呈彎曲回頭之狀,又被人賦予了「回頭即如意」的吉祥寓意。《驅怪》篇徐遠公說:「我橐中蓄如意鉤一」,阿列克謝耶夫注釋「如意鉤」道:「奇形怪狀的彎曲的鉤,雕刻著,嚴格說來,是預示著象徵永恆的蘑菇——靈芝。它的樣式令人想起手寫的字『如』和『意』,它就叫『如意』,雕刻著良好願望的花紋,這樣一來就用一個圖形代替了整個句子。」〔註163〕阿列克謝耶夫說「如意」的形狀令人想起漢字的「如」和「意」,不知有何所本。但如意的形狀與靈芝相近,而靈芝在中國人的心目中是有起死回生功力的仙草,阿列克謝耶夫說它「象徵永恆」,還是有道理的。

《聊齋》中提到的帶有民俗意味的中國人日用品還有書畫卷軸、鐘漏、竹夫人、鼎等等。《畫皮》篇說道士擊殺惡鬼,將畫皮「卷之,如捲畫軸聲」。阿列克謝耶夫注「捲畫軸」曰:「中國畫畫在黏著紙的絲網上,用木棍固定住。」〔註164〕《妖術》篇說于公夜等死期到來,「一漏向盡」。阿列克謝耶夫將「漏」譯作「水鐘」,注釋曰:「帶有相當複雜構造的鐘在中國遠古就很著名。這裡是普通樣式的。」〔註165〕《張鴻漸》篇中狐仙舜華將一竹夫人化作張鴻漸的小兒,又讓他跨竹夫人飛回故鄉。阿列克謝耶夫釋「竹夫人」道:「在炎熱的夏日,在極疲憊和對健康有危險的出汗情況下,中國人編製特

〔註162〕蒲松齡:《來自失意者書齋的奇異故事(聊齋誌異)》,聖彼得堡:彼得堡東方學中心,2000年版,第183頁。

〔註163〕蒲松齡:《來自失意者書齋的奇異故事(聊齋誌異)》,聖彼得堡:彼得堡東方學中心,2000年版,第290頁。

〔註164〕蒲松齡:《來自失意者書齋的奇異故事(聊齋誌異)》,聖彼得堡:彼得堡東方學中心,2000年版,第300頁。

〔註165〕蒲松齡:《來自失意者書齋的奇異故事(聊齋誌異)》,聖彼得堡:彼得堡東方學中心,2000年版,第440頁。

殊的竹籃，它平放在床上，使腿能夠呼吸和通風。」〔註166〕估計他是在中國見過這樣的實物，方能做出如此詳細的解釋。《姬生》篇說姬生受狐毒蠱惑，竊取富家貂裘、金鼎等貴重物品。阿列克謝耶夫注釋「鼎」曰：「三足的容器，大部分用來燒香。」〔註167〕值得注意的是，阿列克謝耶夫解釋中國的家用器物，還指出中國人對器物喜歡成雙成對的特點。《白于玉》篇說吳筠之子得道人金釧奉母，其母「命良工依式配造」，阿列克謝耶夫在這裡注釋道：「中國人著名的愛好是任何東西都要成對——花瓶、傢具，甚至鐘錶。」〔註168〕這樣的解釋，就不僅是解說詞語，還同時具有了借日常生活習俗展示中國人文化心理的意義。

六、中國的飲宴娛樂活動

民風民俗最平常的體現，莫過於百姓日常生活中的吃喝玩樂。阿列克謝耶夫對《聊齋》中這類內容的翻譯和解說，往往不止於詞語的解讀，還引申到對中國人民族心理和民俗風情的介紹，因此經常超越原作文本之外，而具有文化學、民俗學考察的意義。如《河間生》篇中說城中酒肆「坐客良多，聚飲頗嘩」。這話從詞句上看並不費解，似乎無需注釋，但阿列克謝耶夫在這裡看到了民俗學意義的價值，解說道：「可怕的喊叫聲從中國餐館中傳到大街上，除了其他原因，還來自參加遊戲的人由於每一次被猜出的數字而極大激起的用力喊叫的猜拳遊戲。」〔註169〕這段話就不是解說文中詞語，而是就文中內容引發而介紹中國的民俗了。

上述喧鬧的飲酒是在飯館酒肆，而若在家裏，尤其是在士大夫文人中間，則要「清談薄飲」了。《賭符》篇篇末異史氏曰：「清談薄飲，猶寄興之生涯」，阿列克謝耶夫在這裡注釋道：「也就是抽象地生活在深刻神秘的道家學說氛圍，遠離世上一切問題和事情。」〔註170〕《寒月芙蕖》中說「道人請於水面

〔註166〕蒲松齡：《來自失意者書齋的奇異故事（聊齋誌異）》，聖彼得堡：彼得堡東方學中心，2000年版，第543頁。

〔註167〕蒲松齡：《來自失意者書齋的奇異故事（聊齋誌異）》，聖彼得堡：彼得堡東方學中心，2000年版，第572頁。

〔註168〕蒲松齡：《來自失意者書齋的奇異故事（聊齋誌異）》，聖彼得堡：彼得堡東方學中心，2000年版，第241頁。

〔註169〕蒲松齡：《來自失意者書齋的奇異故事（聊齋誌異）》，聖彼得堡：彼得堡東方學中心，2000年版，第565頁。

〔註170〕蒲松齡：《來自失意者書齋的奇異故事（聊齋誌異）》，聖彼得堡：彼得堡東方

亭報諸憲之飲」。阿列克謝耶夫釋「水面亭」曰：「按有大量時間的中國人的習慣，從擁擠的飯館裏解放出來，為飲宴而選擇大自然、特別是著名的當地名勝中的地點。這就是濟南的大明湖，這裡說的就是它上面類似的幾個湖心島。」〔註171〕從《1907年中國紀行》可知阿列克謝耶夫到過中國的濟南，因此他對道人的「於水面亭報諸憲之飲」，能想到這是選擇風景名勝地來飲宴，這就說出了中國文人飲酒所追求的高雅境界。

中國人飲酒講究熱飲，這與俄羅斯人喝伏特加要加冰塊或放入冰箱製冷截然有別。《九山王》篇說李生入狐宅，見「酒鼎沸於廊下」。阿列克謝耶夫注釋道：「紅酒在中國人的日常生活中扮演著十分重要的角色，雖然它在中國從未有歐洲那麼品類繁多，米酒和用黍子、高粱做的『自釀白酒』，也遠沒有葡萄酒那麼品類豐富。喝這樣的酒總要熱一熱，從與用來沏茶的茶壺沒有什麼區別的酒壺裏倒出來。」〔註172〕

中國人的茶道更是有許多講究。《巧娘》篇中巧娘說：「華姑所贈團茶，可烹一盞」。阿列克謝耶夫注釋道：「在中國在好的飯館裏宴會的時候，乾茶葉被直接放在已經用開水燙過的茶碗裏。然後把茶碗用另一個直徑略小的茶碗蓋上。茶葉沉底，把嘴湊到茶碗邊緣上啜一口變成綠色的茶汁。團茶或者叫『龍鳳茶』，被認為是品質最好的茶。由於它的昂貴和稀少，從10世紀起就僅只由國君把它賞給自己的宮廷近臣。」〔註173〕阿列克謝耶夫在中國考察期間，肯定喝過不少中國的茶。但這裡說的「團茶」，是起源於宋代的一種小茶餅，茶餅上印有龍、鳳花紋，阿列克謝耶夫注釋中說它也叫「龍鳳茶」是正確的。不過團茶須煎飲，所以原文說「烹一盞」。阿列克謝耶夫注釋則沒有解說出來，估計是他沒有喝過這種茶，因而只是講了一般的沏茶方法。

中國人，尤其是《聊齋》中所講述的士紳文人，在飲宴聚會的時候有許多遊戲助興。阿列克謝耶夫對此也作了比較詳細的注釋。《雙燈》篇中主人公魏運旺與狐女「賭藏枚」，阿列克謝耶夫注釋道：「遊戲的構成是這樣的：每

學中心，2000年版，第166頁。
〔註171〕蒲松齡：《來自失意者書齋的奇異故事（聊齋誌異）》，聖彼得堡：彼得堡東方學中心，2000年版，第291頁。
〔註172〕蒲松齡：《來自失意者書齋的奇異故事（聊齋誌異）》，聖彼得堡：彼得堡東方學中心，2000年版，第85頁。
〔註173〕蒲松齡：《來自失意者書齋的奇異故事（聊齋誌異）》，聖彼得堡：彼得堡東方學中心，2000年版，第509頁。

次伸出幾個手指，一邊努力猜出對手出幾根手指，一邊同時說出指頭的總數。這個古代遊戲也爲古羅馬人所知。」〔註174〕《賭符》篇中異史氏論賭博「盤施五木，似走圓珠。」阿列克謝耶夫注「盤旋五木」曰：「對遊戲過程的描述是由 5 塊小木塊或小骨頭組成。」〔註175〕「五木」遊戲的玩法現已不可考，據《聊齋誌異》呂（湛恩）注引宋程大昌《樗蒲經》曰：「骰，古惟斲木爲子，一局五子，故名五木。」筆者疑爲現在的五子棋，不知確否。《狐諧》篇說「眾擲骰爲瓜蔓之令」。阿列克謝耶夫注釋道：「這種遊戲看來是在複雜的眾人中許多戰勝一個。」〔註176〕這種遊戲的玩法現在也無從查考了，但從《聊齋》原文說的」擲骰」和阿列克謝耶夫注的「眾人戰勝一個」，似乎是通過擲骰子確定人員的組合，建立聯繫──「瓜蔓」，最後多數戰勝少數。

中國文人在酒席上的遊戲要選出「觴政」。《蕭七》篇說徐繼長與眾狐女共飲，其中六姊「行觴政，徐爲錄事」。阿列克謝耶夫注釋曰：「特別說的是飲酒的主持人。被選出的領導所有飲酒者都要聽他的。其他人都要根據領導的判決來罰酒。因爲醉臥路旁是羞恥的事，所以類似的懲罰近似於實際的處罰。」〔註177〕《小二》篇中小二與丁生飲酒，「檢《周禮》爲觴政」。阿列克謝耶夫注「觴政」曰：「或者叫酒監。」釋「檢《周禮》爲觴政」曰：「《周禮》被認爲是經典的古代書，但沒有被編入《五經》，因此故事主人公能用它但不知道背下來。」〔註178〕文中說二人翻檢《周禮》，翻到「帶食旁、水旁、酉旁者飲」。阿列克謝耶夫具體解說道：「也就是帶有概念的大約基本組合的辨別記號，其中有這樣一些詞，如：桌、梨、柄，屬於「木」組，憂、悅、想、志都屬於「心」組。」〔註179〕《小二》篇還說二人離家出走後，「閉門靜對，猜燈謎」。阿列克謝耶夫釋「猜燈謎」曰：「以字謎形式存在的晚間

〔註174〕蒲松齡：《來自失意者書齋的奇異故事（聊齋誌異）》，聖彼得堡：彼得堡東方學中心，2000 年版，第 118 頁。

〔註175〕蒲松齡：《來自失意者書齋的奇異故事（聊齋誌異）》，聖彼得堡：彼得堡東方學中心，2000 年版，第 166 頁。

〔註176〕蒲松齡：《來自失意者書齋的奇異故事（聊齋誌異）》，聖彼得堡：彼得堡東方學中心，2000 年版，第 328 頁。

〔註177〕蒲松齡：《來自失意者書齋的奇異故事（聊齋誌異）》，聖彼得堡：彼得堡東方學中心，2000 年版，第 360 頁。

〔註178〕蒲松齡：《來自失意者書齋的奇異故事（聊齋誌異）》，聖彼得堡：彼得堡東方學中心，2000 年版，第 370 頁。

〔註179〕蒲松齡：《來自失意者書齋的奇異故事（聊齋誌異）》，聖彼得堡：彼得堡東方學中心，2000 年版，第 370 頁。

娛樂：中國文字把語言分成文學的和口語的兩部分，更造成了一整套謎語和雙關語。」〔註180〕

　　中國文人把文字作爲遊戲的內容，有許多玩法，最常見的是字謎。《狐諧》篇中狐女調侃客人，講故事說：「王言：『此物生平未曾得聞。狐字字畫何等？』使臣書空而奏曰：『右邊是一大瓜，左邊是一小犬。』」阿列克謝耶夫注釋道：「『狐』這個字實際上是由『瓜』和『犬』兩個字組成。字謎應該這樣讀：『在我狐狸的右邊坐著一個大瓜（傻瓜），而左邊是狗。』這是對客人不怎麼好的代稱，但彷彿是無意間俏皮地說出來的。」阿列克謝耶夫還特別注釋了「使臣書空而奏」這句話，說：「在多數情況下，中國人不採用把詞語書寫出來，而是（如這裡所看到的）用寫出組成部分的偏旁來幫助表達語言思維，或是寫在手掌、牆上和空氣上。」〔註181〕漢字作爲一種形意體系文字，字形對於表達意旨有著重要的意義。同時由於漢語存在大量的同音詞，中國人的言語思維和話語交際往往必須結合文字字形來進行，這就使中國人經常用說出某字偏旁或用手勢比劃字形來幫助表意。阿列克謝耶夫指出的這一點，對於瞭解中國人的語言習慣，也是很有意義的。

　　由於漢語存在大量同音詞，諧音也是造成漢語幽默和語言遊戲的一種方法。《狐諧》篇中有二陳兄弟，「一名所見，一名所聞」。狐女調侃他們名字，又講一故事說：「使臣曰：『馬生騾，是「臣所見」；騾生駒，乃「臣所聞」。』」阿列克謝耶夫在這裡注釋道：「陳所見、陳所聞，這是兩個特殊的名字，在翻譯中意味著：『所看到的』和『所聽到的』。」「引起注意陳氏兄弟的名字，可以這樣辛辣地來理解：馬騾是臣所見，小馬駒是臣所聞，一對動物，畜生。」〔註182〕客中有一人名孫得言，出聯諷狐女曰：「妓者出門訪情人，來時『萬福』，去時『萬福』。」狐女對答：「龍王下詔求直諫，鱉也『得言』，龜也『得言』。」阿列克謝耶夫注釋道：「需要注意，第一，龜是罵人話，意味著戴綠帽子的人。第二，提出上聯的人孫的名字叫得言，也就是『可以說話』。狐狸的下聯應該這樣來理解：『這個得言是烏龜，這樣可不

〔註180〕蒲松齡：《來自失意者書齋的奇異故事（聊齋誌異）》，聖彼得堡：彼得堡東方
　　　　學中心，2000年版，第370頁。
〔註181〕蒲松齡：《來自失意者書齋的奇異故事（聊齋誌異）》，聖彼得堡：彼得堡東方
　　　　學中心，2000年版，第328頁。
〔註182〕蒲松齡：《來自失意者書齋的奇異故事（聊齋誌異）》，聖彼得堡：彼得堡東方
　　　　學中心，2000年版，第330頁。

好！』」〔註183〕從對這些語言幽默、文字遊戲的解釋，可以看出阿列克謝耶夫深厚的漢語知識和語言功底。

中國日常遊戲還有象棋。《小二》篇中提到小二「嘗開琉璃廠……一切棋燈，其奇式幻采，諸肆莫能及。」阿列克謝耶夫注釋「棋燈」曰：「中國象棋……類似於跳棋，但帶有彩色的字『士』、『相』、『卒』等等，寫在上面。」〔註184〕但這裡的「棋燈」是指花燈、彩燈，上文「開琉璃廠」也可證明這一點，阿列克謝耶夫這裡的注釋不對了。但他對中國象棋的解說，還是正確的。

中國人日常生活中兼有娛樂和健身功能的重要活動是拳鬥，這在世界上包括俄羅斯至今仍享有盛名，被稱作「中國工夫」。《妖術》篇說「于公者，少任俠，喜拳勇」。阿列克謝耶夫對「拳勇」一詞作了較長的一段注釋，他說：「拳鬥，某種程度上近似於現代的拳擊，儘管沒有那麼社會性的普及，從古代就存在於中國了。這種藝術分為兩個學派：外家和內家派。外家拳有直接的成果可見。在中嶽嵩山的山坡上坐落著少林寺，它的奠基者第一代佛教祖師是達摩祖師。在山上荒涼之處安息著的除了離開塵世的和尚以外，還有曾經侵襲這裡的強盜。當時和尚們制定特殊種類的訓練，它由不用佛教所嚴格禁止的打死就能繳械的格鬥方法組成。這些寺院訓練的極為有趣的插圖早在1907年就布滿了寺院一些大廳的牆上，而記載有這些條款的照片也被帶到了列寧格勒。中國拳術的內家拳派研究了某種不可動搖的堅持，體現在及時地用平靜的姿勢襲擊和反抗對手。這種學派的傳統比第一種年輕，但也集中在10～11世紀的那個地方。」〔註185〕這段注釋是阿列克謝耶夫1907年親自到中國嵩山少林寺考察的結果，當時他看到了達摩祖師面壁遺跡，還用相機拍照了少林寺武僧訓練和少林拳法圖解，並把它們帶回了彼得堡。可以說阿列克謝耶夫也是向俄羅斯介紹少林工夫的第一人。

七、中國人的自然物崇拜

人類在改造自然的實踐活動中，將自身的本質力量施加於自然物，使自

〔註183〕蒲松齡：《來自失意者書齋的奇異故事（聊齋誌異）》，聖彼得堡：彼得堡東方學中心，2000年版，第330頁。

〔註184〕蒲松齡：《來自失意者書齋的奇異故事（聊齋誌異）》，聖彼得堡：彼得堡東方學中心，2000年版，第372頁。

〔註185〕蒲松齡：《來自失意者書齋的奇異故事（聊齋誌異）》，聖彼得堡：彼得堡東方學中心，2000年版，第439頁。

然成爲人化的自然。這時，自然物既是人類實用的對象，又使人產生美感，成爲審美的對象。世界各民族都有對某種自然物的喜愛與崇拜，最普遍的恐怕有金、銀等貴金屬崇拜、珍珠寶石崇拜等等。而對於中國人來說，比較獨特的是玉崇拜和竹崇拜，由此構成了有中國特色的玉文化和竹文化。

中國是世界上最早用玉、賞玉，並綿延至今的國家。中國人把玉看作是天地精氣的結晶，使玉具有了不同尋常的宗教象徵意義。玉製品既是人世間顯示等級身份的象徵表記，又是喪葬祭祀活動中的重要禮器。人們還把玉本身所具有的一些自然特性比附於人的道德品質，作爲所謂「君子」應具備的德行而加以歌頌推崇。東漢許慎《說文解字》釋「玉」曰：「玉，石之美，有五德：潤澤以溫，仁之方也；思理自外，可以知中，義之方也；其聲舒揚，專（音 fū，播布）以遠聞，智之方也；不撓而折，勇之方也；銳廉而不技，潔之方也。」這樣，玉就成了中國傳統文化精神的物化載體，成爲展現中國人文化心理特徵的實物依據。

由於玉崇拜、玉文化心理的作用，中國人習慣把一切美好的東西，都用「玉」來形容。《聊齋·醫術》篇說張氏入村求水，「而村中水價與玉液等」。阿列克謝耶夫在這裡注釋道：「玉液，仙酒（玉液、瓊漿），按照道家作者的學說，能夠延長生命。『玉』在這裡並不意味著它能產生汁液，而是意味著『美麗』、『奇特』，因爲玉是白色、溫潤的，帶有難以言傳的美妙色調和某種特別美麗的釉彩，在中國對它的評價高於其他一切石頭，並成爲神秘詩學一般崇拜的對象。在文學中，這是最古典和文雅的形象。玉清純、圓滑、溫暖、潤澤，同時兼有柔軟和堅硬。它不可玷污，不依賴於圍繞它的溫度，因此它又是不依賴於生活條件的品性善良人士的優秀形象。玉在詩人的手裏就是詩。在粉末中的玉是散佈在紙上的書法珍珠。玉是美麗的姑娘，是人的勇氣；玉是可愛的、美好的人，因爲他清純的心就像玉一樣透明和放光。最後，『玉液』還是酒。如白居易的詩：『開瓶瀉樽中，玉液黃金脂』（譯者按：此句見白居易《效陶潛體詩》之四）」。〔註186〕這段注釋，說出了中國玉文化心理的基本精神，應該說也不僅是對文本的注釋，而具有了介紹中國民俗文化的性質。

在《珠兒》和《局詐》篇中還都提到了「拱璧」。阿列克謝耶夫把「拱

〔註186〕蒲松齡：《來自失意者書齋的奇異故事（聊齋誌異）》，聖彼得堡：彼得堡東方
　　　　學中心，2000年版，第172頁。

璧」直譯作「著名的摟抱的玉」，並解釋道：「巨大的特殊形狀的玉，由於它，在分封制的中國曾發生許多可怕的暴行。」〔註187〕這裡明顯說的是古代和氏璧的故事。原文中說的「視如拱璧」、「若獲拱璧」，都表現了中國人對玉的珍愛。

玉崇拜之外，中國文人還有對竹子的崇拜。中國南方遍地生根的竹子，曾經是古代西南少數民族崇拜的圖騰。魏晉時代士人對超凡脫俗、清高獨立人格境界的嚮往，又催生了文人對竹的偏愛。東晉王之猷有「不可一日無此君」之說，宋代蘇軾詩云：「寧可食無肉，不可居無竹」。明清以來，文人們又開拓出一種新的「不可一日無此君」的境界，這便是把竹材製成筆筒、臂擱、案頭擺設等等，並在其上雕鏤，飾以各種典雅的圖案或詩文，以期涵養清韻標格的品德情操。《鍾生》篇中老僧以竹杖代鍾生抵罪，對鍾說：「代死者，此君也。」這裡原文並沒有說到竹子，只是暗用了「不可一日無此君」的典故，於是阿列克謝耶夫注釋道：「此君，是竹子的詩意修飾語，一些中國優秀的詩歌都是寫它的。」〔註188〕這應該說也是借題發揮，說出了中國文人對竹的崇拜。

八、中國民間禁忌

中國民間禁忌的事物有許多。《聊齋》中提到，並由阿列克謝耶夫注釋說明的禁忌事物有「蛇」和「字紙」。

按照西方學者關於圖騰與禁忌的理論，所謂「禁忌」（塔布，taboo）具有兩方面的意義：首先它是崇高的，神聖的；另一方面則是神秘的，危險的，禁止的和不潔的。所以，民間忌諱的東西，很多恰恰又源於遠古時代的崇拜。比如「蛇」，曾經是組成中華民族的古代部分民族的圖騰。以後在民間崇拜中被尊為「五大仙」之一，稱「柳仙」。所以中國人一般忌諱直接稱「蛇」，而代之以「小龍」、「長蟲」等不同說法。《豢蛇》篇中說一少年夜入豢蛇寺廟，道士驚曰：「居士何來，幸不為兒輩所見！」這也許是道士對自己豢養的蛇的親昵說法。但阿列克謝耶夫抓住了此語的民俗學內涵，注釋道：「在中國口語中甚至『蛇』這個詞本身在大約是古代圖騰崇拜消失後的禁忌的影響下，也

〔註187〕蒲松齡：《來自失意者書齋的奇異故事（聊齋誌異）》，聖彼得堡：彼得堡東方學中心，2000年版，第182頁。

〔註188〕蒲松齡：《來自失意者書齋的奇異故事（聊齋誌異）》，聖彼得堡：彼得堡東方學中心，2000年版，第250頁。

是可怕的，而代之以『長蟲』一詞。」〔註189〕這應該說也是藉詞語注釋而介紹中國的民俗。

　　中國民間由崇拜、敬畏轉化為禁忌的還有字紙。因為中國人認為文字是古代聖人發明的東西，必須對文字和寫有文字的紙張表示尊敬和愛惜。《司文郎》篇說瞽僧「以生前拋棄字紙過多，罰作瞽。」阿列克謝耶夫注釋道：「在舊中國，輕蔑地對待印刷品或字紙，像歐洲所做的那樣，被認為是不體面的。在整個中國路邊都建有大量的上面寫有『敬惜字紙』字樣的爐子。這些紙片被認為應該燒掉，因為字是古代聖人發明的，並由孔夫子傳達了它的全部偉大，其本性注定不應在日常生活中被弄髒。」〔註190〕在《1907年中國紀行》中，可以見到阿列克謝耶夫對中國的「敬惜字紙」風俗有類似的記載，可知他對《聊齋》的這條注釋也是來自於自己的親身見聞。

　　上述阿列克謝耶夫俄譯《聊齋誌異》注釋中對中國民間信仰崇拜、巫術文化、婚慶禮俗以及日常生活習俗等等的闡釋與解說，體現了他對中國民俗文化瞭解的全面和深入。並且相對於其他外國漢學家來說更為可貴的是，阿列克謝耶夫的闡釋有他在中國親眼見到的實證材料和繪畫塑像等造型藝術實物的依據，因而其解說就更為細緻到位，更為生動可信。同時，作為屬於西方文化體系的學者，阿列克謝耶夫在注釋中隨時注意聯繫西方和俄國的宗教信仰與崇拜來加以對照，這就使域外讀者得以在比較中更深刻地領悟中國文化的特質，也有助於中國人和中國民俗學者更全面地認識本國文化的面貌及在世界文化中的地位。可以說，阿列克謝耶夫的俄譯《聊齋誌異》注釋促進了中國民俗文化在域外的傳播，這是他對「聊齋學」研究的貢獻，也是對中國民俗文化研究的貢獻。

〔註189〕蒲松齡：《來自失意者書齋的奇異故事（聊齋誌異）》，聖彼得堡：彼得堡東方學中心，2000年版，第251頁。

〔註190〕蒲松齡：《來自失意者書齋的奇異故事（聊齋誌異）》，聖彼得堡：彼得堡東方學中心，2000年版，第271頁。

第二章 20世紀俄羅斯對中國古代小說的民俗學接受與闡釋

　　從俄譯中國古代小說看中國民俗文化在俄羅斯的傳播，包含兩個層面的問題：一是中國小說中所包含的中國民俗文化內容，如何通過俄羅斯漢學家的翻譯闡釋而被異域讀者理解和接受；二是中國古代小說本身作爲民俗文化的一部分，從它在俄羅斯的傳播情況看俄羅斯對中國民俗文化的接受與闡釋。上章所述阿列克謝耶夫俄譯《聊齋誌異》注釋中對中國民俗的介紹，屬於第一個層面。本章將從第二個層面來展開，即從俄羅斯漢學對本身作爲民俗文化重要部分的中國古代小說的接受與闡釋，考察中俄文學交流中民俗文化傳播的內容與特點。

　　俄羅斯漢學－文藝學素有關注民間文學的傳統。俄羅斯科學院東方學研究所研究員、女漢學家基拉・伊萬諾夫娜・戈雷金娜（Кира Ивановна Голыгина，1935～2009）在她與弗拉季斯拉夫・費德羅維奇・索羅金（Владислав Фёдорович Сорокин，1927～2015）合著的《中國文學研究在俄羅斯》一書中寫道：「對於我國漢學來說，總是注意於人民的創作，更何況俄羅斯文藝學從來沒有局限在高雅文學的框子裏。」〔註1〕她指出，中國文學的「許多體裁是建立在書面文學與民俗文學的銜接點上的。」〔註2〕也就是說，在俄羅斯漢學

〔註1〕 К. И. Голыгина В. Ф. Сорокин: Изучение китайской литераттры в России. Москва: издательская фирма Восточная литература РАН. 2004. c.15.
　　　　К. И. 戈雷金娜、В. Ф. 索羅金：《中國文學研究在俄羅斯》，莫斯科：俄羅斯科學院東方文學出版公司，2004年版，第15頁。

〔註2〕 К. И. 戈雷金娜、В. Ф. 索羅金：《中國文學研究在俄羅斯》，莫斯科：俄羅斯科學院東方文學出版公司，2004年版，第21頁。

家的心目中，中國文人文學（литература）始終是與民間文學（фольклор）緊密聯繫、交織在一起的。因此，雖然他們在翻譯和研究中國「傳統的體裁概括體系」，如「傳奇、話本、小說、雜纂」等的時候，也使用諸如短篇小說（новелла）、中篇小說（повесть）、長篇小說（роман）這樣一些俄羅斯文藝學術語，但其所指又經常帶有民間文學（фольклор）的內涵。在上世紀 60 年代以來俄羅斯許多重要的中國古典文學研究著作中，都把對古典文學與民間文學傳統關係的研究作爲一項重要內容，從而形成俄羅斯漢學——文學研究中的「民俗學文藝學」派。如早在上世紀 50 年代就以中國民間文學研究奠定其在俄羅斯漢學界學術地位的著名漢學家李福清的專著《中國的歷史史詩和民間文學傳統（口頭與書面版本的〈三國演義〉）》〔註3〕、《從神話到長篇小說——中國文學中人物描寫的演進》〔註4〕，以及他在 1997 年發表的論文《〈西遊記〉與民間傳說》〔註5〕，都表現出對文學與民俗、書面文學與民間文學關係的重視。

從民俗學角度來研究中國古代中短篇小說始於上世紀 50 年代後期。這方面的第一篇論文是列寧格勒大學東方系教授、中國語文教研室主任葉甫蓋尼·亞歷山大洛維奇·謝列勃里亞科夫（Евгений Алексадрович Серебряков，1928～2013）的《干寶的〈搜神記〉——中國古典文學精品》（1958 年）〔註6〕。此後，通過 А. А. 吉什科夫、В. А. 帕那秀克、Л. Н. 緬尼什科夫、К. И. 戈雷金娜、В. Т. 蘇霍魯科夫、Б. Л. 李福清、Л. Г. 葉果洛娃、И. С. 李謝維奇等人翻譯的中國 3～6 世紀短篇小說，「中國文學中以前鮮爲人知的處女地——『關於鬼怪的故事』（志怪小說）進入了漢學。」〔註7〕К. И. 戈雷金娜指出：「如果說，在中國文藝學中，『志怪小說』只被定義爲出現在一定歷史時期的一種體裁，即『六朝小說』，那麼在西方，就是敘事文學或者荒誕故事。而在俄羅斯漢學中，它得到的定義是以描寫的現實性爲基礎的傳奇小說和神話故事。」她說：「（這些）術語是從我國民俗學武庫中借用來的。這裡說的不只是漢學

〔註3〕 Б. Л. Рифтин: Историческая эпопея и фольклорная традиция в Китае (Устные и книжные версии Троецарствия). М.: Наука, 1970г.

〔註4〕 Б. Л. Рифтин: От мифа к роману (Эволюция изображения персонажа в китайской литературе). М.: Наука, 1979г.

〔註5〕 載《李福清論中國古典小說》，臺北：洪葉文化公司，1997 年版。

〔註6〕 Серебряков Е. А.: "Записки о поисках духов" Гань Бао-шедевр китайской классическеческой литературы. УЗ ЛГУ. 1958, №5.

〔註7〕 К. И. 戈雷金娜、В. Ф. 索羅金：《中國文學研究在俄羅斯》，莫斯科：俄羅斯科學院東方文學出版公司，2004 年版，第 19 頁。

俄國學派在與我國文藝學的緊密聯繫中形成，而且還意味著對研究的類型學方法的掌握。」〔註8〕也就是說，俄羅斯漢學家是借用民俗學的術語和研究方法來研究中國古代小說的。換言之，中國古代小說在俄羅斯漢學家那裡，也就成了民俗學、民族學研究的資料和對象。1980 年，戈雷金娜出版專著《中世紀中國短篇小說：8～14 世紀情節的起源和進化》〔註9〕，選擇一些在世界民俗文學中普及的主題，如「遊地府」、「娶仙女」等等進行分析，並指出它們在 7 個世紀過程中的演進。1983 年，她又出版了《中世紀前的中國小說：3～6 世紀神話小說和情節性敘事的起源問題》〔註10〕，對六朝志怪小說作了詳細的研究。該書在俄羅斯漢學－文藝學中第一次運用民族學材料（如婚喪儀式等），對小說的文本、情節和主題進行分析，並指出這些民俗傳統在以後時代文學文本中的「殘留遺跡」，從而確定了民俗傳統在文學發展過程中的重要作用。〔註11〕

　　俄羅斯漢學家對中國「話本」小說的研究開始於 60 年代，他們把「話本」譯作「中篇小說」（повесть）。但 К. И. 戈雷金娜指出：「『中篇小說』這一術語不是最合適的，因為沒有傳達作為口頭故事的書面記錄而興起的體裁的特點。」〔註12〕這方面的第一批著作之一是蘇聯科學院遠東研究所研究員阿里克謝·尼古拉耶維奇·熱洛霍夫采夫（Алексей Николаевич Желоховцев，1933～）1969 年出版的專著《話本——城市中篇小說》〔註13〕（1969 年），書中

〔註 8〕К. И. 戈雷金娜、В. Ф. 索羅金：《中國文學研究在俄羅斯》，莫斯科：俄羅斯科學院東方文學出版公司，2004 年版，第 19 頁。

〔註 9〕Голыгина К. И.: Новелла средневекового Китая Истоки сюжетов и их эволюция VIII - XIV вв. Москва: Главная редакция восточной литературы издательства Наука. 1980.

К. И. 戈雷金娜《中世紀中國短篇小說：8～14 世紀情節的起源和進化》，莫斯科：科學出版社東方文學總編室，1980 年版。

〔註 10〕Голыгина К. И.: Китайская проза на пороге средневековья Мифологический рассказ III - VI вв. и проблема генезиса сюжетного повествования Москва: Главная редакция восточной литературы издательства "Наука", 1983.

К. И. 戈雷金娜：《中世紀前的中國小說：3～6 世紀神話小說和情節性敘事的起源問題》，莫斯科：科學出版社東方文學總編室，1983 年版。

〔註 11〕參閱 К. И. 戈雷金娜、В. Ф. 索羅金：《中國文學研究在俄羅斯》，莫斯科：俄羅斯科學院東方文學出版公司，2004 年版，第 19 頁。

〔註 12〕К. И. 戈雷金娜、В. Ф. 索羅金：《中國文學研究在俄羅斯》，莫斯科：俄羅斯科學院東方文學出版公司，2004 年版，第 21 頁。

〔註 13〕Желоховцев А. Н.: Хуабэнь-городская повесь средневекого Китая. Москва: изд. Наука, 1969.

概況介紹了這一體裁的基本作品，提出了宋代說話與說話人問題，並將話本與俄國 17 世紀中篇小說作了類型學的平行比較。

在話本及後來擬話本研究上下力頗多的是莫斯科大學亞非學院教授德米特里‧尼古拉耶維奇‧沃斯克列辛斯基（Дмитрий Николаевич Воскресенский，1926～2017），他在上世紀 60 年代發表了一系列話本研究論文，並提議在「話本」這一體裁總名中設一個子目——「騙子小說」（Плутовская повесть），來強調這種新的體裁分支的特點。沃斯克列辛斯基對話本小說情節和思想體系的研究在俄羅斯漢學文藝學中第一次引起了傳統中國俗文學問題的提出。他認為這種文學不僅出版發行量巨大，反映了平民大眾的意識形態，而且「就其存在於城市說書人節目中的敘述故事的情節主題的流傳類型來說也是大眾的」。[註14] 他的這一思想後來在他於 1989 年全蘇漢學家聯合會第一屆學術討論會上發表的論文《民族傳統體系中的中國大眾文化》[註15] 裏作了全面闡發。沃斯克列辛斯基在這一年還出版了他的中國話本小說譯文集《懶龍的把戲——25 篇 16～17 世紀中篇小說》，選譯了馮夢龍《警世通言》、《醒世恒言》，凌濛初初刻、二刻《拍案驚奇》中的 25 篇小說，並親自為這個譯本撰寫了題為《16～17 世紀中國城市小說》的序言。譯者在序言中簡要概括了中國城市小說「話本」的發展歷程、代表作家作品，馮夢龍、凌濛初作品的藝術特色和思想認識價值，尤其對話本小說的「趣味性」、「傳奇性」、「通俗性」，結合具體文本作了比較詳盡的分析，有助於俄羅斯和西方讀者認識中國古代民間通俗小說的審美奧秘和價值，為中國民間文學走向世界，為世界人民所認知和接受，作了有力的解說和宣傳。

本章所論，就以 К. И. 戈雷金娜和 Д. Н. 沃斯克列辛斯基對中國古代中短篇小說的譯介與研究為基本依據。

第一節　戈雷金娜對中國古代神話志怪小說的文化人類學解讀

基拉‧伊萬諾夫娜‧戈雷金娜（Кира Ивановна Голыгина）1935 年出生

[註14] К. И. 戈雷金娜、В. Ф. 索羅金：《中國文學研究在俄羅斯》，莫斯科：俄羅斯科學院東方文學出版公司，2004 年版，第 22 頁。

[註15] Воскресенский Д. Н.: Китайская массовая культура в системе национальных традиций // Первая конференция ВАКИД. М. 1989.

於莫斯科一個職員家庭，1959年畢業於莫斯科國際關係學院，1966年以論文《19世紀至20世紀初中國文藝理論的基本傾向》獲語文學副博士學位，1983年獲博士學位。她自1966年起直至2009年去世，一直在蘇聯科學院（現俄羅斯科學院）東方學研究所從事漢學研究工作，70年代後致力於研究中國古代傳奇和筆記小說。出版專著有《19世紀至20世紀初中國的美文學理論》（1971年）、《中世紀中國短篇小說：8～14世紀情節的起源和進化》（1980年）、《中世紀前的中國小說：3～6世紀神話小說和情節性敘事的起源問題》（1983年），以及譯作《燈邊故事》（選輯）和《浮生六記》（1979年）等。1995年，俄羅斯科學院東方學研究所《東方文學》出版公司出版了她的新著《太極——1至13世紀中國文學與文化中的世界模式》〔註16〕（以下簡稱《太極》），是她運用文化人類學視角與方法研究中國文學與文化的重要成果。

戈雷金娜在《太極》一書的結語中自述其寫作本書的宗旨為「考察1至13世紀中國文學與關於現實的概念之間的聯繫，以及在從祭天儀式圖畫到宋代哲學探索的世界觀進化方面的文學發展過程。」她給自己提出的任務是：「顯示現實圖畫的民族特點和在藝術觀及與之適應的文學中找到的世界觀的特點。」〔註17〕因此，她把中國古代神話、詩歌以及後世的小說與遠古時代的宗教祭祀儀式和占星術聯繫起來考察，提出了不少令人耳目一新的見解。

《太極》一書共363頁，除前言與結語外，分為六章：第一章《儀式的記錄——文章中的〈薩滿〔註18〕書〉》，討論「祭司之言」及其在藝術與文學中的作用，在傳統語文學理論詞語中流行的宗教儀式的反映和文章起源的觀念等問題。作者在這裡提出《易經》是古代巫師祈禱祭祀用的《薩滿書》的變體，在《春秋》、《莊子》、揚雄《太玄經》中都有對古代占卜術的記錄，《山海經》具有記錄古代儀式的文獻功能，《楚辭》實際上是《祈禱書》。而《詩

〔註16〕 К. И. Голыгина: Великий предел (китайская модель мира в литературе и культуре Ⅹ-ⅩⅢ вв.). Москва: издательская фирма Восточная литература РАН. 1995.

〔註17〕 К. И. 戈雷金娜：《太極——1至13世紀中國文學與文化中的世界模式》，莫斯科：俄羅斯科學院東方學研究所東方文學出版公司，1995年版，第324頁。

〔註18〕 「薩滿」是通古斯語的音譯，即「巫」。我國內蒙古自治區呼倫貝爾盟陳巴爾虎旗的鄂溫克人，在解放前被稱為通古斯人。在西方和日本，有些人對操阿爾泰語系滿——通古斯語族語言的人，泛稱為通古斯人。

經》中的許多詩篇,都可以從古代祭天儀式的角度加以解讀〔註 19〕。第二章《在文學中的歷史意識,歷史的人的揭示》,通過《漢武故事》〔註 20〕、《漢武帝內傳》〔註 21〕、《燕丹子》〔註 22〕、《趙飛燕外傳》〔註 23〕等取材於歷史故事的六朝志怪小說,研究了歷史傳記與志怪小說的關係。第三章《3~6 世紀的神話故事:文化密碼和基本敘事結構的形成》,論述了 3~6 世紀短篇小說的特點,這一時期短篇小說的基本敘事結構和敘事能指邏輯,小說中的世界模式和文化密碼的形成,本體論的世界觀念和文學理論等問題。第四章《小說敘事的形成,7~9 世紀的短篇小說》,研究 7~9 世紀短篇小說的一般特點,故事情節在小說敘事形成中的作用,這一時期小說中民俗神話因素的變換和日常生活情節的開發等問題。第五章《10~14 世紀初的敘事小說》,從討論這一時期的小說選集、文本及作者入手,研究了 10~13 世紀小說中的傳統象徵及對作者個人因素的探尋,宋代小說中的政治烏托邦和權力與義務的觀念,小說中的「新」「舊」英雄,書面與口頭傳統在 10~14 世紀初小說中的反映,神話原稿在 10~13 世紀小說中的命運等問題。第六章《在 10~13 世紀世界觀探索中的世界和人的形象》,論述了宋代哲學家周敦頤、邵雍、張載、程顥、程頤和朱熹等人學說中的世界模式和自然與人的觀念。

戈雷金娜研究中國文學與文化的一個基本觀點,是認爲中國文學與文化

〔註 19〕 如她分析《詩經・周南・關雎》,認爲這首詩實際上是遠古時代的占星記錄。她說:「『關關』一詞……很可能是祭司喊叫的某種聲音的記錄或者是『觀』卦……轉用『雎鳩』來標誌,用的是九月的鳥,也就是黃道帶『申』區;和六月的鳥,在這種情況下帶著偏旁『且』寫出的『無尾鳥』的標誌,按照詞典《爾雅》,意味著『六月的鳥』。(筆者按:《爾雅卷六・釋天》:「六月爲且」。)於是得出結論:「詩歌的占星術觀點按我們的觀點來看,絕對是顯而易見的,說明了儀式和『祭司的語言』是文化和藝術傳統形成的強有力事實。」見《太極──1 至 13 世紀中國文學與文化中的世界模式》,莫斯科:東方文學出版公司,1995 年版,第 39 頁。
〔註 20〕 《漢武故事》,又名《漢武帝故事》,是一篇雜史雜傳類志怪小說,記載漢武帝從出生到死葬茂陵的傳聞佚事。其作者,前人有漢班固、晉葛洪、南齊王儉諸說,皆無確鑿證據,現一般認爲是建安前後有一定文化水平的民間文人。
〔註 21〕 《漢武帝內傳》,又作《漢武內傳》、《漢武帝傳》,明清時有人認爲是漢班固或晉葛洪所撰。《四庫全書總目》認爲是魏晉間士人所爲,《守山閣叢書》集輯者清錢熙祚推測是東晉後文士造作。
〔註 22〕 《燕丹子》,古小說,作者不詳。清代孫星衍認爲此書是燕太子丹死後其賓客所撰。全書記燕太子丹之事,以反暴秦爲基本思想,歌頌了荊軻刺秦王。
〔註 23〕 《趙飛燕外傳》,託名漢伶玄著。敘述漢成帝寵妃趙飛燕姐妹的故事。

所包含的民族特點「起源於基本的對存在的觀念、世界自身的古老圖畫和模式。」〔註24〕她指出：「中國文明在民族文化的各個方面都是獨特的：建築、繪畫、戲劇、哲學、邏輯學、文學，特別是詩學，在民族的烹飪、婚姻準則和性生活中，因爲在所有這些文化形式的基礎上有一幅在民族精神的本文中被構想出來的世界圖畫。」〔註25〕而構成這幅世界圖畫的源頭之一就是遠古時代的占星術和祭天儀式。〔註26〕她說：「由世界的許多參數模式化了的基本的民族圖畫，呈現爲對天空的中央部分和在由古代和中世紀文化的基本參數奠定的民族曆法中具體化了的對時間認知的概念。」〔註27〕「地方的神話傳統向無聲的大自然存在的時間週期中添加了補充的思想和內容。」而「儀式又使地方神話傳統系統化。」這在「關於初始神的某些傳說中可以看出來。」她寫道：「具有『星際內容』的潛臺詞，表現在被戲劇化了的現實中，這樣一來，神話傳說就變成了未來文學情節和形象起源的材料。」〔註28〕她指出：「儀式突出了從事測量天上情況並在專門的『巫師語言』中進行日記記載的薩滿巫師這樣的人物。這種專門語言基本上由占星術術語所構成，它影響的不只是同儀式相聯繫的文章，而且影響到書面文學語言——『文言』的形成。」〔註29〕

德國哲學家恩斯特・卡西爾（Ernst Cassirer，1874～1945）在其所著《神話思維》中指出：「根據『泛巴比倫』（pan-Babylonian）學說，如果神話只源出於原始神話概念或夢幻經驗源出於萬物有靈的信仰或其他迷信，那麼神話絕不能發展成一種內在一致的世界觀。這樣一種世界觀只能由一特定概念，即把世界作爲一個有序整體的觀念演化而來——只有巴比倫的占星術和宇宙論才滿足這樣的條件。……泛巴比倫學說方法的基石，是斷言所有神話都源

〔註24〕К. И. 戈雷金娜：《太極——1至13世紀中國文學與文化中的世界模式》，莫斯科：俄羅斯科學院東方學研究所東方文學出版公司，1995年版，第5頁。

〔註25〕К. И. 戈雷金娜：《太極——1至13世紀中國文學與文化中的世界模式》，莫斯科：俄羅斯科學院東方學研究所東方文學出版公司，1995年版，第5頁。

〔註26〕戈雷金娜在2003年出版《星空與〈易經〉》（莫斯科：俄國科學院東方學研究所出版），提出《周易》是中國古代天文曆法和星象記錄的觀點。

〔註27〕К. И. 戈雷金娜：《太極——1至13世紀中國文學與文化中的世界模式》，莫斯科：俄羅斯科學院東方學研究所東方文學出版公司，1995年版，第5頁。

〔註28〕К. И. 戈雷金娜：《太極——1至13世紀中國文學與文化中的世界模式》，莫斯科：俄羅斯科學院東方學研究所東方文學出版公司，1995年版，第6頁。

〔註29〕К. И. 戈雷金娜：《太極——1至13世紀中國文學與文化中的世界模式》，莫斯科：俄羅斯科學院東方學研究所東方文學出版公司，1995年版，第6頁。

於星相，根本上都是『曆法神話』（Calendar myths）；這個理論的擁護者們把這個斷言當作唯一能引導我們穿過神話迷宮的『阿里艾德尼之線』〔註30〕（Ariadne's thread）。」〔註31〕看來，戈雷金娜的上述觀點，正是在這一理論基石之上形成的。

　　戈雷金娜對世界漢學研究中一些學者，包括我國的袁珂和俄國的李福清，把神話看成是超儀式的實踐活動的看法提出了質疑。她認為：「應該看到神話在儀式活動的形式中流傳的階段」，這樣才能搞清「起源於儀式成分解釋的文學情節與文學形象的起源問題。」〔註32〕她對李福清在《從神話到長篇小說——中國文學中人物形象的演進》一書中提出的結論：「文化英雄的形象是某種動物（如果是來自動物世界的圖騰）同時又是人的標誌的總和的模式化……這種形象的本質在於英雄的各種外部因素的簡單相加之中」〔註33〕提出了批評，她認為被李福清「所談論的『神話形象』，完全不是通常意義上的形象，而是賦予其某種本質樣式的行星的日程狀態的記錄。可能，正是扮演神的角色的薩滿表演時用的面具。」〔註34〕這種「在那個時代天文學專門術語中做出的行星狀態記錄」，在不同的古代典籍中「建立起不同特點的對世界的象徵性描述」，如《易經》中標誌性、數字性的「六爻」、《山海經》中的珍禽異獸、《春秋》中某些神話祖先的形象等等。〔註35〕

　　在該書第二章《在文學中的歷史意識》裏，戈雷金娜對比了歷史傳記與

〔註30〕出自古希臘神話，通譯「阿里阿德涅之線」。克里特島上的彌諾斯國王與雅典人結怨，根據阿波羅的神諭，雅典人須每隔九年送七對童男童女到克里特島，供奉看守島上著名迷宮的人身牛頭的米諾牛，以平息彌諾斯的憤恨。這個迷宮道路曲折縱橫，進去的人誰都別想出來。英雄忒修斯在克里特公主阿里阿德涅的幫助下，用一個線團破解了迷宮，殺死了怪物彌諾牛。這個線團就稱為「阿里阿德涅之線」，後用來比喻解決複雜問題的線索。

〔註31〕恩斯特·卡西爾：《神話思維》，北京：中國社會科學出版社，1992年版，第21頁。

〔註32〕К. И. 戈雷金娜：《太極——1至13世紀中國文學與文化中的世界模式》，莫斯科：俄羅斯科學院東方學研究所東方文學出版公司，1995年版，第6頁。

〔註33〕Б. Л. Рифтин: От мифа к роману (Зволюция изображения персонажа в китайской литературе). М. Наука, 1979. c.10.
李福清：《從神話到長篇小說——中國文學中人物描寫的演進》，莫斯科：科學出版社，1979年版，第10頁。

〔註34〕К. И. 戈雷金娜：《太極——1至13世紀中國文學與文化中的世界模式》，莫斯科：俄羅斯科學院東方學研究所東方文學出版公司，1995年版，第5頁。

〔註35〕К. И. 戈雷金娜：《太極——1至13世紀中國文學與文化中的世界模式》，莫斯科：俄羅斯科學院東方學研究所東方文學出版公司，1995年版，第7頁。

取材於歷史故事的志怪小說的不同特點。她指出：「歷史學家集中精力於記錄具有雄才大略人士的活動，但他們對人的興趣帶有實用性質並且重在展示自己主人公——現實的和社會上層人士的功勳和失策。」而「文學家們使用了那些關於主人公的材料和事實，但他們通過主人公行為的中介讓讀者自己評論主人公的道德和精神的性質。並且與歷史家不同，經常引用傳說和使用通常起源於宮闈秘事的虛構的情節。」她指出，在那些已經具備了小說雛形的志怪小說中，「主人公的形象是標籤式的——國君具有國君應有的特點，而臣民具有那個時代社會理想中臣民應有的特點，個人特點是缺乏的。但他們進行的那些由儀式規定的涉及到他們的事——把被心靈理解的儀式的現實性變成了文學主人公真實的現實性。」在這裡「儀式已經具有了描寫的意義」，成為塑造人物「特殊的程序」。「文學由於一系列中介建立起描寫的格局，它具體體現在詞語中」。戈雷金娜指出：「歷史可以作為某種外來的文本進入到文學中，……但文學同時又設計了自己特殊的起源於古老的世界神話圖畫的基本參數的虛假現實性」，從而在「歷史原型」的基礎上，「按照史詩的敘述模式」塑造出「模式化了的主人公」〔註36〕。比如在《漢武帝故事》和《漢武帝內傳》中，都講述了武帝出世前出現的種種神奇徵兆〔註37〕。戈雷金娜指出：漢武帝出生的日子「七月七日——正是民間故事與宇宙的時間，是傳說中的牛郎織女夫婦相聚的時候」〔註38〕。她認為《漢武帝內傳》中漢武帝會見西王母的情節，是祭祀「下凡的神仙」的古代儀式的翻版〔註39〕；而西王母派使者傳諭武帝她將在七月七日到來，戈雷金娜認為，這實際上意味著作為「歲陰」（戈氏作 Анти-Юпитер〔註40〕，反天帝）的西王母「在黃道帶第七

〔註36〕 К. И. 戈雷金娜：《太極——1 至 13 世紀中國文學與文化中的世界模式》，莫斯科：俄羅斯科學院東方學研究所東方文學出版公司，1995 年版，第 95 頁。

〔註37〕 《初學記·卷十·中宮部·皇后第一》引《漢武帝故事》：「孝景王后，夢日入其懷，以乙酉年七月七日生武帝於猗蘭殿。」《漢武帝內傳》：「未生之時，景帝夢一赤彘從雲中下，直入崇芳閣，景帝覺而坐閣下。果有赤龍如霧，來蔽戶牖。」又云：「景帝夢神女捧日以授王夫人，夫人吞之，十四月而生武帝。」

〔註38〕 К. И. 戈雷金娜：《太極——1 至 13 世紀中國文學與文化中的世界模式》，俄羅斯科學院東方學研究所東方文學出版公司，1995 年版，第 99 頁。

〔註39〕 К. И. 戈雷金娜：《太極——1 至 13 世紀中國文學與文化中的世界模式》，莫斯科：俄羅斯科學院東方學研究所東方文學出版公司，1995 年版，第 97 頁。

〔註40〕 Юпитер 即羅馬神話中最高的天神朱庇特，也就是希臘神話中的宙斯。天文學中是木星。木星在黃道帶裏每年經過一宮，約 12 年運行一周天，所以我國古代叫它「歲星」。Анти-Юпитер 是「反天帝」。戈雷金娜在本書第一章中說：

區上與歲星的路線會合」〔註41〕。

關於歷史傳記和歷史題材小說的關係，戈雷金娜指出，歷史傳記的「主人公是現實的人，有歷史名字的人，他的行爲影響到民族的歷史。這是高級的人士——帝王、他們周圍的人們、統帥、國務活動家等等。」她認爲，由司馬遷《史記》開創的「對歷史事件及其主體的評價態度的傳統」，就是「在評價歷史人物的活動時，歷史學家努力把他理解爲個性。」她寫道：「司馬遷在《史記》中建立起不同典型人物形象的畫廊。歷史散文致力於揭示主人公的類型，爲此創造了敘述的專門形式。這種形式就是傳記。在傳記中完成了爲敘述歷史人物所必須的敘述結構。它建立在歷史所造就的個性的觀點上，建立在屬於歷史的歷史時代的觀點上，並使用了大量爲歷史學家所採用的方法和手段。」她指出，雖然「在官方歷史的框架中建立的傳記很少能成爲關於主人公自己的故事」，但它給以歷史人物爲題材的志怪小說的情節「提供了基礎」。〔註42〕

戈雷金娜指出：「根據歷史材料做出的文學傳記創造出了歷史所難以做到的東西，它創造出了第二種描繪的意圖，即『被描繪的』第二種現實，而它正是藝術的實質。」「文學用一致的思想塡補了那些事件，它們組成了骨架，同時使用了適合於它那個時代的文化代碼。」她寫道：「在建立第二種描繪意圖的時候，文學在形象和情節結構的層次上被以傳統的結構普遍性和重複性原則創作出來。」〔註43〕而「這些形象和情節正起源於現實的非文學形式、主要是儀式中」。比如「帝王遠遊的動機是爲了完成對山河的獻祭」，「從天上下凡的神的動機是爲了從他那裡得到神秘的知識」〔註44〕等等。

「中國天的主要人物有：天帝，他十二年巡天一周，經過24個星座，和反天帝——歲陰。」又說：「天帝是伏羲」，「反天帝是女媧」。（該書，第10頁）歲陰本是我國天文學中假設的星名，又稱太陰或太歲，與歲星相應。古代將黃道分爲十二等分，以歲星所在的部分作爲歲名。但歲星運行的方向爲自西向東，與將黃道分爲十二支的方向正好相反，爲避免這種不方便，假設歲陰作與歲星運行方向相反的運動，以每年歲陰所在的部分來紀年。

〔註41〕 К. И. 戈雷金娜：《太極——1至13世紀中國文學與文化中的世界模式》，莫斯科：俄羅斯科學院東方學研究所東方文學出版公司，1995年版，第100頁。

〔註42〕 К. И. 戈雷金娜：《太極——1至13世紀中國文學與文化中的世界模式》，莫斯科：俄羅斯科學院東方學研究所東方文學出版公司，1995年版，第96頁。

〔註43〕 К. И. 戈雷金娜：《太極——1至13世紀中國文學與文化中的世界模式》，莫斯科：俄羅斯科學院東方學研究所東方文學出版公司，1995年版，第96頁。

〔註44〕 К. И. 戈雷金娜：《太極——1至13世紀中國文學與文化中的世界模式》，莫斯科：俄羅斯科學院東方學研究所東方文學出版公司，1995年版，第97頁。

　　戈雷金娜認爲：「中國文學史就是不斷增強的對人及其周圍對象的興趣的歷史」。而「這個過程發生在儀式中，——把現實世界和頭腦中理解的世界融合成一個的儀式的文化代碼，揭示了它所描寫的世界是統一的和不可分割的。」因此，中國的歷史與文學儘管存在種種不同，但在共同的文化代碼制約下，又有著緊密的聯繫。她說：「在儒家學說觀點上建立的歷史，注重事實。文學注意於史詩世界的現實，但以歷史家的眼光認識這個世界。」儘管「對於歷史和文學來說存在著不同的現實性」，但「它們的寫作技術相似，都是『史筆』」。「敘事小說從歷史那裡借用了它的寫作經驗，使用了它在『技術』領域的成就（使用了編年體——按年代線索安排事件或者在傳記中安排材料的特殊方法），這些成就後來便成了它的方法。」〔註45〕

　　在第三章《3～6世紀的神話故事：文化密碼和基本敘事結構的形成》中，戈雷金娜論述了3～6世紀中國短篇小說的特點。她寫道：「3～6世紀小說的基本事件永遠是人與妖怪的會見。」「被研究的這個時期在中國小說史上是最重要的。在一定程度上它是文學從歷史向敘事民間文學邁出特殊步伐的時期。」〔註46〕

　　戈雷金娜指出：「在早期中世紀小說中發生了現實地理與神話宇宙的地理位移，它不只是被理解爲自然的客體，在某種程度上也是不知由誰建立的文化的客體。」比如《幽明錄》〔註47〕中說：「海中有金臺，出水百丈；結構巧麗，窮盡神工，橫光岩渚，竦曜星漢。臺內有金几，雕文備置，上有百味之食，四大力神，常立守護。」戈雷金娜認爲：「很可能在我們面前的是天的中央與象徵著世界四方和時間循環相適應的四個神的正方形形象。」〔註48〕她寫道：「在早期神話故事中描寫的主要對象不是人，而是他所遭遇的神奇的東西。它們能夠存在於獸形或類人的形態中。」〔註49〕而在3～6世紀小說中的人物同《山海經》中創造的形象相比較，其「形象徵狀的數量減少了」，更重

〔註45〕К. И. 戈雷金娜：《太極——1至13世紀中國文學與文化中的世界模式》，莫斯科：俄羅斯科學院東方學研究所東方文學出版公司，1995年版，第97頁。
〔註46〕К. И. 戈雷金娜：《太極——1至13世紀中國文學與文化中的世界模式》，莫斯科：俄羅斯科學院東方學研究所東方文學出版公司，1995年版，第113頁。
〔註47〕志怪小說集，南朝宋劉義慶撰。
〔註48〕К. И. 戈雷金娜：《太極——1至13世紀中國文學與文化中的世界模式》，莫斯科：俄羅斯科學院東方學研究所東方文學出版公司，1995年版，第115頁。
〔註49〕К. И. 戈雷金娜：《太極——1至13世紀中國文學與文化中的世界模式》，莫斯科：俄羅斯科學院東方學研究所東方文學出版公司，1995年版，第116頁。

在對形象內在特徵的揭示。而這種內在特徵則源於民間意識對它的認識。比如魔鬼被規定具有「喜歡吃，經常埋怨和悲傷走路困難」等特點。這樣「另一個世界的圖畫和它的主體就在特徵和標誌上被理解，而他們是由民間意識造成的。」〔註50〕戈雷金娜指出，3～6世紀小說中出現的「彼岸人物」，雖然「是從《山海經》上的動物形象臨摹下來的」，但在這一時期的小說中，「完成了神的擬人化和建成穩定的低級神話代表人物動物擬人描寫的標準。」比如人物的獸形性往往用代表其性質的服飾來代替。如「魚樣的頭」、「像魚頭一樣的帽子」、「像三頭公雞的頭巾」，「五彩衣」或者「羽毛衣」等等。她指出，這一時期小說中「任何一個形容詞都是多義的和與宗教儀式有關係：如『圓形的石頭』像天，『黃裙子』像地，『白裙子』總是從那個世界來的人穿的，或者白色是死亡的國度——西方的象徵以及白色屍衣的顏色。」〔註51〕

戈雷金娜指出，在3～6世紀短篇小說中，來自「另一個世界的主體履行的只是那樣一種由民間意識為其擬定的功能。結果建立起這個主體所能做出的穩固的情節模板、動作的鏈環。」比如「神通常是下凡來，而得到不朽的贈品的人們，飛昇後無意中進入另一個世界，並在那裡得到某種珍貴的東西——知識、寶物，被授予其個人以永生」等等。但是，戈雷金娜認為：「進入另一個世界在通常的意義上意味著死。因此，敘述的邏輯本身引入到那一點，即小說提煉出日常死亡和死人的景象的主題。」〔註52〕魯迅先生在《中國小說史略》中曾經指出：「中國本信巫，秦漢以來，神仙之說盛行，漢末又大暢巫風，而鬼道愈熾；會小乘佛教亦入中土，漸見流傳。凡此，皆張皇鬼神，稱道靈異，故自晉訖隋，特多鬼神志怪之書。其書有出於文人者，有出於教徒者。文人之作，雖非如釋道二家，意在自神其教，然亦非有意為小說，蓋當時以為幽明雖殊途，而人鬼乃皆實有，故其敘述異事，與記載人間常事，自視固無誠妄之別矣。」〔註53〕這裡說出了漢魏六朝鬼神志怪小說所由產生的時代背景和民族心理，似可為戈雷金娜的上述說法提供解答。

〔註50〕К. И. 戈雷金娜：《太極——1至13世紀中國文學與文化中的世界模式》，莫斯科：俄羅斯科學院東方學研究所東方文學出版公司，1995年版，第117頁。

〔註51〕К. И. 戈雷金娜：《太極——1至13世紀中國文學與文化中的世界模式》，莫斯科：俄羅斯科學院東方學研究所東方文學出版公司，1995年版，第118頁。

〔註52〕К. И. 戈雷金娜：《太極——1至13世紀中國文學與文化中的世界模式》，莫斯科：俄羅斯科學院東方學研究所東方文學出版公司，1995年版，第118頁。

〔註53〕魯迅：《中國小說史略》，第五篇「六朝之鬼神志怪書（上）」，北京：東方出版社，1996年版，第28頁。

　　戈雷金娜認為，3～6 世紀小說的情節特點是人「會見來自另一個世界的主體或者人與另一個世界本身的特別的接觸和遇到它的稀有現象——擁有神奇和奇異性質的對象。這樣，人進入另一個世界的主題就和獲得神奇的東西、草藥、秘密、知識的主題聯繫在一起，同時又和瞭解關於這個世界的某些具體的東西聯繫起來（如那裡的吃、喝、穿等等）。」〔註 54〕她說：「類似的主題成了 3～6 世紀短篇小說的情節基礎。」而中國古代「小說的文學世界的源頭就在於對世界的神話理解和在一定程度上由儀式——婚禮的、追薦亡靈的、招魂的、追悼的、曆法的儀式建立起來的對它的解釋之中。」〔註 55〕

　　魯迅《中國小說史略》中曾指出：「神話不特為宗教之萌芽，美術所由起，且實為文章之淵源。」〔註 56〕恩斯特·卡西爾在《神話思維》一書導言「神話哲學問題」中介紹德國唯心主義哲學家謝林（1775～1854）的神話哲學理論說：「一個民族的神話不是由它的歷史確定的，相反，它的歷史是由它的神話決定的……印度、希臘等民族的全部歷史都暗含於他們的神明之中。」〔註 57〕他本人在第一章「客體的神話意識」中則指出：「祭禮是人類藉以主宰世界的真正工具，它的作用主要是在純肉體意義上而不是在純精神意義上；創造者對人的首要利益是賦予後者不同形式的禮儀，借助這種禮儀人類可以獲得駕馭自然的力量。」〔註 58〕以神話思維和巫術觀念為核心的巫術文化，在世界各地、在人類所有民族的早期文化中都曾經普遍存在。戈雷金娜把中國古代神話志怪小說中的意象、情節和主題追溯到原始巫術、占星術和祭祀儀式的理論探索，為我們認識中國文學中的原型意象與母題的淵源，並進一步認識潛藏在中華民族一代代心靈深處的文化遺傳基因，提供了頗具參考價值的啟發性創見。儘管我們不一定完全同意她的每一個結論，但我們必須感謝她在這方面所做的開拓性工作。

〔註 54〕 К. И. 戈雷金娜：《太極——1 至 13 世紀中國文學與文化中的世界模式》，莫斯科：俄羅斯科學院東方學研究所東方文學出版公司，1995 年版，第 118 頁。

〔註 55〕 К. И. 戈雷金娜：《太極——1 至 13 世紀中國文學與文化中的世界模式》，莫斯科：俄羅斯科學院東方學研究所東方文學出版公司，1995 年版，第 118～119 頁。

〔註 56〕 魯迅：《中國小說史略》，第二篇「神話與傳說」，北京：東方出版社，1996 年版，第 7 頁。

〔註 57〕 恩斯特·卡西爾：《神話思維》，中國社會科學出版社，1992 年版，第 6 頁。

〔註 58〕 К. И. 戈雷金娜：《太極——1 至 13 世紀中國文學與文化中的世界模式》，莫斯科：俄羅斯科學院東方學研究所東方文學出版公司，1995 年版，第 45 頁。

第二節　戈雷金娜對傳奇小說情節母題的民俗學考察

　　1980 年，莫斯科蘇聯科學院科學出版社東方文學總編室出版了 K. И. 戈
雷金娜的專著《中世紀中國短篇小說：8～14 世紀情節的起源和進化》，用戈
雷金娜自己的話來說：「這本書是關於中世紀中國傳奇小說（волшебная
новелла）的。」〔註59〕我們之所以在這裡附注俄文，是因爲在俄國文藝學術
語中，可以被中文譯作「故事」或「小說」的有好幾個。比如最符合「民間
文學」（фольклор）一詞所指的原始層級是「сказ」（民間故事），這是民間口
頭講述的故事（實際發生之事）。與其相關的另一個詞是「сказка」，指「民間
故事、神話、童話」，這裡就有了想像虛構的成分，故在口語裏又有「瞎話、
謊話」的意思。故事的進一步擴展，就是「рассказ」，可以譯作「故事」或「短
篇小說」。接下來是「新овелла」，它來自於意大利文「novella」，原意是「新聞」、
「新消息」，它和「рассказ」一樣都可以譯作「短篇小說」。但「рассказ」的
出場人物比較少，情節起因和發展線索比較單一，與民間口頭文學的關係也
更爲接近。「новелла」則與「рассказ」在描寫風格上不同，篇幅上也要大一
些。而且在英語裏「novella」一詞與「中篇小說」（повесть）同義，可見它在
篇幅、人物、情節等方面，都比「рассказ」要龐大和複雜。小說有時還被泛
稱爲「сюжетная проза」（有情節的散文），這就是不考慮其內在特質，只從外
部形態上著眼了。

　　戈雷金娜這本書研究的是中國 8～14 世紀的傳奇小說，採用材料有《太
平廣記》、《綠窗女史》、《古今說海》、《搜神記》、《搜神後記》、《異聞集》、《傳
奇》、《青瑣高議》、《剪燈新話》等。這裡既有無名氏創作、保持民間文學原
貌的短小故事，也有經過文人加工製作、形態上頗具「中篇小說」（повесть）
規模的較長作品。所以她在行文中經常變換術語，我們在翻譯時也不得不標
注出俄文原文，才不至於因中文術語的模糊而導致對作者原意的誤讀。此外，
中俄文術語的不對應又使作者在文中經常使用「傳奇」（Чжаньци）這一譯音
詞來概括所指對象。戈雷金娜寫道：「我們用『傳奇』這個詞，是爲了確定以

〔註59〕Голыгина К. И.: Новелла средневекового Китая Истоки сюжетов и их
　　　эволюция Ⅷ - ⅩⅣ вв. Москва: Главная редакция восточной литературы
　　　издательства Наука. 1980. c.3.
　　　K. И. 戈雷金娜：《中世紀中國短篇小說（8～14 世紀情節的起源和進化）》，
　　　莫斯科：科學出版社東方文學總編室，1980 年版，第 3 頁。

這個詞來強調這種類型的短篇小說的形象和主題範圍特點的體裁。」〔註 60〕她指出：「傳統中國語文學不具有用於定義短篇小說、故事或者中篇小說的專門術語庫，而經常按風格的原則來劃分實質上的體裁樣式因素（筆者按：諸如『筆記』『雜纂』『傳奇』『話本』等等）。」〔註 61〕她說：「『傳奇』一詞有時強調的是用文學語言寫作的故事（рассказ）的風格和形式，在某種程度上，傳奇小說（новеллы чжаньци）把新的詞彙學和語義學色調帶入過去時代的有情節散文（сюжетная проза），使之更接近於高級的文學。」「但『傳奇』這個詞更多的是強調這種文學的起源和性質，即這種小說起源於 3～6 世紀被稱為『志怪小說』的『傳奇故事（рассказ-быличка）〔註 62〕』，而實質上它本身是關於彼岸世界的故事。」〔註 63〕也就是說，正是因為中國傳奇小說「情節和思想內容的獨特性」，使作者始終不能放棄「傳奇」這一總名，同時又因為中國傳奇小說自源頭至發展過程中文體演變的多樣性，又使作者在文中不得不用不同術語來指稱其所闡述的對象。

戈雷金娜指出：「在現代漢學中傳奇被稱作短篇小說（новелла）。但很多傳奇作品在描寫手法和故事大綱上更類似於中篇小說（повесть），適合它的術語有『文學敘事（литературная повесть）』或『文言中篇小說（повесть на вэньяне）』。」「這樣一來，術語「傳奇」就既能表示中篇小說，也能表示短篇小說。」〔註 64〕她寫道：「後來傳奇獲得了短篇小說（новелла）的形式，而這個術語（筆者按：指『傳奇』）就被用於 14 世紀複雜的短篇小說。」〔註 65〕她引作根據的是明人吳植為瞿祐短篇小說集《剪燈新話》寫的序言中所云：「余觀宗吉先生《剪燈新話》，其詞則傳奇之流。」（《剪燈新話‧序三》）她說：「現

〔註 60〕 К. И. 戈雷金娜：《中世紀中國短篇小說（8～14 世紀情節的起源和進化）》，莫斯科：科學出版社東方文學總編室，1980 年版，第 3 頁。

〔註 61〕 К. И. 戈雷金娜：《中世紀中國短篇小說（8～14 世紀情節的起源和進化）》，莫斯科：科學出版社東方文學總編室，1980 年版，第 3 頁。

〔註 62〕 Быличка 是俄羅斯民間一種講述目擊者遇到鬼怪故事的口頭創作體裁，與「傳說故事」（предание）、「傳說軼事」（легенда）、「真事」（бывальщина）等同義，故這裡譯作傳奇故事。

〔註 63〕 К. И. 戈雷金娜：《中世紀中國短篇小說（8～14 世紀情節的起源和進化）》，莫斯科：科學出版社東方文學總編室，1980 年版，第 3 頁。

〔註 64〕 К. И. 戈雷金娜：《中世紀中國短篇小說（8～14 世紀情節的起源和進化）》，莫斯科：科學出版社東方文學總編室，1980 年版，第 4 頁。

〔註 65〕 К. И. 戈雷金娜：《中世紀中國短篇小說（8～14 世紀情節的起源和進化）》，莫斯科：科學出版社東方文學總編室，1980 年版，第 5 頁。

代中國文藝學家直接稱 14 世紀短篇小說爲「傳奇小說」，也就是「敘事散文傳奇（повествовательная проза чуаньци）」。因此「在這本著作中，我們使用『短篇小說』（новелла）一詞。」〔註66〕

戈雷金娜在該書「序言」中概括了關於中國傳奇小說起源的三種觀點：1）「傳奇的源頭是歷史傳記」，2）「傳奇小說（новелла）與唐代民間故事（сказ）緊密聯繫」，3）「傳奇的源頭在 3〜6 世紀小說（проза）中」。〔註67〕她認爲：「最後一種意見指出了傳奇故事的源頭，但沒有指出這些短篇小說（новелла）情節大綱的產生。」「上述每一個觀點中都有一定合理的內核，但它們都沒有解決體裁起源的問題。」〔註68〕

戈雷金娜指出：「傳奇小說是按階段比較早的現象，因此在傳奇中明確地看出神話概念的意圖。正是這些概念決定了小說（новелла）中反映現實的結構，在那裡通過給了故事（рассказ）以現成材料的民間文學，其現實的模式完全是間接的。」她寫道：「從 8 世紀開始到 14 世紀，短篇小說也沒有失去自己的特性，並且長期保持著最初遺傳關係的痕跡。甚至在後來的作者那裡也出現了利用傳統情節大綱和形象的傾向。因此在研究傳奇的時候就產生了注意民間文學——3〜6 世紀關於彼岸世界的短篇小說（рассказ）的必要性，在那裡有研究這種現象起源的鑰匙。」〔註69〕戈雷金娜認爲：「3〜6 世紀短篇小說（рассказ）本身起源於古代儀式和古代中國人的神話觀念，從這個角度研究它們應該是人種學多於語文學。」但「對於語文學家來說，3〜6 世紀短篇小說（рассказ）是小型小說的第一階段，這時已經形成了傳奇最初的文學結構、情境以及形象。而最爲重要的是，這些情節因素顯露出自己在短篇小說（новелла）全部歷史長度上的結構功能。」她寫道：「考慮到傳奇起源於被固定在民間文學文獻中的神話觀念，相應地，研究傳奇的情節就在其中劃分出一系列基本的民間文學主題。這時，在 8〜14 世紀跨度中被考察的一個情節的範圍內，就能看到小說（рассказ）發展的傾向，和深入考察在規定限度

〔註66〕К. И. 戈雷金娜：《中世紀中國短篇小說（8〜14 世紀情節的起源和進化）》，莫斯科：科學出版社東方文學總編室，1980 年版，第 5 頁。

〔註67〕К. И. 戈雷金娜：《中世紀中國短篇小說（8〜14 世紀情節的起源和進化）》，莫斯科：科學出版社東方文學總編室，1980 年版，第 5〜6 頁。

〔註68〕К. И. 戈雷金娜：《中世紀中國短篇小說（8〜14 世紀情節的起源和進化）》，莫斯科：科學出版社東方文學總編室，1980 年版，第 6 頁。

〔註69〕К. И. 戈雷金娜：《中世紀中國短篇小說（8〜14 世紀情節的起源和進化）》，莫斯科：科學出版社東方文學總編室，1980 年版，第 6 頁。

內內容的擴展是怎樣發生的，發現朝著反映現實生活和社會主題的運動。」
〔註70〕這也正是戈雷金娜在論述傳奇小說的著作中首先要追溯3～6世紀神話
小說的一些情節母題的原因。

　　戈雷金娜運用世界民俗學家普遍採用的對民間故事主題進行歸類分析的
方法，從中國3～6世紀神話小說中歸納出以下一些主題：

一、偷妻主題

　　戈雷金娜指出：「被某種怪物、魔鬼野獸，有時是蛇、鳥、旋風等偷走妻
子或未婚妻的主題，構成故事情節的基礎，廣泛地分佈在世界民間故事中。」
〔註71〕她說：「在10世紀專題文選《太平廣記》中，偷的主題在被編入『獸』
部的短篇小說中見到，而在『人』部就很少。比如在『婦人』部中就沒有偷
的故事。」〔註72〕她認為，從中可見「按照選集編者的觀念，偷的故事的實
質在於誰是偷者，而不是誰被偷。」她說：「有趣的是，在相似類型的故事中，
主要的重點全在於偷誰──國王的女兒、情人或者主人公的未婚妻，等等。偷
竊者的作用在故事中是第二位的，並且很容易變化。」〔註73〕戈雷金娜寫道：「3
～6世紀短篇小說首先是關於可怕的、嚇人的、不尋常事件的故事，在那裡的
活動主體是彼岸世界的人物，他們具有特殊的標記，經常是不尋常的尺度和顏
色。某種程度上扮演偷竊者角色的是猛獸（或猛禽），它們是在考察關於偷竊者
的情節時，無意中看到的由中國人的思維和勞動實踐發展所決定的觀念的綜
合。」〔註74〕這裡不難看出在馬克思主義美學文藝學長期薰陶下的蘇聯漢學－
文藝學家的思維定勢，即以勞動實踐來解釋藝術起源的理論慣性。

　　戈雷金娜指出：「在許多猛獸中間是狩獵的對象，如同我們所看到的，在
勇士故事中獵人主人公是相當經常、並且不是偶然的出場人物。」而「在類
似故事中，野獸也是不尋常的野獸。在它們的形象中，可以看到古代魂靈

〔註70〕К. И. 戈雷金娜：《中世紀中國短篇小說（8～14世紀情節的起源和進化）》，
　　　　莫斯科：科學出版社東方文學總編室，1980年版，第6頁。
〔註71〕К. И. 戈雷金娜：《中世紀中國短篇小說（8～14世紀情節的起源和進化）》，
　　　　莫斯科：科學出版社東方文學總編室，1980年版，第28頁。
〔註72〕К. И. 戈雷金娜：《中世紀中國短篇小說（8～14世紀情節的起源和進化）》，
　　　　莫斯科：科學出版社東方文學總編室，1980年版，第29頁。
〔註73〕К. И. 戈雷金娜：《中世紀中國短篇小說（8～14世紀情節的起源和進化）》，
　　　　莫斯科：科學出版社東方文學總編室，1980年版，第29頁。
〔註74〕К. И. 戈雷金娜：《中世紀中國短篇小說（8～14世紀情節的起源和進化）》，
　　　　莫斯科：科學出版社東方文學總編室，1980年版，第29頁。

——詩歌、野獸、森林『主宰』的特點。」〔註75〕筆者當年在俄羅斯國立赫爾岑師範大學進修時的學術導師葉甫蓋尼‧阿列克謝耶維奇‧卡斯丘辛（Евгений Алексеевич Костюхин，1938～2006）教授在他的博士論文《動物故事的類型與形式》中說過：「動物故事的起源是與原始時代、古代獵人和牧人的生活相聯繫的。」〔註76〕「對於不久前還處在原始階段的澳洲、美洲和北亞民族來說，原始形式的動物故事就是他們的民間文學。」〔註77〕但卡斯丘辛又寫道：「『純粹的原始民間文學』在我們今天是找不到的，與長遠的進化並列在一起的是『非進化』，與最原始的形式在一起的是在其自身領域裏更晚發現的形式，而與特殊材料在一起的常常是文化的影響。」如「堪察加人的原始民間故事是受俄羅斯文化影響而變化的。遠東和西伯利亞許多民族的民間故事也是嘗到了突厥蒙古的影響。」〔註78〕也就是說，真正原始的民間文學往往隨著民族文化交流與本民族文化發展，而被「溶化」或「雜糅」到更晚近的文學形式裏。對於很早進入農耕社會的中國漢民族文學中保存了原始狩獵民族民間文學動物主題的情況，恐怕更應作如是觀。

戈雷金娜寫道：「在（中國）3～6世紀的小說中，對神靈的獸形描寫階段已經部分地被類人描寫所代替，野獸的『男主人』或者『女主人』有時在人的面貌中出現。」〔註79〕她說，在這種類人動物故事中，「我們經常接觸到動物的男女主人公性企圖的主題。」她指出：「動物偷妻情節在 3～6 世紀短篇小說裏有兩種類型：1）動物『主人』偷了妻子（通常這個動物有與眾不同的標誌）；2）獵人與『女主人』的婚姻關係。」〔註80〕戈雷金娜引用並表示贊同格魯吉亞民俗學家 Е. Б. 維爾薩拉德澤（Елена Багратовна Вирсаладзе，1911

〔註75〕К. И. 戈雷金娜：《中世紀中國短篇小說（8～14 世紀情節的起源和進化)》，莫斯科：科學出版社東方文學總編室，1980 年版，第 29 頁。

〔註76〕Костюхин Е. А.: Типы и формы животного эпоса. Москва: Главная редакция восточной литературы издательства Наука. 1987. c.13.
Е. А. 卡斯丘辛：《動物故事的類型與形式》，莫斯科：科學出版社東方文學總編室，1987 年版，第 13 頁。

〔註77〕Е. А. 卡斯丘辛：《動物故事的類型與形式》，莫斯科：科學出版社東方文學總編室，1987 年版，第 25 頁。

〔註78〕Е. А. 卡斯丘辛：《動物故事的類型與形式》，莫斯科：科學出版社東方文學總編室，1987 年版，第 25 頁。

〔註79〕К. И. 戈雷金娜：《中世紀中國短篇小說（8～14 世紀情節的起源和進化)》，莫斯科：科學出版社東方文學總編室，1980 年版，第 29 頁。

〔註80〕К. И. 戈雷金娜：《中世紀中國短篇小說（8～14 世紀情節的起源和進化)》，莫斯科：科學出版社東方文學總編室，1980 年版，第 29～30 頁。

～？）〔註81〕在《格魯吉亞狩獵神話與詩歌》一書中提出的觀點：「關於動物女主人公和獵人們的愛情關係的觀念，我們在許多處於極爲不同的社會發展階段的民族那裡都遇到了……由它帶來了對自然的人形主宰的崇拜。在他們的民間文學中表現出顯著數量的人與有時接受了人類形象的動物主人公的愛情關係。」〔註82〕

戈雷金娜指出，中國動物偷妻故事中的「動物『主人公』經常是老虎。」而「在關於老虎的迷信中佔據很大位置的是白虎。如我們所知，在中國關於世界各方的象徵中，虎對應著西方（筆者按：即中國古代四方象徵物中西方爲白虎），而西方的顏色是白色。」〔註83〕她說：「在3～6世紀短篇小說中，老虎很少在自己通常的樣子中被描寫，它經常被用『白』（白虎）、『紅』（赤虎）或者『黑』（黑虎）來說明。一般說來，極端有害的意思更多地是用形容詞『黑色』來表達，而『白』、『紅』則賦予野獸善良的色調。」被她舉例說明的老虎小說有《太平廣記》「虎」部中的《封邵》《虎婦》《勤自勵》《裴越客》《盧造》《趙倜》等。戈雷金娜寫道：「在中國曾經普遍流行過關於動物『變人』的迷信，蝴蝶、狗、狼等等，一切都能『變形』。」她說：「關於老虎變形的迷信很容易地與民間文學中的偷妻或未婚妻的主題結合起來。」〔註84〕但戈雷金娜發現，日常生活中眞實的老虎故事，諸如老虎吃人、咬死牲畜或叼走孩子等，「在《太平廣記》裏幾乎沒有」。由此她得出結論：「在這裡是建立在民間迷信而不是在現實情況基礎上的神奇和荒誕的故事。」〔註85〕戈雷金娜指出：「變形人接受了人的形象，但不能完全改變自己的外部面貌，它們總要留下某種標記，向讀者展示，他們面前的是誰。例如在老虎那裡，這可能就

〔註81〕伊琳娜‧巴格拉托夫娜‧維爾薩拉德澤，畢業於列寧格勒國立語言文化學院研究生班，從事格魯吉亞民俗學和語言學研究。著有《格魯吉亞民間故事與傳說》（Грузинские народные предания и легенды，1973）、《格魯吉亞狩獵神話與詩歌》（Грузинский охотничий миф и поэзия，1976）等。

〔註82〕Вирсаладзе Е. Б.: Грузинский охотничий миф и поэзия. М. изд, Наука, 1976. с.34~36.
Е. Б. 維爾薩拉德澤：《格魯吉亞狩獵神話與詩歌》，莫斯科：科學出版社，1976年版，第34～36頁。

〔註83〕К. И. 戈雷金娜：《中世紀中國短篇小說（8～14世紀情節的起源和進化）》，莫斯科：科學出版社東方文學總編室，1980年版，第30頁。

〔註84〕К. И. 戈雷金娜：《中世紀中國短篇小說（8～14世紀情節的起源和進化）》，莫斯科：科學出版社東方文學總編室，1980年版，第30～31頁。

〔註85〕К. И. 戈雷金娜：《中世紀中國短篇小說（8～14世紀情節的起源和進化）》，莫斯科：科學出版社東方文學總編室，1980年版，第31頁。

是暖和的大衣或者皮褲子，它們好像與它結實而溫暖的毛皮相適應。」〔註86〕

戈雷金娜指出：「有時在關於老虎偷妻的小說中，加入了逼真的細節。丈夫丟失了被老虎帶走的妻子或未婚妻，然後在有幸的機遇中又在洞裏找到了她。」這樣，「與偷竊者結婚的主題減弱了。」如「小說《勤自勵》〔註87〕就是這樣的。在情節中交織著民間故事與日常生活的主題。在這裡無論是主人公的出走還是妻子的丟失，都是遍佈民間文學中的『丈夫與自己妻子的婚禮』主題的餘波」，即「故事（рассказ）的所有事件都在她的二次婚禮前夜或當天完成」。她指出，中國動物偷妻小說「闡釋主題的方法通常是在日常的框架內：丈夫去打仗，而妻子被改嫁了。也許可以說，故事（сказка）的情節綱要在這裡都被世俗化了。儘管故事規定老虎在數量上很龐大，但他們都被主人公打死了」。這些故事一般「還有一個幸福的結局——在老虎洞裏找到了妻子」，「落入虎爪的女人『沒有受到傷害』。」〔註88〕戈雷金娜就此總結道：「故事（сказка）給了情節以基本的衝突，講故事者的世俗意識使它們服從於生活的邏輯。」〔註89〕

戈雷金娜說：「野獸變形者的形象在 3～6 世紀小說中是各式各樣的。」隱藏在「變形人丈夫形象下的可能有猴子、狼、狗或者狐狸。」她指出，這

〔註86〕 К. И. 戈雷金娜：《中世紀中國短篇小說（8～14 世紀情節的起源和進化）》，莫斯科：科學出版社東方文學總編室，1980 年版，第 31 頁。

〔註87〕 《太平廣記・卷四百二十八・虎三》：「漳浦人勤自勵者，以天寶末充健兒。隨軍安南，及擊吐蕃，十年不還。自勵妻林氏爲父母奪志，將改嫁同縣陳氏。其婚夕而自勵還，父母具言其婦重嫁始末。自勵聞之，不勝忿怒。婦宅去家十餘里，當破吐蕃，得利劍，是晚，因杖劍而行，以詣林氏。行八九里，屬暴雨天晦，進退不可。忽遇電明，見道左大樹。有旁孔，自勵權避雨孔中。先有三虎子，自勵並殺之。久之，大虎將一物納孔中，須臾復去。自勵聞有人呻吟，徑前捫之，即婦人也。自勵問其爲誰，婦人云：「己是林氏女，先嫁勤自勵爲妻，自勵從軍未還，父母無狀，見逼改嫁，以今夕成親。我心念舊，不能再見，憤恨莫巳。送持巾於宅後桑林自縊，爲虎所取，幸而遇君，今猶未損。倘能相救，當有後報。」自勵謂曰：「我即自勵也，曉還至舍，父母言君適人，故拔劍而來相訪，何期於此相遇！」乃相持而泣。頃之虎至，初大吼叫，然後倒身入孔，自勵以劍揮之，虎腰中斷。恐又有虎，故未敢出。尋而月明後，果一虎至，見其偶斃，吼叫愈甚，自爾復倒入，又爲自勵所殺。乃負妻還家，今尚無恙。」

〔註88〕 К. И. 戈雷金娜：《中世紀中國短篇小說（8～14 世紀情節的起源和進化）》，莫斯科：科學出版社東方文學總編室，1980 年版，第 32 頁。

〔註89〕 К. И. 戈雷金娜：《中世紀中國短篇小說（8～14 世紀情節的起源和進化）》，莫斯科：科學出版社東方文學總編室，1980 年版，第 32 頁。

些故事「總是利用了某些特點，使主人公類似於動物。」〔註90〕如《張某妻》中，動物變形人「衣黃褐衣，腰腹甚細」，被他姦淫過的女人「已而妊娠，好食生肉，常恨不飽。恒舐唇咬齒而怒」，這都暗示著狼的標記。此外中國 3～6 世紀短篇小說中「另外一些流行的形象是蛇和鷹。」〔註91〕「它們被寫成是像老虎一樣最能變形和最有害的。」戈雷金娜寫道：「在《太平廣記》『蛇』部裏收集了各種民間對蛇的迷信。」這裡有「生在草裏，不傷害人類的綠蛇」（《綠蛇》）」；「不危險的黃色蛇」（《毒蛇》）〔註92〕；「如果被打死，它的同類就會群起而到人這裡來」的「報冤蛇」（《報冤蛇》）等等。「而如果打死了白蛇，那立刻會發生地震，將會有雷雨。」（《鄭翬》）。

　　戈雷金娜注意到，「如同俄羅斯童話中的蛇妖格雷內奇〔註93〕是山上的居民一樣，中國蛇也住在山上和洞裏。」關於這個形象的起源和形成，她認為：「蛇是比龍更爲古老的圖騰，是更古老的根據全部信仰而建立的早於龍的中國神話形象。」而「龍的形象是被組合起來的，它因爲沒有自己準確的現實原型，所以表現的是比自然存在的具體形象更多的思想。」〔註94〕戈雷金娜寫道：「一般說來蛇的出現有可能是好的預兆，而用蛇做的藥本身是極爲有益的。甚至如果女人生了小蛇，這也有可能是好的兆頭（《竇武》）。」〔註95〕她在解釋綠蛇無害的原因時說：「綠色與東方相應，並在世界四方的象徵中通常不具有死和有害的意思」。這種聯繫中國古代圖騰意識和文化符號象徵系統對古典小說中蛇形象的解說，我們認爲是到位的，對包括中國學者在內的世界民俗學者也是有啓發的。

　　戈雷金娜在文中進一步分析了蛇人小說情節的不同類型。如《太元士人》以整棟房子到處是蛇的可怕場景，營造出恐怖的氣氛；《王眞妻》裏由蛇變成的年輕人誘惑王妻趙氏，最後結局是「被蛇迷惑的女人竟然自己也變成了蛇，

〔註90〕 К. И. 戈雷金娜：《中世紀中國短篇小說（8～14 世紀情節的起源和進化）》，莫斯科：科學出版社東方文學總編室，1980 年版，第 33 頁、

〔註91〕 К. И. 戈雷金娜：《中世紀中國短篇小說（8～14 世紀情節的起源和進化）》，莫斯科：科學出版社東方文學總編室，1980 年版，第 33 頁。

〔註92〕 原文爲：「有黃喉蛇，好在舍上，無毒。」

〔註93〕 蛇妖格雷內奇，俄文：Змей Горыныч，具有幾個頭的噴火蛇，在俄羅斯民間故事和壯士歌裏是罪惡因素的代表。

〔註94〕 К. И. 戈雷金娜：《中世紀中國短篇小說（8～14 世紀情節的起源和進化）》，莫斯科：科學出版社東方文學總編室，1980 年版，第 34 頁。

〔註95〕 К. И. 戈雷金娜：《中世紀中國短篇小說（8～14 世紀情節的起源和進化）》，莫斯科：科學出版社東方文學總編室，1980 年版，第 33 頁。

離開人間。」可見「根據民間迷信，蛇的魔法很厲害，並伴隨有人的力量無
法抗拒的鬼與遊魂的邪惡魔力。」〔註96〕她還特別分析了小說《朱覲》中主
人公朱覲射殺大蛇使患病姑娘痊癒的故事，認為「關於未婚妻免遭蛇禍害的
主題，在這個故事中是由講故事人的平常生活意識帶到日常生活情景中來
的。」但故事的後半截又被「安裝進去一個民間文學的情節套子——按照記號
（血跡）找到惡人的巢穴。作為獎勵，主人公像童話裏一樣得到了未婚妻。」
〔註97〕魯迅先生當年在《中國小說的歷史變遷》一文中分析中國古代神話傳說
不發達的原因說：「因為中華民族先居在黃河流域，自然界底情形並不佳，為謀
生起見，生活非常勤苦，因之重實際，輕玄想……」〔註98〕中國古代傳奇往往
受作者或表演者務實意識的影響，而對奇異事件儘量作出唯物的解釋，使之回
歸現實生活場景。但這類故事的民俗源頭，又決定了它情節發展的民間文學套
路，表現出文明時代理性精神與上古初民原邏輯神秘思維的混合與並存。

　　戈雷金娜還注意到，「蛇變形人與人的性關係的主題，與其他民間文學的
主題和情節套版相結合，可以給情節帶來極為不同的變體。」〔註99〕比如在
小說《韓重》中，主人公打死了姦淫自己妻子的大蛇，被蛇精到陰司告狀，
拘入陰間。經韓重說明原委，又被陰司府君釋放還陽。戈雷金娜指出：「在陰
間法院實現審判的主題成為後期中篇小說的基礎之一」，但「在這裡它被減弱
了，因為還不具有社會的意義。」在這個故事中「與人對立的僅只是變形人，
而不是作惡的人。」〔註100〕這一分析，指出了中國古代傳奇小說中陰司斷案
情節的源頭和發展脈絡，從中也可看出早期神話傳說中傳奇志怪成分大於社
會批判的特點，反映出在小說發展史上作者主體意識對民間文學原始母題的
借用和改造。

　　戈雷金娜指出：「在非神話的民間故事還有另一種極為普及的偷竊者形

〔註96〕К. И. 戈雷金娜：《中世紀中國短篇小說（8～14 世紀情節的起源和進化）》，
　　　　莫斯科：科學出版社東方文學總編室，1980 年版，第 35 頁。

〔註97〕К. И. 戈雷金娜：《中世紀中國短篇小說（8～14 世紀情節的起源和進化）》，
　　　　莫斯科：科學出版社東方文學總編室，1980 年版，第 35～36 頁。

〔註98〕魯迅：《中國小說的歷史變遷》，《中國小說史略》，北京：人民文學出版社，
　　　　1973 年版，第 271 頁。

〔註99〕К. И. 戈雷金娜：《中世紀中國短篇小說（8～14 世紀情節的起源和進化）》，
　　　　莫斯科：科學出版社東方文學總編室，1980 年版，第 36 頁。

〔註100〕К. И. 戈雷金娜：《中世紀中國短篇小說（8～14 世紀情節的起源和進化）》，
　　　　莫斯科：科學出版社東方文學總編室，1980 年版，第 37 頁。

象，那就是猴子。」她說：「這個形象在童話中很普遍。在3～6世紀文學中，關於猴子變形人，它的習慣、愛好和行爲的故事廣爲人知。」〔註101〕戈雷金娜認爲，中國古代文獻中關於猴子偷妻故事的記載，可以追溯到公元初傳爲西漢焦延壽所撰之《焦氏易林》。其「坤之二·剝卦」注曰：「南山大玃，盜我媚妾。怯不敢逐，退而獨宿。」戈雷金娜解釋說：「這段文字的本文可能是一首詩，這是對《易經》一個卦象的獨特注釋。」以後到西晉張華《博物志》「發展爲完整的神話故事」。〔註102〕

戈雷金娜寫道：「根據《太平廣記》中收錄的短篇小說可以斷言，對猴子的迷信與對老虎的迷信一樣，是與不同類型的情節——被偷走的老婆、神奇的妻子聯繫在一起的，它們中間有些保存著說明種族起源傳說的特點」。「另外一些則是對變成不同種族的猴子特點的迷信的情節性加工。例如題爲《白猿》〔註103〕的短篇小說就是這樣的。」《白猿》中敘述了一個老人要和來自越地的處女決鬥。戈雷金娜認爲：「這個情節很明顯，起源於婚前決鬥或者與未婚夫競賽的史詩性主題。」〔註104〕

通過考察中國3～6世紀偷妻主題短篇小說，戈雷金娜指出，這些小說無論出現得或早或晚，其動物變形人主人公都帶有某種代表其「壞的不光彩本性的標誌」。「這種標誌經常出現的是外部形態——虎皮、羽毛衣服、蓬鬆的毛做的大衣等等。比較少見的是這種動物內在實質的標誌——兇猛或者相反

〔註101〕К. И. 戈雷金娜：《中世紀中國短篇小說（8～14世紀情節的起源和進化）》，莫斯科：科學出版社東方文學總編室，1980年版，第38頁。

〔註102〕張華《博物志》卷三「異獸」：「蜀山南高山上，有物如獼猴。長七尺，能人行，健走，名曰猴玃，一名馬化，或曰玃玃。伺行道婦女有好者，輒盜之以去，人不得知。行者或每遇其旁，皆以長繩相引，然故不免。此得男子氣，自死，故取女不取男也。取去爲室家，其年少者終身不得還。十年之後，形皆類之，意亦迷惑，不復思歸。有子者輒俱送還其家，産子皆如人，有不食養者，其母輒死，故無敢不養也。及長，與人無異，皆以楊爲姓，故今蜀中西界多謂楊率皆玃玃、馬化之子孫，時時相有玃爪也。」

〔註103〕《太平廣記·卷四百四十四·白猿》：「越王問范蠡手戰之術。范蠡答曰：『臣聞越有處女，國人稱之。願王請問手戰之道也。』於是王乃請女。女將北見王，道逢老人，自稱袁公，問女曰：『聞子善爲劍，得一觀之乎？』處女曰：『妾不敢有所隱也，唯公所試。』公即挽林杪之竹，似桔槔，末折墮地。女接取其末。袁公操其本而刺處女，處女應節入之三。女因舉杖擊之。袁公飛上樹，化爲白猿。

〔註104〕К. И. 戈雷金娜：《中世紀中國短篇小說（8～14世紀情節的起源和進化）》，莫斯科：科學出版社東方文學總編室，1980年版，第39頁。

輕柔的性格（虎或者猴），對肥肉的愛好（狼）、愚蠢（羊）等等。」〔註105〕
她還注意到，在西方民間勇士故事中相當普及的動物做人助手的主題，在中
國3～6世紀小說中卻很少見，只是在《魏元忠》篇裏「發展了神奇助手的史
詩主題」。〔註106〕她寫道：「類似類型的故事存在於《太平廣記》中的『犬
部』，很明顯，在『蛇』部裏很少遇到，總的來說，整個『獸部』裏都很少。」
〔註107〕她指出：「總的來說保存在許多個世紀期間這種類型的短篇小說中，出
現了用生活現實和觀念局部替代事件的模式。因此，野獸妻子的主題就逐漸
被與死人結婚的主題所替代了。」〔註108〕

　　戈雷金娜寫道，中國「3～6世紀短篇小說就其信息類型來說，乃是傳奇
故事（Быличка），『真實的事件』，就情節發展的性質來說，具有了中篇小說
（повесть）的一些特點。」她說：「建立在『真實』基礎上的信息類型應該給
故事提供真實性的背景。在時間、事件地點和提到的主人公的名字方面都少
有一點差錯，以便在我們面前的是『真實的事件』。當然，在傳奇故事的基礎
上，還有普遍的民間迷信，他們對『真實的事件』從不提出懷疑。可是，在3
～6世紀的短篇小說中有明顯的說話人在講述所講事件時的現實意識和正常
思想的強烈影響。」〔註109〕這就指出了中世紀中國神話小說現實理智性大於
神話幻想性的特點。

二、娶仙女主題

　　戈雷金娜寫道：「在 3～6 世紀的短篇小說中有許多與超自然女子結婚的

〔註105〕К. И. 戈雷金娜：《中世紀中國短篇小說（8～14世紀情節的起源和進化）》，
　　　　莫斯科：科學出版社東方文學總編室，1980年版，第40頁。

〔註106〕《太平廣記・卷四百四十四》：「唐魏元忠本名真宰，素強正，有幹識。其未
　　　　達時，家貧，獨有一婢，廚中方爨，出汲水還，乃見老猿為其看火，婢驚白
　　　　之。元忠徐曰：『猿愍我無人力，為我執爨，甚善乎？』又常呼蒼頭，未應，
　　　　狗代呼之，又曰：『此孝順狗也，乃能代我勞。』又獨坐，有群鼠拱手立其前，
　　　　又曰：『鼠饑，就我求食。』乃令食之。夜中，鵂鶹鳴其屋端，家人將彈之，
　　　　又止之曰：『鵂鶹畫不見物，故夜飛，此天地所育，不可使南走越，北走胡，
　　　　將何所之？』其後遂絕無怪矣。」

〔註107〕К. И. 戈雷金娜：《中世紀中國短篇小說（8～14世紀情節的起源和進化）》，
　　　　莫斯科：科學出版社東方文學總編室，1980年版，第40頁。

〔註108〕К. И. 戈雷金娜：《中世紀中國短篇小說（8～14世紀情節的起源和進化）》，
　　　　莫斯科：科學出版社東方文學總編室，1980年版，第42頁。

〔註109〕К. И. 戈雷金娜：《中世紀中國短篇小說（8～14世紀情節的起源和進化）》，
　　　　莫斯科：科學出版社東方文學總編室，1980年版，第42頁。

故事」，而她的研究目的則是「試圖指出這些故事的神話學基礎和確定它們情節變化的本質。」〔註110〕戈雷金娜在這裡引用蘇聯理論民俗學派奠基人埃列阿札爾・莫伊謝維奇・梅列金斯基（Елеазар Моисеевич Мелетинский，1918～2005）〔註111〕教授的話，指出：「關於與奇異女子結婚的故事反映了傳統的種族婚姻規範，當時與圖騰女子結婚被看做是正常的異族通婚，而第二點，是獲得爲圖騰——氏族保護人所擁有的不同種類文化財富的手段。」〔註112〕E. M. 梅列金斯基在爲《大洋洲故事與神話》一書寫的序言中，引述了一個關於海豚姑娘的神話：少年偷走了一個正在入神跳舞的海豚姑娘的皮，讓她做了自己的妻子。可是她找到海豚尾巴後就游到海裏去了，並且命令孩子們不許吃海豚的食物。〔註113〕他分析神奇故事中的這類情節說：「最本質的在於，與天鵝姑娘（在原始民間故事中還有野牛女人、熊女人、蜜蜂女人等等）結婚，導致利用作爲狩獵戰利品或栽培牧草、採集蜂蜜等的圖騰妻子女主人強大的生產能力。在神話中這些價值能夠表現得不只是被主人公通過他的（在保持婚姻禁忌條件下的）圖騰婚姻伴侶獲得的獵物或者豐收的莊稼，狩獵方法或魔法、儀式對象等等，還有文化財富甚至自然元素。」〔註114〕梅列金斯基在《婚姻：它在民間故事結構中的功能和位置》一文中又寫道：「在歐洲民族的古代神話中婚姻或愛情的聯繫表現爲獲得文化財富的手段。例如，在斯堪的納維亞神話中，奧丁在與守護者鞏列得〔註115〕一起度過三夜之後，

〔註110〕К. И. 戈雷金娜：《中世紀中國短篇小説（8～14世紀情節的起源和進化）》，莫斯科：科學出版社東方文學總編室，1980年版，第43頁。

〔註111〕E. M. 梅列金斯基，蘇聯俄羅斯語文學家、文化史家，語文學博士、教授。現代俄羅斯理論民俗學派的奠基人，直接參與過《世界各民族神話》和《神話學詞典》的編纂工作。

〔註112〕К. И. 戈雷金娜：《中世紀中國短篇小説（8～14世紀情節的起源和進化）》，莫斯科：科學出版社東方文學總編室，1980年版，第43頁。

〔註113〕E. M. Мелетинский: Повествовательный фольклор народов Океании. —— Сказки и мифы Океании. M.: изд. Наука, 1970. c.32.
E.M. 梅列金斯基：《大洋洲各族的敍事民間文學》，《大洋洲的故事與神話》，莫斯科：科學出版社，1970年版，第32頁。

〔註114〕К. И. 戈雷金娜：《中世紀中國短篇小説（8～14世紀情節的起源和進化）》，莫斯科：科學出版社東方文學總編室，1980年版，第43～44頁。

〔註115〕奧丁，北歐神話眾神之王，世界的統治者，又有「天父」之稱。他頭戴大金盔，肩上棲息著兩隻神鴉，分別象徵「思想」和「記憶」。它們每天早上飛遍全世界，回來向奧丁報告它們的見聞。鞏列得，日耳曼－斯堪的納維亞神話中的女巨人，她看守「詩歌之蜜」。

得到了神聖的蜂蜜。」〔註116〕戈雷金娜認爲，這是一個「對於我們很重要的意見」。〔註117〕

戈雷金娜寫道：「在 3～6 世紀短篇小說中，我們找到了圖騰妻子觀念的回聲」，如「老虎妻子、鳥妻子、蛇妻子等等」。她認爲干寶《搜神記》中《新喻男子》〔註118〕篇講的鳥妻子故事，「這個情節在神話民間文學中極爲普及」，其邏輯類型接近於歐洲民間故事中的「與天鵝姑娘結婚」以及它的變種「人找自己丟失的妻子」〔註119〕等。戈雷金娜指出：「在 3～6 世紀（小說）情節中找到了關於狩獵保護女神的狩獵民間文學觀念的反映，其主人公用藏匿她的衣服（獸皮、羽毛等等）來交換而得到了她。」〔註120〕她發現，在比較原始的小說中，獵人主人公「只有在他們選擇與野獸妻子結婚的時候，才會有成功伴隨他們。」而在比較晚近的小說中，只能找到「神靈保護者——野獸『女主人』主題的印記」。這時的「主人公已經不是獵人，而通常是『書生』、『舉人』等等」，他們娶的對象也變成了仙女，而仙女妻子又幫助「他們取得成功和職務上的成就。」〔註121〕

戈雷金娜認爲，人與野獸妻子結婚的主題可以在中國古代「儀式道具的紋飾中找到反映。」她在這裡引用了專門研究中國古代服飾與造型藝術的漢學－美術學家 Л. П. 思切夫（Лев Павлович Сычев，1911～1990）在研究中國殷代青銅器時對器物紋飾的描述。但思切夫說，這些「雕刻描繪了在圖騰動

〔註116〕E. M. Meletinsky: Marriage. Its Function and Position in the Structure of Folk-tales. // Soviet Structural Folkioristics. The Hague-Paris. 1974.
E. M. 梅列金斯基：《婚姻：它在民間故事結構中的功能和位置》，載《蘇聯結構主義民俗學》，海牙－巴黎，1974 年版。轉引自 К. И. 戈雷金娜：《中世紀中國短篇小說（8～14 世紀情節的起源和進化）》，莫斯科：科學出版社東方文學總編室，1980 年版，第 44 頁。

〔註117〕К. И. 戈雷金娜：《中世紀中國短篇小說（8～14 世紀情節的起源和進化）》，莫斯科：科學出版社東方文學總編室，1980 年版，第 44 頁。

〔註118〕《搜神記·新喻男子》：「豫章新喻縣男子見田中有六七女，皆衣毛衣。不知是鳥，匍匐往，得其一女所解毛衣，取藏之。即往就諸鳥，諸鳥各飛去，一鳥獨不得去。男子取以爲婦，生三女，其母后使女問父，知衣在積稻下，得之，衣而飛去。後復以衣迎三兒，亦得飛去。」

〔註119〕К. И. 戈雷金娜：《中世紀中國短篇小說（8～14 世紀情節的起源和進化）》，莫斯科：科學出版社東方文學總編室，1980 年版，第 44 頁。

〔註120〕К. И. 戈雷金娜：《中世紀中國短篇小說（8～14 世紀情節的起源和進化）》，莫斯科：科學出版社東方文學總編室，1980 年版，第 44 頁。

〔註121〕К. И. 戈雷金娜：《中世紀中國短篇小說（8～14 世紀情節的起源和進化）》，莫斯科：科學出版社東方文學總編室，1980 年版，第 45 頁。

物——經常是老虎懷抱中的女性祖先。」〔註122〕戈雷金娜則對他的說法提出了質疑，她寫道：「如果注意一下關於神奇妻子、女性神靈保護人的短篇小說的說法，就可以肯定，在殷代器物上刻畫的恰是『母老虎懷抱中的男人』，而不是像研究者所說的『老虎懷抱中的女人』。」〔註123〕

戈雷金娜指出，在中國3～6世紀短篇小說中「主人公得到野獸姑娘做妻子通常是通過狡詐的欺騙來交換，而仙女則是奉最高統治者之命自己來找主人公。」她說：「在中國文學中有著女性眾神系統」，如西王母、嫦娥、織女、素女等，她們「經常根據人們委託的事務而降臨人間」。〔註124〕她在這裡還發現了一個「有意思的事實——動物妻子通常為自己的配偶生下孩子，而仙女照例不生孩子」。如《成公智瓊》篇裏的仙女就對男主人公說：「然我神人，不能為君生子。」〔註125〕

戈雷金娜指出：「獲得文化財富的主題通常與到彼岸世界去相聯繫。」這裡中國古代射手羿的神話「就具有類似於前往另一世界的神話情節的一般類型的特點。」羿從西王母那裡求得不死之藥，但這藥被他的妻子姮娥竊走了。按照一般神話情節，「當主人公丟失了自己的護身符的時候，他獲得了死亡」，羿在丟失了藥之後，「也很快就死了」。〔註126〕

戈雷金娜指出，在3～6世紀娶仙妻主題的小說中，主人公遇仙女的情節往往是偶然的，這裡「令人感興趣的地方是舊的、原始神話與新的情節因素的結合。」〔註127〕比如在小說《天台二女》中，兩個年輕人去採藥草，走到很遠的地方不能回家了。年輕人根據沿溪流漂下的蕪菁葉子、水杯等，找到了人家，遇到了仙女。戈雷金娜指出，這些蕪菁葉子、水杯等等，「表面上看

〔註122〕Л. С. Сычев В. Л. Сычев: Китайский костюм. М.: Наука, с.27.
　　　　Л. П. 思切夫、В. Л. 思切夫：《中國服裝》，莫斯科：科學出版社，1975年版，第27頁。
〔註123〕К. И. 戈雷金娜：《中世紀中國短篇小說（8～14世紀情節的起源和進化）》，莫斯科：科學出版社東方文學總編室，1980年版，第45頁。
〔註124〕К. И. 戈雷金娜：《中世紀中國短篇小說（8～14世紀情節的起源和進化）》，莫斯科：科學出版社東方文學總編室，1980年版，第46頁。
〔註125〕К. И. 戈雷金娜：《中世紀中國短篇小說（8～14世紀情節的起源和進化）》，莫斯科：科學出版社東方文學總編室，1980年版，第46頁。
〔註126〕К. И. 戈雷金娜：《中世紀中國短篇小說（8～14世紀情節的起源和進化）》，莫斯科：科學出版社東方文學總編室，1980年版，第46頁。
〔註127〕К. И. 戈雷金娜：《中世紀中國短篇小說（8～14世紀情節的起源和進化）》，莫斯科：科學出版社東方文學總編室，1980年版，第46頁。

來是主人公尋找的東西，實際上執行的是民間故事中『引路人』的功能。」
她指出：「故事在自己的語義學意義上並不複雜，其中沒有帶來成功的禮物、
長壽桃子的主題。」在「這個故事中關於神奇妻子的主題的基本成分被去掉
了——主人公竟沒有去猜，他們是在什麼世界。」「在小說（рассказ）中婚姻
主題被主人公的愛情故事替代了。」〔註128〕從中我們又可以看出原始神話母
題在中國 3～6 世紀短篇小說中的世俗化。

　　戈雷金娜認為，在中國娶仙女主題小說中，「顯示了原始觀念超常的穩定
性。在這些情節的基礎上有著人與神靈守護者性關係的主題。」『『女主人』
引誘自己選中的人來到自己身邊，儘管他來到她身邊好像是偶然的。」〔註129〕
引領主人公來到女主人所在的另一個世界的可能是一群公山羊（如《剡縣赤
城》），也可能是黑狗（《少婦崔》）或茶杯（《劉晨與阮肇》）等等。她寫道：「所
有這些動物或事物就其本質來說都是神的動物肉體或者裝載神的一部分的對
象。」〔註130〕戈雷金娜指出，人與仙女相遇的預定性「更明顯地出現在關於
天女或死去女子的情節中，在這些故事中神奇妻子自己來到主人公身邊。」〔註
131〕她說，在小說《何參軍女》「這個故事中我們找到了關於仙女妻子的神話
主題世俗化的中間階段，因為那時死去女子出現在人們面前是自然的和逼真
的。」這裡的「女主人公知道自己是死人，是死亡之國的居民。她帶著自己
的雞舌香〔註132〕和神奇的不能被火燃燒的布（火浣布）。」戈雷金娜指出：「在
這個不大的故事中集合了民間文學的神話主題和儀式因素。傳奇妻子可能來
自天上或者地下的世界，但準確地說，她永遠是來自彼岸世界，這世界是原
初的，但就一切表象來說，它是死亡的世界。」〔註133〕

　　戈雷金娜指出：「在 3～6 世紀短篇小說中反映的不僅是重新思考的過程，
而且遺忘和去掉了一些以往關於神奇妻子的同一情節所必須的成分。」她說：

〔註128〕К. И. 戈雷金娜：《中世紀中國短篇小說（8～14 世紀情節的起源和進化）》，
　　　　莫斯科：科學出版社東方文學總編室，1980 年版，第 47 頁。
〔註129〕К. И. 戈雷金娜：《中世紀中國短篇小說（8～14 世紀情節的起源和進化）》，
　　　　莫斯科：科學出版社東方文學總編室，1980 年版，第 47 頁。
〔註130〕К. И. 戈雷金娜：《中世紀中國短篇小說（8～14 世紀情節的起源和進化）》，
　　　　莫斯科：科學出版社東方文學總編室，1980 年版，第 48 頁。
〔註131〕К. И. 戈雷金娜：《中世紀中國短篇小說（8～14 世紀情節的起源和進化）》，
　　　　莫斯科：科學出版社東方文學總編室，1980 年版，第 48 頁。
〔註132〕「雞舌香」即丁香。形如釘子，又名丁子香。古代尚書上殿奏事，口含此香。
〔註133〕К. И. 戈雷金娜：《中世紀中國短篇小說（8～14 世紀情節的起源和進化）》，
　　　　莫斯科：科學出版社東方文學總編室，1980 年版，第 48 頁。

「神奇的姑娘無論從哪裏來，總是隨身帶著禮物，本領和神秘的知識。但是她已經不賜予不死了。」〔註134〕比如《搜神記》中弦超夢遇「天上玉女」的故事，那玉女就對男主人公說，與其交往「不能有益，亦不能爲損。」戈雷金娜寫道：「看來正是不死或者沒有疾病的長壽，這些只能由神來賜予。」她說：「在3～6世紀短篇小說中，人任何時候都不能拒絕『女主人』、女神或者女死人的愛情。」而「他也因此不會死。」〔註135〕

　　戈雷金娜寫道：「在與野獸妻子結婚的故事中，當『女主人公』得到了自己被偷去的衣服以後，婚姻就解體了」。而「與天女婚姻的崩潰則是由於禁令被破壞」，「違反了禁忌就引起了婚姻的解除。」〔註136〕她指出：「因爲違反禁令而解除婚姻是這種類型情節主題的穩定因素」，仙女留給人類丈夫的，「通常都是珍貴的東西：珍珠、金子、貴重的布」等等。而早期民間文學裏的禮物主題——「獲得文化財富或能力的主題」，在這裡「被替換了」。這就又一次顯示了中世紀前中國短篇小說的世俗化傾向。戈雷金娜還特別提醒讀者注意：「我們天上的姑娘在三月三日、五月五日、七月七日、九月九日來到主人公身邊，她還出現在正月十五日。所有這些日期，都是傳統節日。」聯繫到戈雷金娜後來在《太極——1至13世紀中國文學與文化中的世界模式》一書中所說：「由世界的許多參數模式化了的基本的民族圖畫，呈現爲對天空的中央部分和在由古代和中世紀文化的基本參數奠定的民族曆法中具體化了的對時間認知的概念」〔註137〕，可知她的這一提醒預示了她後來關注中國古代占星術、祭天儀式與文學關係的研究思路。

　　戈雷金娜還拿古代人神婚姻神話與3～6世紀娶仙女小說做了比較。她說：「在神話中，主人公爲了神藥來到地下的世界，而如果他在途中與仙女結婚，那只是爲了減輕自己的任務。」「在3～6世紀短篇小說中則是另一種畫

〔註134〕К. И. 戈雷金娜：《中世紀中國短篇小說（8～14世紀情節的起源和進化)》，
　　　　莫斯科：科學出版社東方文學總編室，1980年版，第48～49頁。

〔註135〕К. И. 戈雷金娜：《中世紀中國短篇小說（8～14世紀情節的起源和進化)》，
　　　　莫斯科：科學出版社東方文學總編室，1980年版，第49頁。

〔註136〕К. И. 戈雷金娜：《中世紀中國短篇小說（8～14世紀情節的起源和進化)》，
　　　　莫斯科：科學出版社東方文學總編室，1980年版，第49頁。

〔註137〕К. И. 戈雷金娜：《太極——1至13世紀中國文學與文化中的世界模式》，俄
　　　　羅斯科學院東方文學研究所東方文學出版公司，1995年版，第5頁。

面：所建立的是與神話類似的主題，但它們被寫成是另類的，它們的結構與神話類似：婚姻沒有結束敘述，也沒有幸福的結尾。」〔註138〕她進一步分析說，娶仙女小說的情節結構一般有兩類，一種是：「1）主人公由於旅行或者迷路而偶然地進入另一個世界；2）與另一個世界的姑娘結婚並從妻子那裡得到禮物。」或者是：「1）奇異女人出現在主人公面前；2）從妻子那裡得到禮物。」〔註139〕也有的故事還有繼續發展，如「對基本敘述補充上奇異伴侶後來禮物的故事」。〔註140〕戈雷金娜指出：「在神話中主人公獲得文化財富就帶著禮物回到人間。」而「在3～6世紀的一些小說中對這一主題有更為複雜的加工。」「被賜予的對象來到地上，成為故事源頭真正性質的證明。需要瞭解這些對象，並且為主人公本人所承認」〔註141〕，於是就有了情節的進一步發展，開始了新的故事進程。她以《盧充》和《談生》兩個故事為證明：《盧充》中主人公把從鬼魂姑娘那裡得來的金杯拿到集市上去賣，被人認了出來，於是找到死去的崔少府女兒的屍體，從而使青年被承認為這家人的親戚；《談生》的主人公到睢陽王家去賣女鬼給的禮物──一條鑲嵌著珍珠的裙子。王父認出這是自己女兒的裙子，懷疑青年盜墓了。等打開墳墓，看到女兒的裙子還在棺材裏，最後結局就是主人公成了王家的女婿。戈雷金娜根據這些故事劃分出「從主人公回到人間開始的情節大綱的基本進程。」那就是：「1）賣（或者展示）禮物；2）被控告偷竊；3）檢查指控；4）去掉罪名；5）接受主人公為女婿或親戚。」〔註142〕她在這裡採用著名蘇聯俄羅斯民俗語文學家 В. Я. 普洛普（Владимир Яковлевич Пропп，1895～1970）在《民間故事形態學》〔註143〕中提出的敘事功能分析方法，指出上述小說中「這個新的

〔註138〕К. И. 戈雷金娜：《中世紀中國短篇小說（8～14世紀情節的起源和進化）》，莫斯科：科學出版社東方文學總編室，1980年版，第52頁。

〔註139〕К. И. 戈雷金娜：《中世紀中國短篇小說（8～14世紀情節的起源和進化）》，莫斯科：科學出版社東方文學總編室，1980年版，第52頁。

〔註140〕К. И. 戈雷金娜：《中世紀中國短篇小說（8～14世紀情節的起源和進化）》，莫斯科：科學出版社東方文學總編室，1980年版，第53頁。

〔註141〕К. И. 戈雷金娜：《中世紀中國短篇小說（8～14世紀情節的起源和進化）》，莫斯科：科學出版社東方文學總編室，1980年版，第53頁。

〔註142〕К. И. 戈雷金娜：《中世紀中國短篇小說（8～14世紀情節的起源和進化）》，莫斯科：科學出版社東方文學總編室，1980年版，第53～54頁。

〔註143〕В. Я. Пропп Морфология сказки. Ленинград: изд. Academia, 1928.
В. Я. 普羅普：《民間故事形態學》，列寧格勒：科學院出版社，1928年版。

運動開始於第ⅩⅩⅢ（23）功能。」〔註144〕小說《盧充》的情節發展大綱，
套用普洛普的敘事功能劃分就是：

　　ⅩⅩⅢ. 英雄回家，到市場或去見姑娘的父親。

　　ⅩⅩⅤ. 英雄展示物品，而被懷疑這東西是他偷來的。

　　ⅩⅩⅦ. 出示了證明他無罪的證據，解除了對英雄的懷疑。

　　ⅩⅩⅨ. 英雄被瞭解，被親戚承認了。

　　ⅩⅩⅩⅠ. 英雄被承認導致他社會地位的改變。

　　由此，戈雷金娜得出結論說：「與仙女結婚主題的中心部分是按照神話邏
輯原型大綱的模式化，在其基礎上是在地下世界獲得文化財富的神話情節的
套版。我們確信，在神話中實際發展著從幸福的開頭到悲劇的結局。我們
還確信，3～6 世紀的神話小說添加了一些最初的情境，而正是主人公混進了
地下世界，某種程度上使婚禮本身在地下世界有了地位。這樣就使這個提綱
有了某些變形。主人公從仙女那裡得到禮物激發了一系列新的情節進程。」
〔註145〕戈雷金娜指出：「與故事不同，3～6 世紀短篇小說裏的敘述是單線
的，短篇小說只圍繞著主人公的行為。」〔註146〕她說：「可以得出結論，這種
新的情節運動來自於英雄獲得禮物的因素，和他按照 В. Я. 普洛普對故事所發
現的、被他定義為『另一種敘述』的那種大綱模式化地出現在人們中間。」
〔註147〕戈雷金娜寫道：「在我們面前的已經是穩定的情節組合，某種情節構成
的法則，它反映的正是在故事中和帶給另一些敘述散文形式的普遍模式。」
〔註148〕通過對娶仙女主題小說的考察，戈雷金娜得出的結論是：「如果 3～6
世紀短篇小說的核心是按照神話大綱的模式化的與仙女結婚，那麼姑娘禮物
實現的情節片段就是按照 В. Я. 普洛普所說的故事大綱的模式化。」她說：
「在 3～6 世紀短篇小說中沒有幸福的故事結局，甚至幸運的結尾也帶有一些
悲劇的性質，而可能正因為如此，在這些小說基礎上發展起來的 8～9 世紀的

〔註144〕普洛普將民間故事歸納為31種功能：其第23個功能是無識英雄（unrecognized
　　　　arrival）：英雄歸返故里或遠赴異鄉，卻無人識得。
〔註145〕К. И. 戈雷金娜：《中世紀中國短篇小說（8～14 世紀情節的起源和進化）》，
　　　　莫斯科：科學出版社東方文學總編室，1980 年版，第 54 頁。
〔註146〕К. И. 戈雷金娜：《中世紀中國短篇小說（8～14 世紀情節的起源和進化）》，
　　　　莫斯科：科學出版社東方文學總編室，1980 年版，第 55 頁。
〔註147〕К. И. 戈雷金娜：《中世紀中國短篇小說（8～14 世紀情節的起源和進化）》，
　　　　莫斯科：科學出版社東方文學總編室，1980 年版，第 55 頁。
〔註148〕К. И. 戈雷金娜：《中世紀中國短篇小說（8～14 世紀情節的起源和進化）》，
　　　　莫斯科：科學出版社東方文學總編室，1980 年版，第 55～56 頁。

中篇小說也帶有相應的悲劇色彩。」〔註149〕

三、水神靈迷信與游水府主題

　　戈雷金娜指出，迷信水神靈和游水府「是中國故事和敘事散文中普及的主題。這一主題反映了古代中國人普遍的對水和石頭的崇拜。」她說：「關於（作爲宇宙基本元素的）水，關於水元素的主宰——龍，它的性質，它的神奇力量與外部形貌」，「3～6世紀短篇小說和故事正是以這些觀點爲基礎的。」〔註150〕

　　戈雷金娜說：「在中國人後來的觀念中，龍是水元素的主人，雨的主宰。」而「在中國人的宇宙系統中，（龍）是與陰元素混合在一起的陽的力量的體現。」〔註151〕她引述 Л. П. 思切夫在《中國服裝》一書中對中國造型藝術中龍形象的描寫〔註152〕，以及李時珍《本草綱目》中對「龍」的描述〔註153〕，發現「在3～6世紀短篇小說裏，沒有類似的龍的形象，某種程度上在3～6世紀小說中是按更早階段的關於這一出場人物的概念定型的。」〔註154〕她寫道：「在3～6世紀的文集中，龍還不具有那些我們在童話和8～9世紀傳奇中找到的模樣。」〔註155〕她指出：「在早期小說中經常提到的是巨大的蛇、大魚，蛇一樣的身體，頭上的角，烏龜殼。這僅只是龍形象的一部分因素，它們後來不一定成爲它

〔註149〕К. И. 戈雷金娜：《中世紀中國短篇小說（8～14世紀情節的起源和進化）》，莫斯科：科學出版社東方文學總編室，1980年版，第56頁。

〔註150〕К. И. 戈雷金娜：《中世紀中國短篇小說（8～14世紀情節的起源和進化）》，莫斯科：科學出版社東方文學總編室，1980年版，第57頁。

〔註151〕К. И. 戈雷金娜：《中世紀中國短篇小說（8～14世紀情節的起源和進化）》，莫斯科：科學出版社東方文學總編室，1980年版，第57頁。

〔註152〕「我們總是看到龍在雲間翱翔和在浪中浮游，同時籠罩在火舌中間，從中露出肩和腿。但是，看吧，水是它的外部環境，而火是它的內部本質。這樣龍就是兩種對立的力量：天與地、火與水統一的景象。」見 Л.П. 思切夫、В.Л. 思切夫：《中國服裝》，第26頁。

〔註153〕李時珍《本草綱目・本經・上品》「龍」：【釋名】時珍曰：「按許愼《說文》：龍字篆文象形。《生肖論》云：龍耳虧聰，故謂之龍。」【集解】時珍曰：「按羅願《爾雅翼》云：龍者鱗蟲之長。王符言其形有九似：頭似駝，角似鹿，眼似兔，耳似牛，項似蛇，腹似蜃，鱗似鯉，爪似鷹，掌似虎，是也。其背有八十一鱗，具九九陽數。其聲如戛銅盤。口旁有鬚髯，頜下有明珠，喉下有逆鱗。頭上有博山，又名尺木，龍無尺木不能昇天。」

〔註154〕К. И. 戈雷金娜：《中世紀中國短篇小說（8～14世紀情節的起源和進化）》，莫斯科：科學出版社東方文學總編室，1980年版，第58頁。

〔註155〕К. И. 戈雷金娜：《中世紀中國短篇小說（8～14世紀情節的起源和進化）》，莫斯科：科學出版社東方文學總編室，1980年版，第58頁。

的外部樣式的標誌。但它的形貌的不可分離的特點是某種頭上的東西。」〔註156〕她引用《太平廣記》中出自《酉陽雜俎》的一句話「龍無尺木，不能昇天。」指出：「我們發現，所有民間文學中的有害物都有脆弱的地方，如龍，它自然被想像得也是這樣。」她說：「在這一時期人們的觀念中，某種程度加工了龍的職能。」〔註157〕如《盧翰》篇中描寫龍「鼓鬐掉尾，雲雷暴興，風雨大至。」戈雷金娜指出：「《太平廣記》『龍』部裏收錄了許多故事，描寫的都是對龍的崇拜，舉行給它帶來禮物和表示崇敬的祭祀儀式。」〔註158〕她說：「在 3～6 世紀短篇小說中，經常遇到給龍帶來祭品的主題（通常是酒），還有在大旱時祈禱和求龍賜予『雲雨』的主題。」「類似的情節片段與古代中國人的風俗儀式以及他們對已是水元素主宰的龍的概念是一致的。」〔註159〕

　　戈雷金娜指出：「在 3～6 世紀短篇小說的基礎上可以劃分出一些有代表性的被描寫的龍的標誌。」如「龍是東方和春天的主宰，因此龍的顏色主要是綠色。」小說《蒼龍》「講述了一天夜裏當孔子降生時，從天上降下兩條蒼龍。蒼，是龍和樹的顏色。」而在《漢武帝外傳》中，「在漢武帝降生之前⋯⋯他的父親在夢中看到一條赤龍從雲端降到一座香氣濃鬱的大殿裏。」戈雷金娜寫道：「紅色是漢王朝的象徵，因此武帝的龍是紅色的。」〔註160〕她指出，龍可能「像一切惡勢力一樣」「是敵對的」，但「按照民間迷信，龍的出現也能帶來好的事件。」〔註161〕她以小說《劉甲》〔註162〕爲例，說明「如同一切妖精一樣，龍不只是能接受人的樣子，

〔註156〕К. И. 戈雷金娜：《中世紀中國短篇小說（8～14世紀情節的起源和進化）》，莫斯科：科學出版社東方文學總編室，1980年版，第58頁。
〔註157〕К. И. 戈雷金娜：《中世紀中國短篇小說（8～14世紀情節的起源和進化）》，莫斯科：科學出版社東方文學總編室，1980年版，第58頁。
〔註158〕К. И. 戈雷金娜：《中世紀中國短篇小說（8～14世紀情節的起源和進化）》，莫斯科：科學出版社東方文學總編室，1980年版，第58頁。
〔註159〕К. И. 戈雷金娜：《中世紀中國短篇小說（8～14世紀情節的起源和進化）》，莫斯科：科學出版社東方文學總編室，1980年版，第59頁。
〔註160〕К. И. 戈雷金娜：《中世紀中國短篇小說（8～14世紀情節的起源和進化）》，莫斯科：科學出版社東方文學總編室，1980年版，第59頁。
〔註161〕К. И. 戈雷金娜：《中世紀中國短篇小說（8～14世紀情節的起源和進化）》，莫斯科：科學出版社東方文學總編室，1980年版，第59頁。
〔註162〕《太平廣記・卷四百一十八》：「宋劉甲居江陵。元嘉中，女年十四，姿色端麗，未嘗讀佛經，忽能暗誦法華經。女所住屋，尋有奇光。女云，已得正覺，宜作二七日齋。家爲置高座，設寶帳。女登座，講論詞玄。又說人之災祥，諸事皆驗。遠近敬禮，解衣投寶，不可勝數。衡陽王在鎮，躬率參佐觀之。

而且能產生魔力。」〔註163〕她認爲：「更確切地說，在我們面前的是魂靈與人糾纏的主題，在3～6世紀的短篇小說中廣泛地發展爲關於鬼偷或俘獲女人的主題。」〔註164〕她說：「作爲石頭的精靈，龍可以具體化爲石頭。」〔註165〕。如在《太平廣記》所收《梁四公記》中有一篇小說《五色石》，說有個人找到了一塊奇異的石頭，這塊石頭「夜間發光」，並「帶有螺旋狀的花紋」。戈雷金娜認爲：「這也就是蜷縮的蛇的樣子。」〔註166〕又如《盧翰》篇中，主人公「得一圓石，瑩白如鑒」，它斷裂後，其中有白魚，而這白魚又變成了龍。戈雷金娜認爲：「如果出現的形象是某種變形的鏈（石頭壓縮成蛇、魚或龍形的環），那麼很容易發現它們本身是從土地精靈到水元素精靈的發展路線的具體化。」她指出：「儘管龍形象的起源問題沒有進入我們的研究任務，但我們要指出，它經歷了疊加的過程，看來，有一些階段——從把它看做是自然的獸形精靈到人格化的龍王形象，水域主宰和水元素的統治者。一開始龍並沒有被想像得只是同水有聯繫。它還是作爲大地與地下野性自然威力化身的『九頭蛇』〔註167〕，蛇的同類，蠕蟲，有時被指出它的類似於蛇的身體（經常是白蛇）。龍的更爲永久的本質屬性是能發出類似雷的轟鳴的叫聲，就這樣在人類意識的某個層面上集合了關於雨和雷的概念。」〔註168〕

戈雷金娜寫道：「關於龍居住地的信息不清楚起於何時，但這也不一定是

經十二日，有道士史玄眞曰：『此怪邪也。』振褐往焉。女即已知，遣人守門。云：『魔邪尋至，凡著道服，咸勿納之。』眞變服奮入。女初猶喝罵，眞便直前，以水灑之，即頓絕，良久乃蘇。問以諸事，皆云不識。眞曰：『此龍魅也。』自是復常，嫁爲宣氏妻。（出《渚宮舊事》）」

〔註163〕К. И. 戈雷金娜：《中世紀中國短篇小說（8～14世紀情節的起源和進化）》，莫斯科：科學出版社東方文學總編室，1980年版，第59頁。

〔註164〕К. И. 戈雷金娜：《中世紀中國短篇小說（8～14世紀情節的起源和進化）》，莫斯科：科學出版社東方文學總編室，1980年版，第60頁。

〔註165〕К. И. 戈雷金娜：《中世紀中國短篇小說（8～14世紀情節的起源和進化）》，莫斯科：科學出版社東方文學總編室，1980年版，第60頁。

〔註166〕К. И. 戈雷金娜：《中世紀中國短篇小說（8～14世紀情節的起源和進化）》，莫斯科：科學出版社東方文學總編室，1980年版，第60頁。

〔註167〕原文爲хтоническое существо，一種體現了大地和地下世界自然威力的野性生物，這裡譯爲「九頭蛇」。這種傳說中有九個頭的大蛇，在許多文化中都存在。歐洲傳統中的九頭蛇希臘語名爲Ὕδρα，英語Hydra（音譯爲「海德拉」，即「水蛇」）。在古希臘神話裏出現最爲頻繁，另外《波斯古經》、《聖經》、非洲傳說、中國神話中也可以看到。

〔註168〕К. И. 戈雷金娜：《中世紀中國短篇小說（8～14世紀情節的起源和進化）》，莫斯科：科學出版社東方文學總編室，1980年版，第60頁。

水。」〔註169〕比如小說《李靖》中主人公來到的龍的住地。就是一座「富有的帶有許多僕人的莊園，它坐落在某個高山上。」〔註170〕她特別提醒讀者注意文中描寫的龍夫人「衣著的顏色」——「穿著綠裙子和素白綢面背心」（筆者按：原文爲「青裙素襦」）。她說：「藍綠色或者天藍色，這是龍的顏色，白色是西方、死亡之國的象徵。按照中國人的觀念，通往死亡世界的入口也是在某個高山上。居住在死亡之國，就得到了龍所掌管的雨水。看來最後的結合不是偶然的。更確切地說，龍在最初形象是被列入到所有妖精之中的。例如斯拉夫神話中的水妖，水以及河流的主宰，最後是大海之王，在民間意識中，它還是來自另一個世界的移民，更何況水的主宰還領導著帶它的所有淹死者居民的水下世界。」〔註171〕她舉《搜神後記》中講一個人落入深洞，靠喝「石髓」（俄文：мозг）度日，和《太平廣記》中的《震澤洞》主人公在洞中「食青泥，味若粳米」的故事爲例，說明「有證據推斷，龍最初是屬於彼岸世界的。」並且「這個龍宮不是在水下，而是在地下。」〔註172〕她還說，通過《震澤洞》故事可以看出：「故事中反映了關於龍的民間迷信：東海龍王有七個小女兒，掌管和保護著龍王的龍珠，龍怕蠟燭，而愛美麗的軟玉，它喜歡飛翔在天空，藍色的虛空，它還嗜好吃炸燕子，如果給它送信，可以獲得貴重的珍珠等等。」〔註173〕（筆者按：原文爲「龍畏蠟，愛美玉及空青而嗜燕。若遣使信，可得寶珠」）但戈雷金娜又指出：「但是接下來要注意，在迷信和故事裏，龍已經被描寫成了帝王，提到了他富麗的宮殿，他的妻子和女兒，隸屬於他的還有小龍。」她說：「在這裡發現的關於龍的信息在 8～9 世紀的傳奇裏也能找到反映。」〔註174〕

戈雷金娜指出，3～6 世紀短篇小說中有些關於龍的故事是可怕的。而「可

〔註169〕К. И. 戈雷金娜：《中世紀中國短篇小說（8～14 世紀情節的起源和進化）》，莫斯科：科學出版社東方文學總編室，1980 年版，第 60 頁。

〔註170〕К. И. 戈雷金娜：《中世紀中國短篇小說（8～14 世紀情節的起源和進化）》，莫斯科：科學出版社東方文學總編室，1980 年版，第 61 頁。

〔註171〕К. И. 戈雷金娜：《中世紀中國短篇小說（8～14 世紀情節的起源和進化）》，莫斯科：科學出版社東方文學總編室，1980 年版，第 61 頁。

〔註172〕К. И. 戈雷金娜：《中世紀中國短篇小說（8～14 世紀情節的起源和進化）》，莫斯科：科學出版社東方文學總編室，1980 年版，第 61 頁。

〔註173〕К. И. 戈雷金娜：《中世紀中國短篇小說（8～14 世紀情節的起源和進化）》，莫斯科：科學出版社東方文學總編室，1980 年版，第 61～62 頁。

〔註174〕К. И. 戈雷金娜：《中世紀中國短篇小說（8～14 世紀情節的起源和進化）》，莫斯科：科學出版社東方文學總編室，1980 年版，第 62 頁。

怕的情調完全是遇到大自然精靈的故事的特點。」這裡她舉的例子是《太平廣記・卷四百二十二》中《許漢陽》。戈雷金娜寫道：「龍女在故事中有善良的本性，經常來到災難中把主人公召喚出來。而在我們這個故事中的龍女卻是另一種樣子，她們是斯拉夫美人魚的親戚，能夠損害人甚至殺死他們。」〔註175〕主人公許漢陽舟行湖邊遇龍女設宴，請他飲酒賦詩。歸來後發現所飲的酒乃是溺死者之血。戈雷金娜指出：「在這篇小說中集合了中篇小說和傳奇故事（быличка）。」「中篇小說敘述了來到龍女宴會上的意外事件」，這是在 8～9 世紀傳奇中普遍的主題；「傳奇故事（быличка）則增加了『目擊者證明』，揭露了所發生事件的可怕本質。」〔註176〕她還指出，這篇故事「在基本的小說部分插入了詢問名字的片段」，而這又是「民間文學的原始主題，它建立在知道了敵人的名字就容易殺死他的迷信基礎上。」在這個故事中，「主人公沒有寫出自己的名字，沒有被叫出來，也就保住了自己的性命。」〔註177〕

戈雷金娜寫道：「在《太平廣記》中有相當多的故事展示了人對龍的勝利。射死或打死的當然都是有害的龍。這些經常是黑龍，『白色』、『金色』或『紅色』的龍很少有害，有時它們還幫助人。」〔註178〕她指出：「看來很久以前龍並沒有成爲水的統治者，人可以在單打獨鬥中戰勝它。」〔註179〕

戈雷金娜還發現了中國 3～6 世紀關於龍的短篇小說中這樣一個奇怪的現象，那就是「它們中間不僅沒有一個寫到龍本身，甚至也沒有寫龍的女兒。在短篇小說裏有對豪宅，宮殿中奇異東西的描寫，但沒有龍的『肖像』。」她說：「可能，發生這種情況是因爲被援引的故事應該是在目擊者證明的基礎上，它的目的常常是信息的，而不是藝術的。」〔註180〕我們在前邊解釋「Быличка」的時候曾經說過，這是俄羅斯民間一種講述目擊者遇到鬼怪故事

〔註175〕К. И. 戈雷金娜：《中世紀中國短篇小說（8～14 世紀情節的起源和進化）》，
莫斯科：科學出版社東方文學總編室，1980 年版，第 62 頁。

〔註176〕К. И. 戈雷金娜：《中世紀中國短篇小說（8～14 世紀情節的起源和進化）》，
莫斯科：科學出版社東方文學總編室，1980 年版，第 63 頁。

〔註177〕К. И. 戈雷金娜：《中世紀中國短篇小說（8～14 世紀情節的起源和進化）》，
莫斯科：科學出版社東方文學總編室，1980 年版，第 63 頁。

〔註178〕К. И. 戈雷金娜：《中世紀中國短篇小說（8～14 世紀情節的起源和進化）》，
莫斯科：科學出版社東方文學總編室，1980 年版，第 63 頁。

〔註179〕К. И. 戈雷金娜：《中世紀中國短篇小說（8～14 世紀情節的起源和進化）》，
莫斯科：科學出版社東方文學總編室，1980 年版，第 63 頁。

〔註180〕К. И. 戈雷金娜：《中世紀中國短篇小說（8～14 世紀情節的起源和進化）》，
莫斯科：科學出版社東方文學總編室，1980 年版，第 63 頁。

的口頭創作體裁。戈雷金娜說中國龍主題小說是中篇小說（повесть）與傳奇故事（быличка）的集合，就是強調了這種小說的「目擊者證明」性質。因爲龍是現實中不存在的事物，自然不能提供「目擊者證明」的信息。

馬克思曾經指出：「希臘藝術的前提是希臘神話，也就是已經通過人民的幻想用一種不自覺的藝術方式加工過的自然和社會形式本身。」他又說，產生神話的「決不是這樣一種社會發展，這種發展排斥一切神話地對待自然的態度和一切把自然神話的態度；並因而要求藝術家具備一種與神話無關的幻想。」馬克思還指出：「有粗野的兒童，有早熟的兒童。古代民族有許多是屬於這一類的。希臘人是正常的兒童。」〔註181〕馬克思的這些論述提醒我們認識到，對於中國人這樣的「早熟兒童」〔註182〕來說，是「排斥一切神話地對待自然的態度和一切把自然神話的態度」的。這也是戈雷金娜把中國中世紀傳奇小說與俄羅斯有目擊者存在的傳奇故事（быличка）相提並論的原因，中國3～6世紀神話志怪小說中龍肖像的缺失，又一次證明了中國民俗文化精神中現實性大於幻想性的特點。

第三節　沃斯克列辛斯基論中國話本小說的民間文學特質

德米特里・尼古拉耶維奇・沃斯克列辛斯基（Дмитрий Николаевич Воскресенский，1926～2017），漢名華克生，1926年出生於莫斯科，1945年以優異成績畢業於航空儀表製造中等技術學校，同年進入軍事外語學院學習漢語。受業於《大漢俄詞典》的作者伊利亞・米哈伊洛維奇・奧沙寧教授，以及 Л. З. 艾德林、В. М. 阿列克謝耶夫、В. С. 科洛克洛夫等知名漢學家。軍事外語學院畢業後到部隊教漢語。1956年畢業於莫斯科大學語文系研究生班，然後被派往中國，1959年在北京大學中文系研究生班畢業。自1956年起

〔註181〕馬克思：《政治經濟學批判・導言》，《馬克思恩格斯選集》第2卷，北京：人民出版社，1972年版，第113頁。

〔註182〕筆者曾在《「詩言志」綱領歷史成因探論》一文中指出：「我們的先人，卻在大千世界的環抱之中，以『天地之心』自居，時時不忘表現自己的靈性和睿智，這正是『早熟兒童』特有的心態。」「這種早熟兒童的『深邃意識』，不僅是中國詩學，也是整個中華文化思想的精妙所在。」見拙著《文心拾穗——中國古代文學思想的當代解讀》，天津社會科學院出版社，2001年版，第18～19頁。

在莫斯科大學任教，同時在蘇聯外交部外交學院、科學院遠東研究所、俄羅斯國立人文大學文學院等單位兼職。曾於1971～1972年在新加坡南洋大學、1979～1980年在日本創價大學、1985～1986年在我國北京師範大學進修。曾為莫斯科大學亞非學院功勳教師和高爾基世界文學研究所教授。

話本研究是Д. H. 沃斯克列辛斯基自上世紀60年代以來一直致力於研究的課題。他在這一領域發表過的主要論著有《中國騙子小說的一些問題》（載《語文科學》，1966年第1期）、《論中國中篇小說——詼諧詩的喜劇性》（載《遠東文學的體裁與風格》，莫斯科，1968年版）、《中國17世紀的文化特點與世界文學發展中的17世紀文學的一些新傾向》（莫斯科，1969年版）、《16～17世紀中國社會的大眾文化》（載《中國國家與社會》，莫斯科，1973年版）、《在情節和文本之上的老大師作品》（載《中國文學研究在蘇聯》，莫斯科，1973年版）、《在國家考試系統中的個人》（載《中國歷史與文化》，莫斯科，1974年版）、《中國17世紀小說中的道家主題——尋找福地》（載《亞非民族》，1975年第4期）、《17世紀長篇小說〈醉花陰〉中的宗教觀點》（載《中國：歷史、文化、史料研究》，莫斯科，1977年版）、《中國小說中的社會現實和佛教報應觀念》（載《遠東文學研究的理論問題》，莫斯科，1977年版）、《藝術虛構概念及其在早期「低級小說」理論中的地位》（載《遠東文學研究的理論問題》，莫斯科，1978年版）、《中國英雄冒險小說中形象名字的性質》（載《東方語文學問題》，莫斯科，1979年版）、《中國法庭和它的文學變體》（載《中國社會組織》，莫斯科，1981年版）、《16～17世紀中國文學家論敘事散文的藝術原則》（載《莫斯科大學學報》東方學卷，1983年，第2期）、《在民族傳統中的中國大眾文化》（《遠東研究所第一屆全蘇漢學家學術討論會》，莫斯科，1989年版）、《文學家李漁的世界》（載《李漁：肉蒲團》，莫斯科，1994年版）、《長篇小說與同時代人》（載《金瓶梅》第1卷，伊爾庫茨克，1994年版）、《長篇小說與注釋家》（載《金瓶梅》第2卷，伊爾庫茨克，1994年版）、《關於「大家庭」的史詩》（《紅樓夢》三卷本後記，莫斯科，1995年版）等。

1989年，莫斯科藝術文學出版社出版了由Д. H. 沃斯克列辛斯基選編、翻譯並注釋的中國16～17世紀中篇小說集《懶龍的把戲》（Проделки праздного дракона）。文集選譯了出自馮夢龍《警世通言》《醒世恒言》和凌濛初初刻、二刻《拍案驚奇》的25篇小說。篇目如下（括號內為俄譯名）：

1）《警世通言・卷二十・計押番金鰻產禍》

（Золотой угорь，金鰻）

2）《初刻拍案驚奇・卷三十三・張員外義撫螟蛉子　包龍圖智賺合同文》

（Утоенный договор，隱藏的約定）

3）《警世通言・卷十三・三現身包龍圖斷冤》

（Трижды оживший Сунь，孫的三次復活）

4）《二刻拍案驚奇・卷二十一・許察院感夢擒僧　王氏子因風獲盜》

（Судья Сюй видит сон-загадку，許法官看夢謎）

5）《初刻拍案驚奇・卷十五・衛朝奉狠心盤貴產　陳秀才巧計賺原房》

（Человечья нога，一條人腿）

6）《二刻拍案驚奇・卷二十五・徐茶酒乘鬧劫新人　鄭蕊珠鳴冤完舊案》

（Украденная невеста，偷來的新娘）

7）《醒世恒言・卷三十九・汪大尹火焚寶蓮寺》

（Сожжение храма Драгоценного Лотоса，火燒寶蓮寺）

8）《初刻拍案驚奇・卷十二・陶家翁大雨留賓　蔣震卿片言得婦》

（Отрометчивая щутка，輕率的玩笑）

9）《初刻拍案驚奇・卷十六・張溜兒熟布迷魂局　陸蕙娘立決到頭緣》

（Чжан Проныра попал впросак，張溜兒碰壁）

10）《二刻拍案驚奇・卷三十八・兩錯認莫大姐私奔　再成交楊二郎正本》

（Красотка Мо просчиталась，莫美女失算）

11）《醒世恒言・卷十九・白玉娘忍苦成夫》

（Повесть о верной жене，關於忠實妻子的故事）

12）《二刻拍案驚奇・卷三十九・神偷寄興一枝梅　俠盜慣行三昧戲》

（Проделки Праздного Дракона，懶龍的把戲）

13）《醒世恒言・卷三十八・李道人獨步雲門》

（Путь к Заоблачным Вратам，通向雲外之門的路）

14）《二刻拍案驚奇・卷十九・田舍翁時時經理　牧童兒夜夜尊榮》

（Заглятье даоса，道士的咒語））

15）《警世通言・卷三・王安石三難蘇學士》

（Три промаха поэта，詩人的三次失誤）

16）《醒世恒言・卷六・小水灣天狐詒書》

（Месть лиса，狐狸的報復）

17）《初刻拍案驚奇・卷三・劉東山誇技順城門　十八兄奇蹤村酒肆》

（Злоключения хвастуна，吹牛的災禍）

18）《醒世恒言・卷十・劉小官雌雄兄弟》

（Неожиданное открытие，意外的揭露）

19）《警世通言・卷二十八・白娘子永鎮雷峰塔》

（Повесть о Белой Змейке，白蛇傳）

20）《初刻拍案驚奇・卷三十二・喬兌換胡子宣淫　顯報施臥師入定》

（Наказанный сластолюб，被懲罰的好色之徒）

21）《醒世恒言・卷十五・赫大卿遺恨鴛鴦絛》

（Две монахини и блудодей，兩個尼姑和淫棍）

22）《初刻拍案驚奇・卷二・姚滴珠避羞惹羞　鄭月娥將錯就錯》

（Коварное сходство，惹禍的相似）

23）《初刻拍案驚奇・卷二十一・袁尚寶相術動名卿　鄭舍人陰功叨世爵》

（Возвращенная драгоценность，歸還的珍寶）

24）《初刻拍案驚奇・卷三十四・聞人生野戰翠浮庵　靜觀尼晝錦黃沙巷》

（Любовные играща Вэньжэня，聞人的愛情狂歡）

25）《二刻拍案驚奇・卷四・青樓市探人蹤　紅花場假鬼鬧》

（Поле алых цведов，紅花場）

　　Д. Н. 沃斯克列辛斯基在爲該書寫的題爲《16～17世紀的中國城市小說》的序言中首先指出：「大量的中國文學文獻反映了古老國家和她的人民的極爲豐富的文化，充滿了獨特形象和複雜聯想的文化」，而「16～17世紀的城市小說就是這些文獻之一」。〔註183〕他說：「城市小說具有引人入勝的情節，富於動感的結構，讀之興味盎然。」〔註184〕他寫道：「中國文學中存在著兩個文學潮流──書面語言的文言文學和口語『白話』（按字面意義就是『白色的』，或者『明白的』語言）文學。」他說：「這兩種潮流不是封閉的，互相隔絕的

〔註183〕Д. Н. Воскресенский: Китайская городская повесть ⅩⅥ-ⅩⅦ веков. // Проделки праздного дракона. Москва: Художественная литература, 1989. с.5.
Д. Н. 沃斯克列辛斯基：《16～17世紀的中國城市小說》，《懶龍的把戲》，莫斯科：藝術文學出版社，1989年版，第5頁。

〔註184〕Д. Н. 沃斯克列辛斯基：《16～17世紀的中國城市小說》，《懶龍的把戲》，莫斯科：藝術文學出版社，1989年版，第6頁。

藝術世界。它們中的每一個都被另一種藝術價值的特點所豐富，並包藏在另一個裏面。但是，二者又都有自己的特點，有自己的詩學原則和藝術規範。」而城市小說的起源與發展正是「兩個藝術世界（按它們作者的身份）之間產生摩擦和衝突」〔註185〕的結果。他指出：「中國城市小說具有鮮明的平民文學特點，因為它的源頭一般來說具有民間口頭文學的性質。在其全部歷史時期內，它與民間口頭創作緊密地聯繫。」〔註186〕

沃斯克列辛斯基寫道：「城市小說在中國通常被稱為『話本』，意思是『講述的基礎』。這個名稱的出現還是在體裁形成期——宋代（10～13 世紀）」。〔註187〕但這一體裁的「第二次誕生」是在 16～17 世紀。他指出，這一時期是「對於國家文化非常有意思的時期」，「是戲劇性的、充滿了尖銳矛盾和衝突的一個中國歷史階段。」他指出：「國內社會在這一時期實際感受到深刻的社會和精神危機。引起這一危機既有內部的原因（明王朝的自我毀壞），也有外部的原因——與尚武鄰居、首先是滿族人的不間斷的衝突」。〔註188〕沃斯克列辛斯基寫道：「這一時代社會現實的總特點乃是整個封建社會的危機，執政的明朝沒有辦法解決國家的複雜問題。新的社會關係的產生和發展加深了社會中的矛盾。可是，這也經常出現在其他國家，在那種『亂世』產生了人類精力的濤聲，創作積極性的高漲，文化多方面發展的加速，並且它的一些成分出現了擴大的規模。」〔註189〕他認為，中國 16 世紀末到 17 世紀初「不同學派和主張尖銳的思想鬥爭，非正統思想的廣泛發展，新的體裁和創作種類的出現」就是這種文化繁榮的有力證明。而這種繁榮又是「中國城市蓬勃發展的結果」。〔註190〕

沃斯克列辛斯基認為：「城市文化是社會大眾階層社會意識的特殊形式，也是在人們精神生活中佔據越來越大位置的特殊的美學現象。」「大眾體裁本

〔註185〕Д. Н. 沃斯克列辛斯基：《16～17 世紀的中國城市小說》，《懶龍的把戲》，莫斯科：藝術文學出版社，1989 年版，第 6 頁。

〔註186〕Д. Н. 沃斯克列辛斯基：《16～17 世紀的中國城市小說》，《懶龍的把戲》，莫斯科：藝術文學出版社，1989 年版，第 6 頁。

〔註187〕Д. Н. 沃斯克列辛斯基：《16～17 世紀的中國城市小說》，《懶龍的把戲》，莫斯科：藝術文學出版社，1989 年版，第 6 頁。

〔註188〕Д. Н. 沃斯克列辛斯基：《16～17 世紀的中國城市小說》，《懶龍的把戲》，莫斯科：藝術文學出版社，1989 年版，第 7 頁。

〔註189〕Д. Н. 沃斯克列辛斯基：《16～17 世紀的中國城市小說》，《懶龍的把戲》，莫斯科：藝術文學出版社，1989 年版，第 7 頁。

〔註190〕Д. Н. 沃斯克列辛斯基：《16～17 世紀的中國城市小說》，《懶龍的把戲》，莫斯科：藝術文學出版社，1989 年版，第 7 頁。

性上指向社會的『中間層』，它們不只是特別充分地表現出形式上的樸實和通俗（在文學中就是語言），而且首先是在它的特殊的內容——對待傳統社會和文化價值、社會道德、社會生活準則的另類態度。」〔註191〕他指出：「值得注意的是，在文學中（在一部分中，在中篇小說中）佔據越來越大位置的是『世俗』生活，或者越來越鮮明地展示對社會上層人物文化的公開的越軌行為，對社會現實各個方面的批評。所有這些正是『低級文學』——小說最顯著的特點，它特別充分地反映和表達了中間階層——市民的審美趣味和要求。」〔註192〕

　　沃斯克列辛斯基指出，話本小說萌芽時期——宋代的作者「多半是普通的文化水平不高、沒有受過多少教育的說書人」，而在 16～17 世紀，話本作家常常是「受過高級教育的文學家，以詩歌才能出名、具有廣泛的文化視野、在社會上廣為人知的人士。他們中有些人還被授予學銜，擔任官職。不用說，他們提高了敘事散文的藝術水平。」〔註193〕他寫道：「這些人中值得一提的有英雄歷史小說《水滸傳》的作者施耐庵，傳奇小說《西遊記》的編者吳承恩……還有城市小說的編者（一部分是作者）馮夢龍、凌濛初等人。」〔註194〕沃斯克列辛斯基指出，「這些文學家的創作活動通常有三種性質」，即他們一方面是「大眾文學作品的搜集者」，又是「口頭故事與短篇小說集的編輯者」，同時「這種『編輯』工作，實際上是與純粹的創作活動緊密聯繫的」，因此他們又是創作者。如「馮夢龍的文學活動，就具有創作的性質」。他指出：「受過教育和有天賦的人們的參與創作城市小說，最終表現在城市小說的藝術質量上。他們給它帶來的不只是生活經驗和文學才能，還有廣博的文學與文化傳統知識。」〔註195〕

　　沃斯克列辛斯基說，他的譯文集中收錄的「出自馮夢龍和凌濛初小說集的中篇小說是這一體裁的極好範本。」他寫道，馮夢龍和凌濛初這兩位作者

〔註191〕Д. Н. 沃斯克列辛斯基：《16～17 世紀的中國城市小說》，《懶龍的把戲》，莫斯科：藝術文學出版社，1989 年版，第 8 頁。

〔註192〕Д. Н. 沃斯克列辛斯基：《16～17 世紀的中國城市小說》，《懶龍的把戲》，莫斯科：藝術文學出版社，1989 年版，第 8 頁。

〔註193〕Д. Н. 沃斯克列辛斯基：《16～17 世紀的中國城市小說》，《懶龍的把戲》，莫斯科：藝術文學出版社，1989 年版，第 8 頁。

〔註194〕Д. Н. 沃斯克列辛斯基：《16～17 世紀的中國城市小說》，《懶龍的把戲》，莫斯科：藝術文學出版社，1989 年版，第 8～9 頁。

〔註195〕Д. Н. 沃斯克列辛斯基：《16～17 世紀的中國城市小說》，《懶龍的把戲》，莫斯科：藝術文學出版社，1989 年版，第 9 頁。

都「生活在兩個世紀之交，自身吸納了自己複雜時代的特點」。他們都「出生於富裕家庭」，「受到過很好的教育」，也都曾「走上學術和仕進之路」，但卻「在仕途上沒有飛黃騰達」。沃斯克列辛斯基指出：「妨礙他們沿著傳統階梯向上發展的不只是時代的社會衝突，某種程度上還有他們的創作活動，這種活動（與其他文學家一樣）陷入了與社會規則的矛盾。」「但也正是由於天才，他們得以在歷史上成爲大文學活動家。」〔註196〕

　　沃斯克列辛斯基寫道，馮夢龍「早在青年時代就表現出鮮明、獨特的才華，是一個性格自由、特立獨行的人。」「至於凌濛初，他的世界觀在很大程度上表現出正統思想的影響。這是一個嚴守規矩和信念的人，不過這並沒有影響他在自己的作品中說出獨創的、非正統的思想。」〔註197〕他說：「馮夢龍在那個時代的文學生活裏起著特別顯著的作用。他以不知疲倦的編者和民間創作與大眾文學作品的宣傳者，以及許多著作和一系列中篇小說的作者而著稱。」此外「馮夢龍還是傑出的戲劇家、短評作家和詩人。」而凌濛初的文學活動雖然「具有第二位的性質」，「他本人也不諱言，自己的78部小說是模仿馮夢龍寫的。但它們給凌帶來了巨大的榮譽。」〔註198〕沃斯克列辛斯基指出：「馮夢龍和與其接近的其他作家的世界觀的重要特點是在精神上對大眾藝術體裁的熱烈擁護。這些文學家們在其中找到了眞正的眞實性和情感的眞摯性。」比如馮夢龍就在他的《敘山歌》中說過：「但有假詩文，無假山歌。」沃斯克列辛斯基寫道：「馮夢龍和其他作者經常談到大眾文學作品中的『眞誠』和『情感豐富』，談到它的『童心』。」〔註199〕

　　「童心」說出自馮夢龍所敬仰的思想前輩李贄（1527～1602）。據明人許自昌《樗齋漫錄》記載，馮夢龍「酷嗜李氏之學，奉爲蓍蔡（筆者按：猶言蓍龜，占卜工具）」。所謂「童心」，即「最初一念之本心」，也就是不受封建禮教束縛而體現了當時市民階級要求的具有眞情實感的「赤子之心」。馮夢龍在《警世通言序》中說小說要做到「事眞而理不贋，即事贋而理亦眞」。在他

〔註196〕Д. Н. 沃斯克列辛斯基：《16～17世紀的中國城市小說》，《懶龍的把戲》，莫斯科：藝術文學出版社，1989年版，第9頁。

〔註197〕Д. Н. 沃斯克列辛斯基：《16～17世紀的中國城市小說》，《懶龍的把戲》，莫斯科：藝術文學出版社，1989年版，第9頁。

〔註198〕Д. Н. 沃斯克列辛斯基：《16～17世紀的中國城市小說》，《懶龍的把戲》，莫斯科：藝術文學出版社，1989年版，第10頁。

〔註199〕Д. Н. 沃斯克列辛斯基：《16～17世紀的中國城市小說》，《懶龍的把戲》，莫斯科：藝術文學出版社，1989年版，第10頁。

對小說的眉批裏，常可看到「敘別致淒婉如眞」、「話得眞切動人」、「口氣逼眞」、「眞眞」等評語。沃斯克列辛斯基以「眞誠」、「眞摯」、「童心」來概括馮氏小說觀的基本精神，是準確和中肯的。

沃斯克列辛斯基在序言中結合其所選小說文本，具體分析了作爲中國民間文化重要現象之一的中國 16～17 世紀話本小說的審美特點，主要有三：

一、奇異性

沃斯克列辛斯基引用早年曾是俄國形式主義代表人物、後來接受社會主義現實主義成爲蘇聯重要文藝理論家的 В. Б. 什克洛夫斯基（Виктор Борисович Шкловский，1893～1984）談其讀中國古代小說所體驗到的驚奇感情時說過的一段話：「……我是作爲一個處在閱讀經驗邊緣的中國文學的讀者來寫的，關於它的情況，就是某個時候古人所說的，理解開始於驚奇」[註200]，然後指出：「擺在他這個『普通讀者』眼前的藝術世界的驚異性，使苛刻的文學鑒賞家大吃一驚。但這種奇異性不只是爲與那個時代隔著好幾個世紀的我們現代讀者所感覺。早在這些作品被寫作的那個時代，熟悉它的人們就已經感受到這一點了。」[註201] 沃斯克列辛斯基寫道：「實際上，敘事散文被理解爲不尋常的現象，是出類拔萃的。它的不尋常性存在於語言、情節和形象中。小說的『奇異性』提升到獨特的美學奇蹟的高度。」[註202] 沃斯克列辛斯基認爲：「許多那個時代傑出的敘事文學典範都叫做『奇書』不是偶然的。在這個詞裏就包含著對體裁的說明。」[註203]

沃斯克列辛斯基指出，作爲民間文化的中國古代話本小說的這種「奇異性」或云「驚奇性」的「一個重要特點是在同一個敘述中現實的與非現實的緊密結合，甚至要強調故事的不尋常性和意外性……它構成了吸引人的複雜情節的核心。」[註204] 他寫道：「奇異、超自然的巨大作用——是反映人們世

[註200] Д. Н. 沃斯克列辛斯基：《16～17 世紀的中國城市小說》，《懶龍的把戲》，莫斯科：藝術文學出版社，1989 年版，第 10 頁。

[註201] Д. Н. 沃斯克列辛斯基：《16～17 世紀的中國城市小說》，《懶龍的把戲》，莫斯科：藝術文學出版社，1989 年版，第 10～11 頁。

[註202] Д. Н. 沃斯克列辛斯基：《16～17 世紀的中國城市小說》，《懶龍的把戲》，莫斯科：藝術文學出版社，1989 年版，第 11 頁。

[註203] Д. Н. 沃斯克列辛斯基：《16～17 世紀的中國城市小說》，《懶龍的把戲》，莫斯科：藝術文學出版社，1989 年版，第 11 頁。

[註204] Д. Н. 沃斯克列辛斯基：《16～17 世紀的中國城市小說》，《懶龍的把戲》，莫斯科：藝術文學出版社，1989 年版，第 14 頁。

界觀傳統的貢獻。那個時代文學家們的藝術方法是在同一敘述中現實與奇異、眞實與虛構『充分自然的』混合。」〔註205〕他說:「證明這一點的當然首先經常是傳奇短篇小說。可是非現實也經常出現在全然是現實的情節中,在這裡它們起到了獨特的文學手法的作用。」〔註206〕比如在《警世通言》的《三現身包龍圖斷冤》中,「侍女迎兒突然成了主人的鬼魂,儘管全部情境都是現實的。鬼魂的現身強調了情境的不尋常性。」還有「包公做了帶有謎語的夢」,沃斯克列辛斯基指出:「雖然有預兆的夢本身也可能是『現實的』,但在很大程度上這是藝術的常規。」〔註207〕他寫道:「帶著這樣的藝術常規,我們接觸到就其性質來說是現實的故事。」他說:「在公案小說中神奇的成分經常帶來文學的負荷:現在在它的幫助下來解決那種在體裁設置一開始就不能用另外的(現實的)手段來解決的情節衝突。」〔註208〕沃斯克列辛斯基還指出:「超自然強調了那樣一種猜謎性、隱秘性甚至神秘性,作者試圖在自己的作品中激起它,爲了把它做得有極大的趣味。」〔註209〕這樣一來,小說的「奇異性」就與「趣味性」聯繫到一起了。他寫道,所有這些超現實的神秘情節「實質上都起著被稱爲情節活動『動力』——它的『運動精靈』(筆者按:原文是拉丁文 spiritus movens)的作用。」他說「這種情節事件的動因」在《計押番金鰻產禍》《白娘子永鎭雷峰塔》《小水灣天狐詒書》等話本小說中都能看到,指出這些「情節中的神奇因素加強了它的引人入勝作用。」〔註210〕

二、趣味性

沃斯克列辛斯基認爲,中國16～17世紀城市話本小說「民間」屬性的第二個特點是「趣味性」。他指出:「如果拿中國中篇小說與在類型上接近於它

〔註205〕Д. Н. 沃斯克列辛斯基:《16～17世紀的中國城市小說》,《懶龍的把戲》,莫斯科:藝術文學出版社,1989年版,第14～15頁。

〔註206〕Д. Н. 沃斯克列辛斯基:《16～17世紀的中國城市小說》,《懶龍的把戲》,莫斯科:藝術文學出版社,1989年版,第15頁。

〔註207〕Д. Н. 沃斯克列辛斯基:《16～17世紀的中國城市小說》,《懶龍的把戲》,莫斯科:藝術文學出版社,1989年版,第15頁。

〔註208〕Д. Н. 沃斯克列辛斯基:《16～17世紀的中國城市小說》,《懶龍的把戲》,莫斯科:藝術文學出版社,1989年版,第15頁。

〔註209〕Д. Н. 沃斯克列辛斯基:《16～17世紀的中國城市小說》,《懶龍的把戲》,莫斯科:藝術文學出版社,1989年版,第15頁。

〔註210〕Д. Н. 沃斯克列辛斯基:《16～17世紀的中國城市小說》,《懶龍的把戲》,莫斯科:藝術文學出版社,1989年版,第15頁。

的薄伽丘的中篇小說做比較」，則中國小說「儘管不乏吸引人之處」，但「首先表現爲是簡單的、無修飾的」。不過，沃斯克列辛斯基又說，中國小說「充滿了吸引人的尖銳情節，一系列滑稽可笑的事件，城市小說努力吸引和牢牢保持住讀者的注意力。」〔註211〕

沃斯克列辛斯基指出，中國「城市小說的情節豐富而多樣，它與中世紀長篇小說一樣，按照自己的法則發展，而與特殊的藝術原則相適應。這比需要深入哲學思考的嚴肅閱讀要引人入勝得多。」他舉《初刻拍案驚奇》中的《衛朝奉狠心盤貴產　陳秀才巧計賺原房》和《二刻拍案驚奇》裏的《徐茶酒乘鬧劫新人　鄭蕊珠鳴冤完舊案》等爲例，指出「情節陰謀由一個事件到另一個事件，越來越緊張，活動加速。」他說：「類似的『引人入勝』情節在馮夢龍、凌濛初的文集中非常多。」〔註212〕如《初刻拍案驚奇》的《陶家翁大雨留賓　蔣震卿片言得婦》，《二刻拍案驚奇》的《兩錯認莫大姐私奔　再成交楊二郎正本》等。我們發現，沃斯克列辛斯基在這裡舉的例子都出自《拍案驚奇》，可見《拍案驚奇》在「趣味性」方面要比「三言」有進一步發展。

沃斯克列辛斯基指出：「努力滿足廣泛讀者的趣味，城市小說的作者們賦予有吸引力的陰謀以巨大的意義。」他說：「在16～17世紀，『趣味性』（中文爲『趣』）成爲獨特的美學範疇，達到敘述散文不可分離的本質的程度，如同它的『驚奇性』（『奇』）和『普遍理解性』（『通俗』）一樣。」他指出：「在高級文學的美學中，這個概念實際上是缺少的。」沃斯克列辛斯基寫道：「在『趣』這個概念中，包含有情節的引人入勝性，動作的急速性，以及主人公所處小環境的不尋常性。」〔註213〕他引用馮夢龍在《古今小說序》中所說：「試今說話人當場描寫，可喜可愕，可悲可涕，可歌可舞」，然後指出：「看來作者在這裡說的首先是小說的激情充沛，可它又是通過一定的藝術手法建立起來的。」〔註214〕

關於「趣味性」的營造，如何使情節具有「引人入勝性」，沃斯克列辛斯

〔註211〕 Д. Н. 沃斯克列辛斯基：《16～17世紀的中國城市小說》，《懶龍的把戲》，莫斯科：藝術文學出版社，1989年版，第12頁。

〔註212〕 Д. Н. 沃斯克列辛斯基：《16～17世紀的中國城市小說》，《懶龍的把戲》，莫斯科：藝術文學出版社，1989年版，第12頁。

〔註213〕 Д. Н. 沃斯克列辛斯基：《16～17世紀的中國城市小說》，《懶龍的把戲》，莫斯科：藝術文學出版社，1989年版，第12頁。

〔註214〕 Д. Н. 沃斯克列辛斯基：《16～17世紀的中國城市小說》，《懶龍的把戲》，莫斯科：藝術文學出版社，1989年版，第13頁。

基認為：「其中占明顯位置的是主人公所處情境的出乎意料性。它們由於疏忽、行為的冒失、錯誤或者各種蠢事而發生。」〔註215〕比如《陶家翁大雨留賓　蔣震卿片言得婦》中蔣秀才輕率的玩笑，《劉東山誇技順城門　十八兄奇蹤村酒肆》中饒舌人劉東山的吹牛，《小水灣天狐詒書》中王臣打傷狐妖的愚蠢行為。沃斯克列辛斯基指出：「最初的事件起著獨特的情節動因的作用，很快引起具有沒想到的後果和沒有預告的結局的回應故事。」他說：「某種行為（過失）導致對日常人類活動邏輯格局的破壞。習慣的和通常的情節座標的這種混合成為類似情節的準則。」他引用在上世紀60年代聲名鵲起的蘇聯結構主義符號學代表人物之一米哈伊爾·米哈伊洛維奇·巴赫金（Михаил Михайлович Бахтин，1895～1975）的話說：「等待不期而然的，並且只等待不期而然的。整個世界被放到『突然』的範疇下，放到奇異的和沒想到的偶然的範疇下。」〔註216〕然後指出：「在這些按自己性質屬於冒險的小說中起重大作用的是各種類型的丟失、偷竊、消失，強調的是偶然的、沒想到的因素。」如在小說《許察院感夢擒僧　王氏子因風獲盜》中「讀者看到了最為多樣的丟失和消失。到異國經商多年的商人的錢神秘地消失了。然後商人就突然死了。然後馬車夫意外地出現了，他來搬運死去主人公的棺材。不久，死者的兄弟也被打死了，等等。」沃斯克列辛斯基寫道：「所有這些失去和丟失、可怕的死亡產生了尋找的主題，本身建立起尖銳的、不期而然的衝突。它們使讀者處在真正的緊張和完全有可能是想不到──猜不著發生什麼的不知情狀態。」〔註217〕

沃斯克列辛斯基指出：「消失和尋找的主題是許多敘述作品重要的藝術因素。這個軸心經常支撐著情節的引人性。引人注目的是，在這些小說中神秘和卜卦是所有沒想到和偶然的集合點。」〔註218〕他說：「在一些小說中，秘密是所有情節活動的主要動因和它的核心。」〔註219〕比如在《三現身包龍圖

〔註215〕Д. Н. 沃斯克列辛斯基：《16～17世紀的中國城市小說》，《懶龍的把戲》，莫斯科：藝術文學出版社，1989年版，第13頁。

〔註216〕Д. Н. 沃斯克列辛斯基：《16～17世紀的中國城市小說》，《懶龍的把戲》，莫斯科：藝術文學出版社，1989年版，第13頁。

〔註217〕Д. Н. 沃斯克列辛斯基：《16～17世紀的中國城市小說》，《懶龍的把戲》，莫斯科：藝術文學出版社，1989年版，第13頁。

〔註218〕Д. Н. 沃斯克列辛斯基：《16～17世紀的中國城市小說》，《懶龍的把戲》，莫斯科：藝術文學出版社，1989年版，第13頁。

〔註219〕Д. Н. 沃斯克列辛斯基：《16～17世紀的中國城市小說》，《懶龍的把戲》，莫斯科：藝術文學出版社，1989年版，第14頁。

斷冤》中,「孫押司遇到一個算命的人,那人預告他快要死了,甚至告訴他死亡到來的日期和時間。押司回到家裏,把這段可怕的談話告訴了妻子,而夜裏就發生了一件意想不到和神秘的事——孫突然離家並死掉了。秘密就這樣產生了,讀者一直到故事的結尾一直在猜它。僅只到結局才瞭解眞相。」〔註220〕

沃斯克列辛斯基在分析中國話本小說情節的神秘性時,還特意指出了這種神秘性與中國文化的獨有載體,如漢字、傳統象徵物相聯繫的特點。他說:「情節中的秘密經常與文本中的謎聯繫在一起,這樣一來,象形文字的、聯想的謎,文字替換以及其他等等構成的謎語就成了秘密情節重要的組成部分。」他寫道:「帶有神秘謎語的情節構成了中國文學中被稱爲『公案小說』(包括長篇小說和中篇小說)的普及性體裁的骨架,它實際上在西方文學中沒有等價物。」〔註221〕

在談論中國話本小說的「趣味性」、「娛樂性」的時候,沃斯克列辛斯基沒有忘記向讀者說明,雖然「中國舊敍事散文和城市小說被預先規定爲是供輕鬆閱讀的,但把它的一切特點都歸結爲僅只是娛樂性則是錯誤的。」〔註222〕他指出:「在任何時候,作者本人像那個時代的許多崇拜這種文學的文學家一樣,總是努力消除小說與那些『茶餘閒談』一樣的流行觀念。他們總是強調自己的作品具有『嚴肅的』性質,他們在其中看到了不只是要求達到人們滿意,而主要還要教育他們的文學。」「他們希望讀者在這樣的文學中看到巨大和深刻的思想,僅只是從外表上被非常規的、稀奇古怪的引人入勝的外衣所遮蓋。」〔註223〕沃斯克列辛斯基在這裡轉述了馮夢龍在《醒世恒言序》中對小說社會作用的論述,以及金聖歎在《讀第六才子書〈西廂記〉法》中所說的對通俗文學「必須掃地讀之」「焚香讀之」的一段話,強調了中國大眾文學作家對自己作品嚴肅性的認識。

〔註220〕 Д. H. 沃斯克列辛斯基:《16～17世紀的中國城市小說》,《懶龍的把戲》,莫斯科:藝術文學出版社,1989年版,第14頁。

〔註221〕 Д. H. 沃斯克列辛斯基:《16～17世紀的中國城市小說》,《懶龍的把戲》,莫斯科:藝術文學出版社,1989年版,第14頁。

〔註222〕 Д. H. 沃斯克列辛斯基:《16～17世紀的中國城市小說》,《懶龍的把戲》,莫斯科:藝術文學出版社,1989年版,第15頁。

〔註223〕 Д. H. 沃斯克列辛斯基:《16～17世紀的中國城市小說》,《懶龍的把戲》,莫斯科:藝術文學出版社,1989年版,第15頁。

　　沃斯克列辛斯基指出：「確實，純粹吸引人的故事承擔著強有力的道德教訓的負載。」如「在一些（小說）裏譴責了貪婪，另一些則是狡詐或者卑鄙，第三類則是淫蕩。」〔註224〕不僅在描寫兩位高級文學家王安石與蘇東坡生活交往故事的小說《王安石三難蘇學士》中有「清楚的道德教訓」，「指責了人的過分自得和自恃」；就是在「關於聞人生在尼姑庵裏豔遇的純粹娛樂性小說（筆者按：即《聞人生野戰翠浮庵　靜觀尼畫錦黃沙巷》），也預先討論了穩固婚姻的重要性和那些由性欲衝動帶來的災禍。」〔註225〕從小說開頭一段所引的詩句中就可以看到：「婚姻關係不是開玩笑的事情」「應該嚴肅地對待它」。〔註226〕沃斯克列辛斯基指出，由於小說「在過失之後接下來是處罰，緊接著伴隨它的是作者的教訓。自然，被解說明白的讀者就會把故事理解為全然是嚴肅的了。這樣一來，嚴肅性與有趣性就在同一個敘述框架中融合起來了。」〔註227〕

三、通俗性

　　作為民間文化現象的中國城市話本小說，其最明顯的外部特徵特點就是通俗性。正如沃斯克列辛斯基所說：「城市小說是宏大的大眾文化的一部分，它以其獨有的特點，使其明顯區別於精英文化。其最好的一點是開闢了那個時代普遍流行的『通俗』概念——『普遍能懂』或者『普通人性質』。他寫道：「『通俗』這個詞指的是描寫人類生活一定程度的簡單，以及藝術描寫手段本身的無修飾性。」這種小說「在描寫人際關係時，作者們努力避免矯揉造作和為『高級』散文所具有的高度文雅。」〔註228〕當然，這種通俗性有時也有負面的表現，沃斯克列辛斯基指出：「在小說裏，生活、現實經常被強調描寫成暴露的、甚至是粗野的，有時是在最醜陋的狀態中」，「這給了文學潔癖症者們為作者套上庸俗的帽子，認為他們的作品是低級的以口實。」此外「另

〔註224〕Д. Н. 沃斯克列辛斯基：《16～17世紀的中國城市小說》，《懶龍的把戲》，莫斯科：藝術文學出版社，1989年版，第16頁。

〔註225〕Д. Н. 沃斯克列辛斯基：《16～17世紀的中國城市小說》，《懶龍的把戲》，莫斯科：藝術文學出版社，1989年版，第16頁。

〔註226〕小說原文為：「『姻緣本是前生定，曾向蟠桃會裏來』。見得此一事，非同小可。」

〔註227〕Д. Н. 沃斯克列辛斯基：《16～17世紀的中國城市小說》，《懶龍的把戲》，莫斯科：藝術文學出版社，1989年版，第16頁。

〔註228〕Д. Н. 沃斯克列辛斯基：《16～17世紀的中國城市小說》，《懶龍的把戲》，莫斯科：藝術文學出版社，1989年版，第19頁。

類主人公粗野的笑話、一些場景的輕佻也令他們討厭。在那個時代普及的帶有色情和自然主義的情愛體裁作品令來自舊的正統人士方面的人感到特別恥辱。」〔註229〕沃斯克列辛斯基站在歐洲自文藝復興以來形成的人本主義立場上，為中國話本小說中的色情描寫做了辯護。他寫道：「可是要知道，因不道德和放蕩而在自己的時代被指責的還有阿普列烏斯〔註230〕、薄伽丘〔註231〕和拉伯雷〔註232〕。」他引用俄羅斯歷史比較文藝學奠基人亞歷山大・尼古拉耶維奇・維謝洛夫斯基（Александр Николаевич Веселовский，1838～1906）的話說，這是從「純潔的和偽善虛幻的遺產中」形成了對類似作者的態度。他說：「在這種『偽善虛幻的』土壤上經常形成官方的圍繞中國城市小說的觀點，正統派分子無一例外地稱之為『魔鬼性』。但在這種『魔鬼性』中另外一些同時代人看到了某種另類的東西——生活脈搏的真正律動。」〔註233〕

話本小說的通俗性首先表現在語言上。沃斯克列辛斯基寫道：「甚至在最膚淺地瞭解馮、凌文集中的小說的時候就可以看出，它們全都無例外地具有『口頭的』形式，它們使人想起民間故事。」〔註234〕他說：「在每一部作品中都可以感覺到隱藏的講故事人的存在，他們帶著開場白、套語面對聽眾和讀者，有時還在他們面前做出獨特的表演。」〔註235〕比如小說中常有這樣的敘

〔註229〕Д. Н. 沃斯克列辛斯基：《16～17世紀的中國城市小說》，《懶龍的把戲》，莫斯科：藝術文學出版社，1989年版，第19～20頁。

〔註230〕阿普列烏斯（Apuleius, Lucius，約公元12？～約170後）古羅馬柏拉圖派哲學家、修辭學家及作家。所著散文敘事作品《金驢記》記述了一個被魔法變成驢的青年的經歷，對後世影響深遠。

〔註231〕喬萬尼・薄伽丘（Giovanni Boccaccio，1313～1375），意大利文藝復興運動的傑出代表，人文主義傑出作家。與詩人但丁、彼特拉克並稱為佛羅倫薩文學「三傑」。

〔註232〕拉伯雷（Francois Rabelais，約1495～1553）文藝復興時期法國最傑出的人文主義作家之一。出身律師家庭，早年在修道院接受教育，後來以行醫為業，16世紀30年代開始轉向文學創作。他通曉醫學、天文、地理、數學、哲學、神學、音樂、植物、建築、法律、教育等多種學科和希臘文、拉丁文、希伯萊文等多種文字，堪稱「人文主義巨人」，主要著作有長篇小說《巨人傳》。

〔註233〕Д. Н. 沃斯克列辛斯基：《16～17世紀的中國城市小說》，《懶龍的把戲》，莫斯科：藝術文學出版社，1989年版，第20頁。

〔註234〕Д. Н. 沃斯克列辛斯基：《16～17世紀的中國城市小說》，《懶龍的把戲》，莫斯科：藝術文學出版社，1989年版，第11頁。

〔註235〕Д. Н. 沃斯克列辛斯基：《16～17世紀的中國城市小說》，《懶龍的把戲》，莫斯科：藝術文學出版社，1989年版，第11頁。

述人符號出現：「話說在某某地方……」「現在書歸正傳……」。有時講故事人甚至直接出場，直接與聽書人對話，諸如「列為看官，您問我……」「若還是說話的同年生，並肩長……」等等。沃斯克列辛斯基指出：「這種與主人公和充滿動感的現實活生生對話的說話方式，令人信服地再現了活生生的普通人類社會的現實氛圍。」〔註236〕他說：「在小說中洋溢著生命話語的要素。它們的語言強烈區別於文雅的和極為講究的、那個時代規定的文學的書面語言。可是，更準確地應該說，小說語言完全不是簡單的，相反，它從藝術角度來看，是極為豐富的，多姿多彩的，其中既有書面語言的豐富，又有生活話語的魅力。它是由兩條以形象的詞語、自由奔放的句子、諺語俗語照亮的建立起複雜而鮮明的畫面的藝術形象線索交織起來的。」〔註237〕沃斯克列辛斯基舉例說，比如小說裏把男女歡愛叫「雲雨」，情人接吻叫「寫了個『呂』字」，形容人因迷醉而癱軟叫「雪獅子向火，酥了半邊」，比喻代人受過叫「黑狗偷食，白狗當災」等等。還有稱美男子為「潘安」，美女為「西施」，富人為「石崇」。雖然這些代稱都需要相應的歷史知識才能理解，但由於在中國小說裏經常遇到，它們也就成為了約定俗成的象徵意象。沃斯克列辛斯基寫道：「類似的詞語形象不可計數，它們建立起整個敘述中不可重複的、長久留存在讀者記憶中的色調。」〔註238〕

沃斯克列辛斯基指出，話本小說的「通俗性」和「民間」性還表現在「小說的外部框架一定要有詩歌的導語和結束語——詩歌的結尾——這也回答了它的民間故事性質。」「經常為小說的基本情節設置導語（有時有兩個導語）（筆者按：中國傳統術語稱之為『入話』）——與主要敘述意思相聯繫的這個或那個引導性的故事。」他說：「所有這些都是古老故事的餘音。從前的表演者，為了吸引聽眾的注意，用詩歌和歌曲、韻白〔註239〕或引子——平行的故事預報自己的故事。而在敘述的結尾，對所描寫事物的哲學思考，也要在詩的尾聲中表達思想。」他指出：「順便說一句，現代作家也使用這樣的方法：

〔註236〕Д. Н. 沃斯克列辛斯基：《16～17世紀的中國城市小說》，《懶龍的把戲》，莫斯科：藝術文學出版社，1989年版，第11頁。

〔註237〕Д. Н. 沃斯克列辛斯基：《16～17世紀的中國城市小說》，《懶龍的把戲》，莫斯科：藝術文學出版社，1989年版，第20頁。

〔註238〕Д. Н. 沃斯克列辛斯基：《16～17世紀的中國城市小說》，《懶龍的把戲》，莫斯科：藝術文學出版社，1989年版，第20頁。

〔註239〕原文為「宣敘調」，為歌劇或清唱劇中速度自由、伴隨簡單的朗誦或說話似的歌調，此處按中國習慣譯為韻白。

例如，利翁·福伊希特萬格〔註240〕在他的長篇小說《戈雅》〔註241〕（又名《認識的艱難道路》）中每一章都用這樣的詩歌尾聲來結尾。」〔註242〕

沃斯克列辛斯基還指出：「中國中篇小說的特點是有大量的詩歌插入語——這是中國文學傳統的結果，無論是口頭的，還（在很大程度上）是書面的。」他說：「詩歌文本不只是描寫，還是表情的手段。需要給出鮮明的人物肖像，表現被描寫的風景，尖銳地評價出場人物的行為，或者，比方說，做出讓人記住的教訓——作者在這種情況下就會使用詩歌。」〔註243〕

作為一名長期受蘇聯文藝學主潮——社會歷史方法影響的漢學文藝學研究工作者，沃斯克列辛斯基在指出中國話本小說上述三大審美特點之外，還必然地歸結到論述它的社會認識價值和批判意義。他寫道：「在馮夢龍和凌濛初的作品中現實的和風土人情的情節具有重要位置。帶有這樣情節的作品包含著對於瞭解那個時代生活的豐富材料。類似於記錄了那個時代社會現實與風俗的大型社會風情小說《金瓶梅》。」他說：「馮和凌的小說何止是鮮明，而且還可能更多方面地描寫了社會最不同階層的生活：官員階層、商人、手工業者、僧侶、城市貧民、農民。城市小說在自己的總和中組成獨特的它們作品時代的現實百科全書。」〔註244〕比如在小說《張員外義撫螟蛉子》中，「展示了一個富裕的農民家庭的風俗」；「在關於「書生」王氏商人兄弟的故事（《王氏子因風獲盜》）裏，我們看到了商人階層的生活畫面」；「在小說《紅花場假鬼鬧》裏講述了官員和地方富豪地主的行為。讀者瞭解了管理機關——衙門的審案，瞭解了官員、書生的家庭制度。作家的筆下描繪了寺院的生活和習俗，描寫了地方遊樂場和歡場裏的生活。」〔註245〕沃斯克列辛斯基寫道：「我

〔註240〕利翁·福伊希特萬格（Lion Feuchtwanger，筆名：J. L. Wetcheek），德國籍猶太小說作家，1884 年 7 月 7 日出生於德國慕尼黑，1958 年 12 月 21 日逝世於美國洛杉磯。
〔註241〕作於 1951 年，寫西班牙畫家戈雅充當了 5 年宮廷畫家後離開宮廷，用藝術為被壓迫人民服務。
〔註242〕Д. Н. 沃斯克列辛斯基：《16～17 世紀的中國城市小說》，《懶龍的把戲》，莫斯科：藝術文學出版社，1989 年版，第 11 頁。
〔註243〕Д. Н. 沃斯克列辛斯基：《16～17 世紀的中國城市小說》，《懶龍的把戲》，莫斯科：藝術文學出版社，1989 年版，第 11～12 頁。
〔註244〕Д. Н. 沃斯克列辛斯基：《16～17 世紀的中國城市小說》，《懶龍的把戲》，莫斯科：藝術文學出版社，1989 年版，第 16～17 頁。
〔註245〕Д. Н. 沃斯克列辛斯基：《16～17 世紀的中國城市小說》，《懶龍的把戲》，莫斯科：藝術文學出版社，1989 年版，第 17 頁。

們沒有多大誇張地說，根據現實與風俗人情體裁的作品，可以很好地想像出處於不同社會階梯層面人們的社會與個人生活。」〔註246〕儘管這些小說爲了吸引聽眾和讀者，有人爲構建「驚險性」和「傳奇性」的成分，但沃斯克列辛斯基指出：「說到驚險性，它不妨礙廣泛地展示風俗，甚至擴展描寫它們的畫面。」他說：「情節的直言不諱的驚險性是重要的藝術手法，人們借助它們『瞭解』人類現實活動的各個方面，而道德教訓的潛臺詞則促使讀者對它做出相應的評價。」〔註247〕也就是說，中國城市話本小說作爲民間大眾文學所固有的「傳奇性」和「趣味性」，與其反映生活的眞實性、生動性和道德教訓性都是不矛盾的，並且經常是相當完美地結合在一起的。

　　沃斯克列辛斯基寫道，中國話本小說裏的民族學（этнография）知識「飽和到令人吃驚」。比如「在關於王氏兄弟的小說中詳盡地談論了商業企業。在《張員外義撫螟蛉子》裏展示了封建家庭裏與繼承事件相聯繫的複雜的相互關係。在《鄭蕊珠鳴冤完舊案》裏我們看到了婚禮儀式的畫面，而在故事《陳秀才巧計賺原房》裏是重利盤剝的行爲。在許多小說裏讀者瞭解了寺院裏的風尚，而在公案小說裏，認識了法庭和官府的設施。」他說：「這些『專業的』描寫賦予敘述以特殊的民族學色調，建立起廣泛的社會背景。」〔註248〕

　　對社會生活全面眞實的反映，必然伴隨著作者對其筆下所反映的社會現象的評價。沃斯克列辛斯基寫道：「在這種聯繫中不能不說到許多作品、首先是風俗民情體裁作品嚴肅的社會意義。在這裡作者專門特別注意個別的社會現象，給它們以自己的評價。」他指出：「典型的是，他們的評價經常不與社會『正統的』觀點相適應，這可以說是作者見解的自主性和獨立性。」〔註249〕他寫道：「《神偷寄興一枝梅》是關於機靈鬼和小偷的小說。可是騙子主人公無疑是爲作者所喜歡的，他讚美他的智慧，他的高尚，儘管他的『功績』，從

〔註246〕Д. Н. 沃斯克列辛斯基：《16～17世紀的中國城市小說》，《懶龍的把戲》，莫斯科：藝術文學出版社，1989年版，第17頁。

〔註247〕Д. Н. 沃斯克列辛斯基：《16～17世紀的中國城市小說》，《懶龍的把戲》，莫斯科：藝術文學出版社，1989年版，第17頁。

〔註248〕Д. Н. 沃斯克列辛斯基：《16～17世紀的中國城市小說》，《懶龍的把戲》，莫斯科：藝術文學出版社，1989年版，第17頁。

〔註249〕Д. Н. 沃斯克列辛斯基：《16～17世紀的中國城市小說》，《懶龍的把戲》，莫斯科：藝術文學出版社，1989年版，第17頁。

社會道德的觀點來看是可疑的。」〔註250〕沃斯克列辛斯基引用小說結尾時所說「似這等人，也算做穿窬小人中大俠了。反比那面是背非、臨財苟得、見利忘義一班峨冠博帶的不同」，指出：「以同情的態度對待狡猾而又聰明的騙子，在一定程度上反映了作者的社會傾向。」〔註251〕

沃斯克列辛斯基指出，話本作者的社會傾向，他們對社會的批判態度，「更清楚地顯露在故事裏，在那裡描寫了複雜的社會現象，談論了社會的無秩序和惡習。」他寫道：「在這裡有時有爲作者所特別聽到的，被譴責、批評和敵意的語調所充滿的社會呼聲，有時敘述本身即帶有諷刺和揭露的性質。」他指出：「作者不只是譴責個別人的缺點，還有社會群體的惡習。許多情節反映了那些社會階層的代表，如和尚的品行、官員的行爲不是偶然的，他們是許多社會疾病的體現者。」〔註252〕沃斯克列辛斯基在這裡特別注意到話本小說對僧侶的揭露和批判，他寫道：「僧侶生活（如同在西歐小說家那裡一樣），絕對是很普及的描寫對象。僧侶在小說中角色是相當多樣的，僧侶經常不僅只是戴有神聖的光環（誠然，不少小說充滿了「宗教性」，反映了這個特點），也作爲否定的人物——作者嘲笑和譴責的對象而出現。僧侶是各種陰謀、騙局，首先是通姦的參加者。」〔註253〕這裡不僅有和尚，還有尼姑，她們「在性愛活動上不亞於淫蕩的男性兄弟。」他寫道：「作者們總是爲它找到最爲多彩的色調和不同的描寫手段，開始於輕幽默，而以惡語冷嘲結束。」〔註254〕

沃斯克列辛斯基指出：「嘲笑和批判的對象還有一些是官員世界和學者階層的代表。如《紅花場假鬼鬧》中就展示了這樣一個惡官員的肖像」。沃斯克列辛斯基寫道，退職官員楊僉事「這個人是社會上層的代表（作者說，主人公甚至有高級學銜——進士）。他不單純是貪污者和騙子，還是眞正的掠奪者

〔註250〕Д. Н. 沃斯克列辛斯基：《16～17世紀的中國城市小說》，《懶龍的把戲》，莫斯科：藝術文學出版社，1989年版，第17～18頁。

〔註251〕Д. Н. 沃斯克列辛斯基：《16～17世紀的中國城市小說》，《懶龍的把戲》，莫斯科：藝術文學出版社，1989年版，第18頁。

〔註252〕Д. Н. 沃斯克列辛斯基：《16～17世紀的中國城市小說》，《懶龍的把戲》，莫斯科：藝術文學出版社，1989年版，第18頁。

〔註253〕Д. Н. 沃斯克列辛斯基：《16～17世紀的中國城市小說》，《懶龍的把戲》，莫斯科：藝術文學出版社，1989年版，第18頁。

〔註254〕Д. Н. 沃斯克列辛斯基：《16～17世紀的中國城市小說》，《懶龍的把戲》，莫斯科：藝術文學出版社，1989年版，第18頁。

和惡棍。」「而接下來讀者知道，這個學者、過去的法官還是殺人犯，他自己身邊雇傭著狗腿子——十幾個兇殘的強盜。在楊的形象裏集合了人們（同時還有作者）對最壞的政權代表所感受的惡感。」〔註255〕沃斯克列辛斯基結合文中大量的敘述人插話，如篇末所云：「奉勸世人，還是存些天理守些本分的好」，指出話本作者「類似的態度不是偶然的……在其中作者譴責了『峨冠博帶』的擁有者——官員們的貪婪、愚鈍和殘酷。啊！如果他們能夠恭敬一些、謙遜一些，少一點貪婪和謀求私利（這裡響著作者——講故事人內心的聲音），那麼大地上的一切該是另一種樣子了！」〔註256〕

　　沃斯克列辛斯基對中國16～17世紀話本小說的審美特徵、認識價值和社會批判意義的概括和揭示，體現了蘇聯時期文藝學研究重社會歷史批評的共同特色，與我國同時期的古代文學研究相比，結論也基本相同。這在今天看來，雖然由於缺少新鮮的研究方法和視角而多少顯得有些陳舊，但放到彼時歷史環境下，對中國古代民間文學在當時蘇聯的傳播，並爲持同樣閱讀期待視野的蘇聯讀者所理解、喜愛和接受，還是起到了積極的推動作用。

〔註255〕Д. Н. 沃斯克列辛斯基：《16～17世紀的中國城市小說》，《懶龍的把戲》，莫斯科：藝術文學出版社，1989年版，第18～19頁。
〔註256〕Д. Н. 沃斯克列辛斯基：《16～17世紀的中國城市小說》，《懶龍的把戲》，莫斯科：藝術文學出版社，1989年版，第19頁。

第三章　俄譯中國古代豔情小說中的
　　　　性民俗與性文化

　　本章所論對象，俄文叫「Эротика」（英文 erotic），意即色情文學。考慮到「色情」一詞，在中國語涉淫穢，故照目前互聯網上圖書分類的提法，稱爲「豔情文學」。

　　大約男女之情人所難免，所以情愛描寫一直是世界各國通俗文學的重要內容。中國古典文學流播西方最早的就是含有情愛成分的才子佳人小說。1827年在俄國出版了《玉嬌梨》〔註1〕片斷（譯自法文），1832年至1833年出版了《好逑傳》〔註2〕（先有英譯，轉成法譯，再譯成俄文）。俄羅斯聖彼得堡大學教授瓦西里·巴甫洛維奇·瓦西里耶夫於1880年在聖彼得堡出版的世界上第一部中國文學史《中國文學史綱要》（Очерк истории китайской литературы），其中提到的涉及情愛內容的中國小說有《紅樓夢》《金瓶梅》《品花寶鑑》〔註3〕《好逑傳》《玉嬌梨》等等。對這些小說，尤其是在中國被視爲「狎邪小說」的《金瓶梅》《品花寶鑑》等作品，瓦西里耶夫評其價值

〔註1〕又名《雙美奇緣》，清初張勻著長篇小說，全書20回。主要寫青年才子蘇友白與官家小姐白紅玉（又名無嬌）、盧夢梨爲了愛情經歷種種磨難，最終大團圓的故事，爲明末清初才子佳人小說代表作之一。

〔註2〕清代中篇小說，又名《俠義風月傳》，著者批者俱不詳。清刊本題爲「名教中人編次，遊方外客批評」。全書十八回，講述鐵中玉和水冰心的愛情故事。

〔註3〕《品花寶鑑》，又名《怡情佚史》、《群花寶鑑》，清陳森著長篇小說，共60回。小說以主人公青年公子梅子玉和男伶杜琴言神交鍾情爲中心線索，描寫了與梅、杜一樣的「情之正者」和商賈市井、紈綺子弟之流的「情之淫者」兩種人，以寓勸懲之意，是中國古代同性戀小說的最高成就。

曰：「那裡有許多中國生活更爲有意思的方面，除去奢華的豪宅，我們還瞭解了最貧窮的茅屋，骯髒的店鋪，以及那裡居民的風俗、情感和追求。」〔註4〕從中可見沙皇時代俄羅斯漢學家從民俗學、民族學角度正面對待中國豔情小說的期待視野。在該書最後一章「民間文學——戲劇、中篇小說、長篇小說」〔註5〕中，有 53 行文字的對《金瓶梅》情節梗概的介紹，可說是《金瓶梅》最早的俄譯縮寫本，也是俄羅斯人直接從原著譯介中國古代豔情小說的最早記錄。

第一節　蘇聯時期對中國古代豔情小說的譯介及性文化解讀

在蘇聯時期的中國古典小說研究中，對在中國被視爲「淫書」的豔情文學的翻譯介紹與研究，一直是一項重要內容。蘇聯在 20 年代出版了列文譯自法文的《俠義風月傳（好逑傳）》（國家文學出版社，1927 年版）和澤德巴姆譯自德文的《二度梅》〔註6〕（莫斯科，聯邦出版社，1929 年版）。新中國成立後，隨著中蘇兩國當時文化交往的熱絡，蘇聯的中國古典文學研究出現過一次高潮。在中國古代豔情文學方面較有影響的研究成果有莫斯科遠東研究所漢學家熱洛霍夫采夫在 1969 年出版的專著《話本——中世紀中國的市民小說》（其中涉及《金主亮荒淫》〔註7〕、馮夢龍《情史》〔註8〕等作品）；沃斯

〔註4〕 Васильев В. П.: Очерк истории китайской литературы. Санкт-Петербург: Институт Конфуция в СПбГУ, 2013. c.328.
　　　　В. П. 瓦西里耶夫：《中國文學史綱要》，聖彼得堡：聖彼得堡國立大學孔子學院，2013 年版，第 328 頁。

〔註5〕 該章在《中國文學史綱要》，1880 年版中爲第 15 章，2013 年再版爲第 14 章。

〔註6〕 《二度梅全傳》，又稱《忠孝節義二度梅全傳》，簡稱《二度梅》，作者惜陰堂主人。清初章回體通俗長篇小說，四十回。本書以唐肅宗時忠奸鬥爭爲背景，以梅、陳兩家的悲歡離合及其子女的愛情磨難爲主線，通過曲折跌宕的故事情節，展現了較爲廣闊的社會生活畫卷。

〔註7〕 《金主亮荒淫》，即《醒世恒言》卷二十三「金海陵縱慾亡身」。敘述金海陵王完顏亮荒淫無道、喪身亡國故事。

〔註8〕 《情史》一名《情史類略》，又名《情天寶鑒》，爲明代著名文學家馮夢龍選錄歷代筆記小說和其他著作中的有關男女之情的故事編纂成的一部短篇小說集，全書共二十四類，計故事八百七十餘篇。其中《情外類》選錄了歷代的同性愛情故事，記載的人物上自帝王將相，下至歌伶市民。讀者們也能在其間瞭解到「龍陽」、「餘桃」、「斷袖」等典故的來源。

克列辛斯基的《隔簾花影》〔註9〕研究；戈雷金娜的《中世紀中國的短篇小說》
（1980年，其中論及中國古代豔情文學如《趙飛燕外傳》〔註10〕、《吳紫玉傳》〔註11〕、《鶯鶯傳》〔註12〕、劉斧《青瑣高議》〔註13〕、瞿祐《剪燈新話》〔註14〕中的有關片段等）；馬努辛的《金瓶梅》翻譯（兩卷本，1977年）與研究，以及李福清的《金瓶梅》研究等等。

　　由於文化傳統與民族心理的不同，加之中國古典小說原文文本轉譯成俄文後，原文描寫性活動、性心理，在中國人看來頗具挑逗性、誘惑性的文字，及其字裏行間所隱含的微言大義，往往因難以言傳而大大減弱。所以俄羅斯漢學家對待中國文學中的色情描寫，一般沒有中國學者那種神秘、隱晦、難以啓齒之感。同時，蘇聯時期的漢學家研究中國色情小說，主要的興奮點並不在於小說的色情內容，而是從社會學的文學觀念出發，著眼於文人小說與時代社會生活、民間文學傳統與哲學宗教思想的聯繫，著眼於小說題材的淵源流變，對小說的色情內容本身，涉論的並不多。所以他們可以毫無顧忌地談論這些在中國被列爲「禁書」的作品。

　　比如熱洛霍夫采夫的專著《話本——中世紀中國的市民小說》，一方面根據話本與洪邁《夷堅志》的比較，另一方面根據對馮夢龍《情史》的分析，發現了筆記對話本的影響，也看到話本題材怎樣反過來影響筆記。再如老漢學家沃斯克列辛斯基研究《隔簾花影》的論文《十七世紀長篇小說〈隔簾花影〉的宗教觀點》〔註15〕，通過分析小說情節的「網狀結構」，即一方面有主

〔註 9〕　《隔簾花影》，一名《三世報》，作者丁耀亢，係改易《續金瓶梅》中人名與回目而成。
〔註10〕　《趙飛燕外傳》，舊題漢伶玄撰，後學者多認爲僞託。魯迅《中國小說史略》謂「大約爲唐宋人所作，日本鹽谷溫《中國小說概論》以爲大概出於六朝。記述漢成帝妃趙飛燕故事。
〔註11〕　《吳紫玉傳》，即《搜神記》卷十六所記吳王夫差女紫玉與童子韓重的愛情悲劇。
〔註12〕　《鶯鶯傳》，又名《會眞記》，傳奇小說，唐元稹作。寫崔鶯鶯與張生互相愛慕、私自結合，又爲張所拋棄的故事。對鶯鶯的性格和心理，刻畫得比較細緻。
〔註13〕　《青瑣高議》，宋代志怪、傳奇小說集。劉斧編撰。内容龐雜，除志怪、傳奇外，還包括瑣事、異聞、論議、紀傳等，涉及社會生活的許多方面。其中影響較大、成就較高的是傳奇一類作品，以描寫男女情愛、婚姻問題占多數。
〔註14〕　《剪燈新話》，傳奇小說集，明瞿祐作。四卷，附錄一卷，共21篇。形式模仿唐人傳奇小說，情節新奇。明清戲曲及擬話本作者，常從此書中擷取題材。
〔註15〕　Воскресенский Д. Н. Религиозный аспект романа ⅩⅦв.「Тень цветка за

人公西門慶與南宮吉、孝哥與惠哥遭遇的連貫性，另一方面也存在著由「前緣」所決定的基本情節之間的聯繫。說明小說如何用夢境來表述萬事皆由前定，如何安排意外和偶然的因素等等，指出在小說藝術構思中體現了佛教因果報應的思想。女漢學家戈雷金娜 1980 年出版的專著《中世紀中國的短篇小說（情節的起源及其進化）》，通過研究傳奇小說中動物妖怪偷妻、娶仙女、水靈物崇拜與游水府等情節的演進，以及它們同 3〜6 世紀神話故事的聯繫，指出：「傳奇體裁的特殊性即在於，這種故事永遠保持著最初的民俗學聯繫的痕跡。舊的民間文學主題的演進和變化是這種故事類型發展的過程。」「早期短篇小說的發展極緊密地與民間故事相聯繫，並由此決定了（傳奇小說）主人公的同類型性及缺乏情感表現的特點。」〔註 16〕以上這些論著，都體現了蘇聯時期的研究偏重社會歷史視角與文獻考據的特點。

　　1977 年，莫斯科國家藝術文學出版社出版了由莫斯科大學東方語言研究所副教授維克多・謝爾蓋耶維奇・馬努辛（Виктор Сергеевич Манухин，1926〜1974）翻譯的《金瓶梅》兩卷集。據我國浙江師範大學高玉海教授考察：「В. С. 馬努辛在 1969 年即完成了《金瓶梅》的全部譯稿，但由於當局的嚴格審查和出版社所做的大段刪節，使得該書在作者去世三年之後才得以出版」。〔註 17〕該版本詩詞譯文為根納季・鮑里索維奇・雅羅斯拉夫采夫（Геннадий Борисович Ярославцев，1930〜2004）譯，李福清作注釋，並撰寫了題為《蘭陵笑笑生和他的長篇小說〈金瓶梅〉》的長篇序言。

　　馬努辛譯本對《金瓶梅》原本作了很大的刪節，如高玉海所指出：「實際上篇幅只有《金瓶梅》原作的五分之二多一些」。〔註 18〕這裡僅舉 1993 年莫斯科正方出版聯合體出版的《中國色情》一書所收馬努辛譯《金瓶梅詞話》第五十一回《月娘聽演金剛科　桂姐躲在西門宅》為證：該回中除了有些詩

занавеской」// Китай: История, культура, историография. М.: Наука, 1977, с.222~226.

　　沃斯克列辛斯基 Д. Н.：《十七世紀長篇小說〈隔簾花影〉的宗教觀點》，《中國：歷史、文化和史學》，莫斯科：科學出版社，1977 年版，第 222〜246 頁。

〔註 16〕戈雷金娜：《中世紀中國的短篇小說（情節的起源和及其進化）》，莫斯科：科學出版社東方文學總編室，1980 年版，第 277〜278 頁。

〔註 17〕高玉海：《中國古典小說在俄羅斯的翻譯和研究》，長春：吉林大學出版社，2015 年版，第 78 頁。

〔註 18〕高玉海：《中國古典小說在俄羅斯的翻譯和研究》，長春：吉林大學出版社，2015 年版，第 78 頁。

詞、次要人物對話和敘述過程中的細節描寫，以及某些情節前後的鋪墊概述被略去之外，大段刪節的有「派來保赴東京爲桂姐說情」、「王六兒託來保給女兒帶物」、「桂姐爲月娘唱曲」、「西門慶在夏提刑府會見倪鵬」、「薛姑子爲月娘講佛法」等情節，以及自「巡按宋老爺送禮來」至回末近 3000 字被略去。此外西門慶與潘金蓮在床上交歡的細節描寫，也略掉不少。這裡除了有些中國描寫情愛活動的隱語、詩詞難於翻譯的原因之外，也有蘇聯時期出版物比較注意社會道德淨化，對淫穢色情內容嚴加控制的因素。如原作中下面一段西門慶與潘金蓮床戲的描寫：

> 這婦人便將燈檯挪近床邊桌上放著，一手放下半邊紗帳子來。褪去紅褌，露見玉體。西門慶坐在枕頭上，那話帶著兩個托子一味弄得大大的，露出來與他瞧。婦人燈下看見，諕了一跳，一手撚不過來，紫巍巍，沉甸甸，約有虎二。便昵睞了西門慶一眼，說道：「我猜你沒別的話，已定吃了那和尚藥，弄聳的恁般大，一味要來奈何老娘。好酒好肉，王里長吃的去。你在誰人跟前試了新，這回剩了些殘軍敗將，才來我屋這裡來了？俺每是雌剩雞巴衙的，你還說不偏心哩！」

俄譯爲：

> Цзиньлянь подвинула к постели светильник, опустила газовый полог, скинула красные штаны и обнажила свой белый, как нефрит стан. Симень сел на подушку. У него на том самом висела пара подпруг, и выйдя наружу, тот предстал взору вставшим в полный рост. Цзиньлянь увидев зто, даже подпрыгнула и всплеснула руками. Высился пурпурный пик и грохотало, Будто сошлись два тигра. Бросив страстный взгляд на Симэня .Цзиньлянь сказала:
>
> —— Догадываюсь, что у тебя одно на уме. Не иначе как снадобье монаха подействовало. То-то грозный вид! Хочешь меня доканать? Отборное другим, а моя уж такая доля —— с подбитым маяться. С кем сражался, говори! Где это тебя так подбили? Когда чуть жив, ко мне приходишь? Копешно, где мне с другими равняться! А еще говоришь, будто ко всем одинаков. 〔註19〕

〔註19〕Китайский эрос. Москва: изд. СП《Квадрат》1993, c.468~469.

　　　《中國色情》，莫斯科：正方出版聯合體，1993 年版，第 468～469 頁。

這段話回譯成中文是：

「金蓮把燭臺挪到床前，放下紗帳，脫下褲子，露出玉石一樣的酮體。西門坐在枕頭上，在他那個地方（筆者按：俄語用於指男性生殖器的隱語）弔著一對馬肚帶，向外翻出，一個挺立的大傢伙出現在眼前。金蓮看到這個，拍手跳了起來。一座紫紅色的山峰聳立著並轟然作響，好像遇見了兩隻老虎。金蓮用激情的眼光瞥了西門一眼，說道：『我猜，你心裏想的就是一件事。沒別的，就是和尚的藥起作用了。看那可怕的樣子！想毀了我嗎？上等的都給了別人，而我的命就是用這累壞了的？說，你跟誰幹過了？到半死不活的時候到我這裡來了！到底我在哪裏和人家一樣？還說對所有人都一樣呢！』」

應該說，馬努辛的這段譯文基本忠實地譯出了原文的場景和人物話語，不愧爲優秀的俄文譯本。但任何兩種民族文化、兩種語言文本之間的譯介和傳達，都必然有信息的衰減和遺失。從我們所引這段俄文譯文也可以看出，俄譯本在翻譯中已經把中文原文的淫穢文字或多或少地淨化了，如潘金蓮作爲一個市井潑婦，其脫口而出的許多生動形象的俚語、俏皮話，以及下流的污言穢語，在譯文中就有所缺失、減弱和過濾。這在兩種語言系統對譯中固然是一種不可避免的遺憾，也是在異民族文化交流與接受中取其精華、去其糟粕原則的必須，但對讀者感受原作人物風神氣貌，把握人物思想性格，不能不說有所損害。此外，馬努辛譯文中也有對原文理解不準確的地方，如原文說的「虎二」，是「比虎口大出二分」〔註20〕。實際上相當於我們平常說的「一紮多長」。俄文譯者不知道中國民間這種計量方法，按原文直譯，就變成「兩隻老虎」了。再有就是中國古代房中術的一些性器具，如「銀托子」〔註21〕等等，在中國已經失傳，現代中國人自己尚且搞不明白，俄文譯者只能按俄國人能想到的事物，譯成能束緊並托起物體的「馬肚帶」了。

李福清爲1977年馬努辛《金瓶梅》俄譯本撰寫的前言《蘭陵笑笑生和他

〔註20〕 白維國編：《金瓶梅詞典》，北京：中華書局，1991年版，第224頁。
〔註21〕 銀托子是古代一種用金屬製造的性愛工具，它外形一般呈半弧狀。根據陽物的大小不同，又有不同的「型號」。使用前常在開水或藥水中煮一煮，以起到消毒作用，然後用帶子綁在陽物之上。銀托子的作用，顧名思義就是借助其將陽物托起，加之它有金屬的硬度，即使陽物不那麼堅挺，也可以做到插入。

的長篇小說〈金瓶梅〉〉〔註22〕，是蘇聯時期的中國豔情文學研究中眞正涉及
作品情愛內容，並對其進行了深入分析和研究的一篇重要論文。李福清在文
中一方面從宏觀角度論述了小說《金瓶梅》與其所由產生的歷史時代的關係，
指出作品的認識價值和社會意義；另一方面又著重從微觀角度深入挖掘和分
析了作品中一些細節的象徵和隱喻意義，不少意見頗爲新穎獨到，值得中國
本國的研究者重視和參考。

　　首先，關於如何看待《金瓶梅》書中的色情描寫問題，李福清認爲，小
說中的色情場面描寫「不是目的，而是揭露的手段。」〔註23〕他指出：「許多
國家人民的文學史上，常常有這樣一個時期，以往禁止描寫的情慾會突然
間赤裸裸地闖入文學。這種情況一般發生在從中世紀到近代的過渡時期。」
他請讀者回憶一下卜迦丘和 17 世紀日本作家井原西鶴的作品，指出：「這裡
含有處處存在的同樣的文學發展規律：這條規律是同克服中世紀過分嚴肅
主義、同中世紀把主人公只看成是盡天職而不是有感情的人的態度相聯繫
的。」〔註24〕

　　關於《金瓶梅》的歷史價值，李福清指出，《金瓶梅》「這部小說彷彿是
整整一個時代的鏡子，封建社會危機形成時代的鏡子。」這部小說「是對當
時中國社會、對上層統治者道德敗壞和腐化的辛辣諷刺。」他寫道，小說所
寫的歷史事件雖然是北宋時期發生的事，但從書中所描繪的生活本身和各種
具體事物來看，則實際上是作者再現自己的時代，即 16 世紀的社會生活。李
福清指出：「蘭陵笑笑生幾乎是中國文學史上第一個談到金錢勢力的人」，通
過放高利貸而發財的西門慶，「這是當時中國生活的新主人公，相應的也是文

〔註22〕Рифтин Б. Ланьлинский насмешник и его роман 《Цзинь Пин Мэй》 // Цветы
　　　сливы в золотой вазе, или Цзинь Пин Мэй. т.1. М.: Государственная
　　　художественная литература, 1977. c.3~21.
　　　Б. 李福清：《蘭陵笑笑生和他的長篇小說〈金瓶梅〉》，《金色花瓶中的梅花，
　　　或者金瓶梅》第 1 卷，莫斯科：國家藝術文學出版社，1977 年版，第 3~21
　　　頁。
　　　中文節譯文載我國《文藝理論研究》，1986 年第 4 期，第 80~84 頁。全譯文
　　　收入李福清著：《漢文古小說論衡》，白嗣宏譯，南京：江蘇古籍出版社，1992
　　　年出版，第 115~149 頁。
〔註23〕李福清：《蘭陵笑笑生和他的長篇小說〈金瓶梅〉》（白嗣宏譯），《漢文古小說
　　　論衡》，南京：江蘇古籍出版社，1992 年版，第 127 頁。
〔註24〕李福清：《蘭陵笑笑生和他的長篇小說〈金瓶梅〉》（白嗣宏譯），《漢文古小說
　　　論衡》，南京：江蘇古籍出版社，1992 年版，第 129 頁。

學的主人公。」〔註25〕而《金瓶梅》這部小說與以往的社會小說（如《水滸傳》）的最大不同，則是通過主人公私生活的角度，來顯示作者對國家和社會問題的關注。李福清認爲，這正是《金瓶梅》的「創新之處。」〔註26〕

李福清在前言中對《金瓶梅》書中一些細節的象徵意蘊作了相當有趣的深入闡發，顯示出作者深厚的漢學功底和對中國傳統民俗文化的熟悉。比如他說，《金瓶梅》中的女主人公月娘在盛大場合裏總是穿紅襖，而明朝皇帝姓朱，朱即紅色，因而「紅」是一種高貴的顏色，所以「月娘穿紅衣裳可能與是富家裏的大太太和她在小說裏指定所起的象徵作用有關。」〔註27〕同時李福清又提醒讀者注意，潘金蓮在李瓶兒生日那天穿的是「深紅色嵌金坎肩」，這說明她「千方百計地突出自己比其他幾房妻妾所處的優越地位。」〔註28〕

對於《金瓶梅》中所表現的古代中國人的性觀念與性風俗，以及性愛活動的方式和過程，李福清結合《金瓶梅》第二十七回《李瓶兒私語翡翠軒　潘金蓮醉鬧葡萄架》，運用 20 世紀西方文論闡釋學、語義學派的「文本細讀」方法，作了相當細緻精到的分析。他說：「瓶兒的意譯是『花瓶』，照中國古老的概念，花瓶是子宮和女人天然物的象徵。難怪新娘的花轎裏一定要放上盛滿糧種或者珍寶的花瓶，表示祝願五穀豐登、多子多孫。小說中提到的中國古代遊戲——投壺，也具有同樣象徵的意義。這項遊戲在《金瓶梅》裏常常影射色情場面。不過，這種象徵含義只有在第二十七回裏揭示得最細膩。」李福清提醒讀者注意這樣一個看似不經意的細節：「一個悶熱的白天，西門慶披散著頭髮走進花園，身上隨意搭著一件長袍。」他寫道：「各國人民的民族文學和中世紀文學裏，披散頭髮是感情和性欲放縱的象徵。看來 17 世紀評論家張竹坡特地指出，這種形象『生情』，是有道理的。」李福清繼續寫道：「主人公在欣賞花盆裏盛開的瑞香花兒。這時金蓮和瓶兒出現在花園裏。金蓮想折一朵花兒。但西門慶阻止她說，他已經折過幾枝插進（意思是浸入）翠磁膽瓶裏。作者利用這些細節，彷彿是把讀者引向幾分鐘之後將要發

〔註25〕 李福清：《蘭陵笑笑生和他的長篇小說〈金瓶梅〉》（白嗣宏譯），《漢文古小說論衡》，南京：江蘇古籍出版社，1992 年版，第 119 頁。
〔註26〕 李福清：《蘭陵笑笑生和他的長篇小說〈金瓶梅〉》（白嗣宏譯），《漢文古小說論衡》，南京：江蘇古籍出版社，1992 年版，第 120 頁。
〔註27〕 李福清：《蘭陵笑笑生和他的長篇小說〈金瓶梅〉》（白嗣宏譯），《漢文古小說論衡》，南京：江蘇古籍出版社，1992 年版，第 124 頁。
〔註28〕 李福清：《蘭陵笑笑生和他的長篇小說〈金瓶梅〉》（白嗣宏譯），《漢文古小說論衡》，南京：江蘇古籍出版社，1992 年版，第 124 頁。

生的重大事件，引向李瓶兒吐露自己懷孕的事。這就是此處提到花瓶——「瓶兒」——的原因。既影射瓶兒，又影射女性天然物。」李福清還提示讀者注意「主人公話中異常的動詞：不知爲什麼不說把花插進或者放進花瓶。而是用『浸』這個字——『浸入』、『浸濕』、『澆灌水』。」在他看來，把花「浸入」盛有水的膽瓶，實際上是男性陽物插入女性陰道使之受孕的象徵。李福清還指出，膽瓶的樣子「像是弔在那裡的膽囊」，「照我們看來，花瓶的式樣也包含著不太美的含義」。但「膽——照中國人的說法是盛勇敢、膽量的容器。看來作者是想說，這裡指的正是生兒子、生繼承人的事。」他還指出：「也許提到瑞香花也不是偶然的。瑞香花含有一個『瑞』字，有吉祥的意思。花瓶的顏色本身——翠色——是春天的象徵，是人誕生和男子力量的象徵。」李福清寫道：「金蓮想折一朵花兒戴在頭上的事也不是偶然的。她明白，西門慶把花兒『浸入』翠瓶兒，表示希望瓶兒而不是金蓮或者另外一房妻子給他生一個兒子。因此他才阻止金蓮從花枝上折下與花瓶裏插著的花兒相同的花。」〔註29〕對於這一回後半部分西門慶在葡萄架下肆意玩弄，甚至用性虐方式羞辱潘金蓮的一場描寫，李福清認爲：「這個場面通過最粗暴最無人性的形式表現了西門慶對妻妾們的權力。作者在這裡表明，妻妾對他來說，實際上只是一件物品，他想怎樣擺弄就怎樣擺弄。」〔註30〕我們說，李福清對《金瓶梅》字裏行間微言大義所做的這些挖掘與闡發，固然有仁者見仁、智者見智的性質，不一定令人全部贊同。但他這種「細讀」的研究方法，還是值得參考和借鑒的。

第二節　中國古代性學寶典——《中國色情》

1991 年蘇聯解體，政治上的改旗易幟引起了俄羅斯社會全面的動盪和改組。包括漢學研究在內的人文科學，無論是在管理體制、運作模式還是思想觀念、評價尺度上，也都發生了重大變化。與蘇聯時期受官方資助的學院派研究不同，市場經濟條件下的俄羅斯漢學爲了自身的生存與發展，必須關注研究選題的現實性、迫切性，必須考慮自己產品的市場賣點。以往遠離現實、

〔註29〕李福清：《蘭陵笑笑生和他的長篇小說〈金瓶梅〉》（白嗣宏譯），《漢文古小說論衡》，南京：江蘇古籍出版社，1992 年版，第 125 頁。
〔註30〕李福清：《蘭陵笑笑生和他的長篇小說〈金瓶梅〉》（白嗣宏譯），《漢文古小說論衡》，南京：江蘇古籍出版社，1992 年版，第 126 頁。

大而無當的研究選題自然難以爲繼，被迫中止，適時隨俗的選題開始大行其
道。對中國古代豔情文學的研究，也是如此。在這樣的背景下，莫斯科正方
出版聯合體於 1993 年推出一部名爲《中國色情（Китайский эрос）》的文集，
內中收有聖彼得堡國立埃爾米塔日博物館、莫斯科國立東方民族藝術博物
館、東方學研究所聖彼得堡分所繪畫館收藏的中國和日本等國的春宮畫。而
其中收錄的「中國豔情文學」譯文，多爲過去蘇聯時期中國古典小說研究專
家 К. И. 戈雷金娜、Д. Н. 沃斯克列辛斯基（華克生）、В. М. 阿列克謝耶夫、
В. С. 馬努辛等人的舊譯。老材料新包裝，再加上中國文學與中國哲學、中國
醫學方面研究論文的融合，構成了一部圖文並茂的「中國性學」大全，自然
引起不少俄國讀者的青睞。

　　《中國色情》一書與以往蘇聯時期對中國色情文學研究最大的不同，就
在於它不是從文學角度，從文學體裁、題材、主人公形象、基本情節的淵源
流變角度來研究對象，而是把它們看成是中國古代性學，包括性哲學、性醫
學、性心理學、性民俗學的文獻。正如本書總序言的作者伊戈爾・謝苗諾維
奇・孔（Игорь Семёнович Кон，1928～2011）〔註31〕教授在《序言》中所說：
「這本文集的特點在於，它是由高水平的漢學學者在中文原文的基礎上編寫
的。它不是任意的轉述，而是通過科學的注釋和豐富的插圖細緻地作出的對
中國最重要的性學論文和典範的古典色情小說的翻譯，並附有一系列關於在
中國哲學、宗教意識、日常生活、文學和繪畫藝術中如何建立起性和性欲問
題的專門文章。這樣一來，蘇聯讀者（筆者按：本書編輯與序言的寫作均在
蘇聯後期，故文中還稱蘇聯）得到的就不是簡單的一套『中國性術』的藥方，
而是或多或少地得到關於色情與性在古代與中古中國文化中的地位的完整概
念。」〔註32〕

　　И. С. 孔的序言重點探討了中國古代對性與色情的理解的特點。他說：
「與把性看作是某種齷齪的、卑鄙的和極其危險的基督教文化不同，中國文

〔註31〕伊戈爾・謝苗諾維奇・孔，1928 年生於列寧格勒（今聖彼得堡），1947 年畢
　　　　業於列寧格勒赫爾岑師範學院歷史系。1950 年在新歷史與哲學兩個研究生班
　　　　畢業。曾在列寧格勒化學藥劑研究所、列寧格勒大學、蘇聯科學院哲學研究
　　　　所、社會學研究所、社會科學研究所等單位工作。1975 年起爲俄羅斯科學院
　　　　民族學與人類學研究所首席研究員。
〔註32〕Китайский эрос. Москва: изд. СП《Квадрат》, 1993. с.5~6.
　　　　《中國色情》，莫斯科：正方出版聯合體，1993 年版，第 5~6 頁。

化在性欲中看到了活生生的重要的積極因素。它強調，沒有圓滿健康的性生活，就不會有任何幸福，沒有健康，沒有長壽，沒有好的後代，沒有精神的圓滿，沒有家庭和社會的安定。性欲以及一切與其相聯繫的東西，被中國文化理解為是非常嚴肅、非常正當的。」但是，孔教授指出，中國人的性觀念又與「更多地指向個人享樂的印度享樂主義觀念不同，中國色情是最理性的。這裡一切是經過權衡的、仔細驗證的，嚴格的，分類編排的，並且所有這些法則和分類的基礎不是偶然的一定條件下的看法，而是宗教哲學的觀念，以及與其緊密聯繫的保持健康和長壽的準則。」〔註33〕他說：「如果利用弗洛伊德的現實原則與愉快原則對照，那麼可以說，中國色情指向的不是愉快原則，而是有益。」〔註34〕И. С. 孔指出，中國性學主要是對男人有益，特別是對在性關係上擁有極大自由的有權勢的男人有益。因此他告誡今天的讀者不要盲目地「向中國模式看齊」。〔註35〕論者還指出：「中國性學包含有許多與性活動有關的有益的建議和介紹，如正確的呼吸、滋補等等。其中一些被現代西方性學所接受，但也有一些是有爭論的（筆者按：如控制射精等）。」〔註36〕從這篇序言不難看出本書編者把讀者引向瞭解中國古代性學，而不是研究文學的總意圖。

《中國色情》的第一部分題為《愛的怪癖和淫行的原則》，收入全書主編、俄羅斯科學院東方學研究所研究員、哲學博士阿爾覺姆·伊戈列維奇·科博傑夫（Артём Игоревич Кобзев，1953～）為這一部分寫的引言《中國色情的奇談怪論》，以及美國漢學家珍·休馬娜和吳旺（譯音）合寫的《愛情的陰暗面》〔註37〕，E. B. 札瓦茨卡婭－柏芝的《作為中國傳統繪畫特殊色調的性活動》，O. M. 戈洛傑茨卡婭的《「春宮」的藝術》等4篇論文。專門介紹中國古代小説、繪畫中對無射精性交、同性戀、口交、群交、戀物癖等變態性行為的描寫。

科博傑夫在引言中一開始就指出了這樣一個無可爭辯的事實，那就是：

〔註33〕《中國色情》，莫斯科：正方出版聯合體，1993年版，第6頁。

〔註34〕《中國色情》，莫斯科：正方出版聯合體，1993年版，第7頁。

〔註35〕《中國色情》，莫斯科：正方出版聯合體，1993年版，第9頁。

〔註36〕《中國色情》，莫斯科：正方出版聯合體，1993年版，第8頁。

〔註37〕С. И. Блюмхен по изданию: The Yin-Yang. The Chinese Way of Love. L.; N. Y., 1971.

С. И. 勃留姆亨譯自：《陰陽：中國的愛情之道》，紐約，1971年版。

「中國人情愛成果不容置疑的證明可以說就是他們的人口數量，這是比長城——從月亮上用不借助工具的眼睛看到的唯一人工建築——規模更偉大的成就。」〔註38〕他指出：「中國文化的共相存在著深厚的色情底蘊。」〔註39〕這種文化的精神源頭「可以用白行簡的傳奇《李娃傳》中一位女主人公的話來概括：『世上最重要的就是男人和女人的關係。』〔註40〕（筆者按：即《李娃傳》中姥曰：『男女之際，大欲存焉。』）」

　　雖然中國人把男女交歡、陰陽媾合看作是天經地義的自然之道，是完全符合倫理綱常的現實生活中最重要的人際關係，但中國人又在這方面創立了許多奇特的理論和法則，用科博傑夫的話來說，就是「奇談怪論」（парадокс）。科博傑夫寫道：「但在最早的現實記錄中，隱藏著類似於長城的最後阻隔力量與偉大中國人民戰勝任何限制的生長力量神秘統一的奇談怪論。中國色情以奇異的方式把對保存精液的努力與一夫多妻制和生殖崇拜結合在一起。頗為驚奇的無射精性交乃是在快感物質與物質快感之間界面進行的奇特試驗，這種在道家學派被反覆研究的不射精性交的特殊技術，準確的說，是為了內部自我增強和延長生命的『還精術』，是『偷行昇天』的一種形式，也就是自然本性的獨特錯覺，而更為離奇的抑或是道家學說的主要原則——絕對地服從大自然的自然之道。」〔註41〕也就是說，古代中國人一方面鼓勵性生活和生育活動，另一方面又採取獨特方式來保養精液，有意識地控制性生活的長度、力度和節奏，以期既獲得性快感，又有助於強身健體，從而長期有效地保持個人的性能力和保證生殖質量。這在俄國漢學家看來，是最值得從「中國性學」中汲取和研究的奧秘。

　　科博傑夫指出：「延長生命，對它的精心培養（長生、養生），在傳統中國世界觀中絕不僅僅是同對血親的、氏族的、個人之上的自然力表現的崇敬。」

〔註38〕Кобзев А. И.; Парадоксы китайского эроса // Китайский эрос. Москва: изд. СП《Квадрат》, 1993. c.12.

　　　　А. И. 科博傑夫：《中國色情的奇談怪論》，《中國色情》，莫斯科正方出版聯合體，1993 年版，第 12 頁。

〔註39〕А. И. 科博傑夫：《中國色情的奇談怪論》，《中國色情》，莫斯科正方出版聯合體，1993 年版，第 29 頁。

〔註40〕А. И. 科博傑夫：《中國色情的奇談怪論》，《中國色情》，莫斯科正方出版聯合體，1993 年版，第 30 頁。

〔註41〕А. И. 科博傑夫：《中國色情的奇談怪論》，《中國色情》，莫斯科正方出版聯合體，1993 年版，第 12～13 頁。

「在中國人看來，完滿的個人僅只是在他成家有了自己的孩子以後。」他寫道：「在對事物的類似觀點中反映的不只是生殖崇拜和與之相應的為了孝敬先人而要求生產後繼者的祖先崇拜，同時還有認為生命——生長是最高價值的深刻觀念。」他指出：「在古典中國哲學中最主要的世界觀法則——『道』要求的實際上是『延續生命』（生生），後繼者也都應這樣做。」〔註42〕

科博傑夫指出：「『精』是一個獨特的、極難翻譯的術語。」「它可以分解成兩個語義學的極端『精液』（物理學意義上的精華）和『精神』（心理學的精華）。這樣一來，『精』這個概念表達的就是性與心理能力直接相等的意思。」〔註43〕他認為，正如弗洛伊德分析心理學所確定的術語「利比多」，「成為對歐洲的啟示」一樣，「在為中國人所建立的類似基礎上，特別是道家的長生理論，借助於泛性慾能力的積累。」〔註44〕

科博傑夫指出：「標準的西方翻譯用『精液』來對譯漢字『精』是不準確的，某種程度上這個中國術語一般意味著『精液』，但不單純是男人的。『精』——這是精練過的『氣』，它可以是男人的（陽氣、男氣），也可以是女人的（陰氣、女氣）。」他說：「在中國文化書《周易》（公元前 8 世紀～公元前 4 世紀）中就說過：『男女媾精，萬物變生。』（《繫辭傳》）」他寫道：「總的來說，在最重要的《周易》哲學文本《繫辭》中這樣確定：『精生萬物。』（《繫辭傳》）」「在那裡漢字『精』意味著精神、心靈、理智」〔註45〕。

在回顧和對比了古希臘哲學家在理論上探討的精液與精神的關係問題之後，科博傑夫寫道：「大概所有文化都知道或多或少地用理智來說明作為生命精神存在的精液的直覺概念，耗費它是致命的，而積蓄它則是養精蓄銳的。在世界的不同地區處於這種先決條件的日常生活邏輯，引起了對性克制、不婚、甚至自閹的努力，以使保持自己生命和精神的力量。而古代中國的思想家們，首先是道家提出了『瘋狂的思想』，繼續走向那個目的，但是相反的道路——性生活的極為精細化，而其中的全部焦點，是極少的甚至是不射

〔註42〕 А. И. 科博傑夫：《中國色情的奇談怪論》，《中國色情》，莫斯科正方出版聯合體，1993 年版，第 13 頁。

〔註43〕 А. И. 科博傑夫：《中國色情的奇談怪論》，《中國色情》，莫斯科正方出版聯合體，1993 年版，第 14 頁。

〔註44〕 А. И. 科博傑夫：《中國色情的奇談怪論》，《中國色情》，莫斯科正方出版聯合體，1993 年版，第 14 頁。

〔註45〕 А. И. 科博傑夫：《中國色情的奇談怪論》，《中國色情》，莫斯科正方出版聯合體，1993 年版，第 14 頁。

精。」〔註 46〕也就是說，根據中國古代性學觀念，尤其是道家主張的「房中術」，是既要享受性生活的快感，又努力控制精液的流失，以期保養生命精力。這種理論和施行方法，就是本書編者最感興趣的問題。

科博傑夫在文中對中國色情文學的起源提出了自己的看法。過去一般以《漢武帝內傳》的公元前 110 年爲中國色情文學的開始，西方還有人認爲應是公元 3～7 世紀。而他認爲，中國於 70 年代初出土的馬王堆漢墓中保存的《和陰陽》和《天下之道談》是中國最早的色情文獻，所以中國出現色情文學的年代應是「公元前 2 世紀初」。〔註 47〕他說：「古代中國的書面文獻早在漢代就極爲廣泛地普及了色情內容。它們的內容涉及廣泛的問題：從宇宙之愛的哲學到關於性交姿勢和淫欲動作，以及同性功能藥劑相聯繫的實踐教導。」〔註 48〕但是，到宋代以後，「隨著在中國一直到 20 世紀初都是占統治地位的意識形態的後期儒家道德的全面形成，這些文章開始消失，並被官方意識所拋棄。」〔註 49〕然而，色情文學卻沒有被消滅。於是出現了這樣一種矛盾現象：即「一方面，是教條主義的後期儒家清教主義的強化」；另一方面則是「色情文學的巨大繁榮，並且經常帶有描繪藝術，如大量的春宮插圖」。〔註 50〕他還指出：「在中國 16～17 世紀色情小說中佔優勢的是對在集中研究了各種現象之後要求指責放縱淫欲的對象的宗教道德觀點。」〔註 51〕

對於中國古代一方面有著清教徒式的嚴格的性禁忌，另一方面又存在著大量色情文學的矛盾狀況，科博傑夫分析道，這一方面是由於「在某種程度上官方儒家的禁忌是有效的」，使得對兩性問題的表現全部進入通俗文學，並採用「藝術暗示和多義性的半吞半吐的話語」；另一方面則是由於「中國人……學會了成功地解決棘手的性問題，去掉了它的爲文學所必須的悲劇性的不可

〔註 46〕 А. И. 科博傑夫：《中國色情的奇談怪論》，《中國色情》，莫斯科正方出版聯合體，1993 年版，第 16、22 頁。

〔註 47〕 А. И. 科博傑夫：《中國色情的奇談怪論》，《中國色情》，莫斯科正方出版聯合體，1993 年版，第 25 頁。

〔註 48〕 А. И. 科博傑夫：《中國色情的奇談怪論》，《中國色情》，莫斯科正方出版聯合體，1993 年版，第 25 頁。

〔註 49〕 А. И. 科博傑夫：《中國色情的奇談怪論》，《中國色情》，莫斯科正方出版聯合體，1993 年版，第 26 頁。

〔註 50〕 А. И. 科博傑夫：《中國色情的奇談怪論》，《中國色情》，莫斯科正方出版聯合體，1993 年版，第 26 頁。

〔註 51〕 А. И. 科博傑夫：《中國色情的奇談怪論》，《中國色情》，莫斯科正方出版聯合體，1993 年版，第 25 頁。

解決的色彩」。〔註52〕也就是說，由於封建時代兩性關係的不自由，而中國的封建制度又不允許對這種不幸進行公開的揭露和抗議，如在文學中採取悲劇的處理方式，於是就用色情文學的縱慾來化解這種矛盾。

《中國色情》書中第三部分《春情小說》，譯介了中國古代豔情文學的一些著名片段，如伶玄的《趙飛燕外傳》、《青瑣高議》中收錄的無名氏撰《迷樓記》、宋鄭景璧《紅裳女子傳》、《醒世恒言》中的《汪大尹火燒寶蓮寺》（俄譯名《火燒寶蓮寺》）和《赫大卿遺恨鴛鴦絛》（俄譯名《兩個尼姑與淫夫》）、《初刻拍案驚奇》中的《聞人生野戰翠浮庵》（俄譯名《聞人的愛情狂歡》）和《喬兌換胡子宣淫》（俄譯名《被處罰的性欲》）、《聊齋誌異》中的《黃九郎》（俄譯名《溫柔的美男子黃九》）、《恒娘》（俄譯名《恒娘論愛情的魔力》）和《巧娘》（俄譯名《巧娘和她的情人》）、李漁《十二樓》中的《十巹樓》和疑為李漁所著的小說《肉蒲團》節選。

考察這些小說入選的原因，除《醒世恒言》《拍案驚奇》《聊齋誌異》中的這些傳奇小說有較強故事性和較高藝術性之外，我們認為主要是因為這些小說反映了古代中國人性觀念、性習俗、性文化的各個方面，可以成為瞭解中國古代性學的形象化樣本。比如《趙飛燕外傳》中趙飛燕早年與射鳥兒有私，入宮後其姑妹還為其擔心。但被漢成帝招幸時，竟能「流丹浹席」，反映了中國人的處女情結。飛燕合德姊妹為爭得皇帝寵愛，保持肌膚柔嫩，用香湯沐浴，並服用丹藥，以至於終生不孕。漢成帝因超量服藥，以至於精虧而死等等。都反映了中國性學講究順應自然、節欲養生的理念，是對縱慾行為的有力告誡。《迷樓記》描寫隋煬帝使用機械御女，喪心病狂，縱慾傷身，最後誤國誤己。《紅裳女子傳》篇幅不長，故事性也不強，只是寫了姦屍這樣一件卑鄙齷齪的行為，最後主人公罪行暴露，自己也丟了性命。《汪大尹火焚寶蓮寺》寫和尚設計姦淫到廟中求子的婦女，一方面是對披著宗教外衣禍害人民的邪惡勢力的揭露，另一方面也反映了求子心切的中國婦女不惜通過個人受辱來滿足生兒育女願望的愚昧民俗。小說中對寶蓮寺中供奉的送子諸神的描述，也是對中國古代性文化、性神祇崇拜的介紹。《赫大卿遺恨鴛鴦絛》《聞人生野戰翠浮庵》都是寫女尼淫蕩、男人縱慾的故事，但前者下場悲慘，對女人的變態性心理做了無情的揭露。後者雖是大團圓結局，但最後有「少年

〔註52〕А. И. 科博傑夫：《中國色情的奇談怪論》，《中國色情》，莫斯科正方出版聯合體，1993 年版，第 26 頁。

時風月，損了些陰德」因而「宦途時有蹉跌」的教訓，對這種淫亂行爲也是有所譴責。《聞人生野戰翠浮庵》後半部分正文寫女尼靜觀設計使自己脫離寺院，與情人最終結成眷屬，塑造了一個美麗機智的女子形象，同時展示了許多中國古代的婚姻禮俗。而該篇入話講一個男扮女妝的假尼姑會縮陽術，《喬兌換胡子宣淫》寫男女勾搭姦情的許多伎倆，《黃九郎》寫同性戀，《恒娘》寫女子如何獲得和保持吸引異性的魅力，《巧娘》寫男子天閹陰莖短小，《十巹樓》寫先天石女無陰道，以上各篇兩兩相對，上下互文，全是男女性關係中背理反常的行爲或現象，可以說集中了性奇聞異事的各個方面，稱得上是一部中國古代的性學大全。

這一部分的一篇重頭文章是老漢學家沃斯克列辛斯基撰寫的長篇論文《中國唐·璜的命運——關於李漁的長篇小說《肉蒲團》和它的主人公的箚記》，該文後來成爲《肉蒲團》2000 年俄譯單行本的序言。這篇論文拿《肉蒲團》中的主人公未央生與歐洲文學中著名的花花公子典型唐·璜作比較，分析了中國色情文學中主人公的特點，以及這類小說產生的原因，所以它的意義已不限於說明《肉蒲團》一書，也可以看作是對中國古代豔情文學的總概括。

《肉蒲團》一書，我國學者一般評價不高。上海大學社會系教授、著名性文化學家劉達臨先生在他的《中國古代性文化》一書中說：「此書無論是內容、主題思想等方面都是不可取的。」〔註 53〕但魯迅先生曾稱此書「意想頗似李漁」，爲同類書中「較爲出類而已」〔註 54〕。似乎此書還有進一步研究的必要。沃斯克列辛斯基的論文應能對我們有所啓發。

沃斯克列辛斯基在《序言》中首先指出，世界各民族文學都有尋求愛欲之歡的典型，不僅西方有唐·璜，俄羅斯民間文學中也有薩瓦·戈魯岑〔註 55〕故事。這類主人公的行爲模式大多是在獲得肉欲滿足之後，隨即受到命運的沉重懲罰。中國的色情主人公也不例外。但是，拜倫的唐璜還「被賦予了許多正面的性質。因此他很快被看作是命運的犧牲品，而與有罪的誘惑者的情況有所不同」。沃斯克列辛斯基認爲：「拜倫的主人公……由於努力保持自己

〔註 53〕劉達臨：《中國古代性文化》，銀川：寧夏人民出版社，1993 年版，下卷，第811 頁。

〔註 54〕魯迅：《中國小說史略》，北京：人民文學出版社，1976 年版，第 155 頁。

〔註 55〕薩瓦·戈魯岑，俄國 17 世紀一部世俗小說的主人公，他把自己的靈魂出賣給魔鬼，以換取淫欲和貪婪的滿足。

愛情的忠實對象，而經常有著兒童式的天眞和純潔。肉體快樂的渴望在他那裡處於第二位，第一位的則是某種在精神上與理想女人接近的浪漫主義幻想。」〔註56〕而「中國文學中類似的主題，以及它的中心形象」，如李漁的長篇小說《肉蒲團》的主人公未央生。就是「西方唐璜的類似物，他也是多義性的。」〔註57〕

沃斯克列辛斯基指出：「李漁小說的情節相當簡單。它演繹的是一個由淫蕩的書生——秀才未央（有自己特點的中國的唐璜）的冒險行爲來實現的冒險故事，他給自己確定的目標就是通過愛情的誘惑和肉體快感的滿足來瞭解生活的滋味。但這僅只是作品的外部特點。李漁的小說更爲深刻，因爲它涉及到許多激動現代人的重要問題，它具有自己的建立起一定哲學潛臺詞的觀念、自己的構造。它通過多姿多彩的風流韻事的外表，流露出人類命運、人類使命和人的自身存在的重要主題的輪廓。在小說中涉及不尋常的倫理和哲學（宗教）問題，它們同樣激動著同時代的西歐作者。與此相聯繫，在小說中色情與『唐璜式』具有特殊的意思。因此，它的主題無論如何不能僅僅看作是對肉欲滿足的描寫。」〔註58〕他寫道：「年輕的秀才給自己確立了一個目的——找到一個女人，她能適應他的理想。」「主人公不乏許多討人喜歡甚至是迷人的特點：他聰明、有教養、有魅力、眞誠。他的色情衝動與厚顏無恥僅只是在某些時候暴露出來，一開始，並沒有發現他的想法的罪惡，相反，它們某種程度上可能表現爲冒失，但全然是善意的。要知道，他僅只是想找到一個人（妻子或者女友），她在精神上與自己接近，以使他的愛情對象與他關於女人的理想的觀念相適應。這裡有什麼不好呢？他的想法不乏某種浪漫的味道。」〔註59〕沃斯克列辛斯基指出：「在中國文學中類似的思想可以在關於『才子佳人』的感傷小說中找到反映，……在這類作品中主人公尋找理想的女人，尋找『稱心的女人』是他意圖的一個方面。另一個意圖是在快樂和

〔註56〕Воскресенский Д. Н.: Судьба китайского Дон Жуана-Заметки о романе Ли Юя《Подстилка из плоти》и его герое // Китайский эрос. Москва: изд. СП《Квадрат》, 1993. c.397.

　　Д. 沃斯科列辛斯基：《中國唐·璜的命運——關於李漁的長篇小說《肉蒲團》和它的主人公的箚記》，《中國色情》，莫斯科：正方出版聯合體，1993年版，第397頁。

〔註57〕《中國色情》，莫斯科：正方出版聯合體，1993年版，第397頁。
〔註58〕《中國色情》，莫斯科：正方出版聯合體，1993年版，第399頁。
〔註59〕《中國色情》，莫斯科：正方出版聯合體，1993年版，第399～400頁。

滿足中理解生活，在豐富多彩的美和多種多樣的滿足中感受塵世的現實。用這樣一種方式來看生活，主人公想要瞭解人的本性，也就是瞭解自己。這是作者嚴肅的構思，對於理解作品的思想是重要的。」〔註60〕

　　沃斯克列辛斯基指出：「（未央生）與（孤峰）和尚的談話變成了獨特的關於生活意義的辯論。」「和尚由自己的學說出發，對主人公說：認識生活與人的道路實際上就在於經過對宗教眞理的瞭解（這裡是禪宗佛教的眞理），而享樂的道路孕育著不幸，因爲享樂是沒有界限的。報應最終等待著人們。」（筆者按：見《肉蒲團》第二回「老頭陀空張皮布袋　小居士受坐肉蒲團」）「主人公強調的則是相反的，現實的意義就在於使人瞭解人生的全部快樂，其中包括肉體的快樂。」沃斯克列辛斯基認爲「看來作者是站在主人公一邊，因爲和尚遭受了失敗，他沒能說服主人公。這樣一來，生活的感性方面戰勝了和尚的宗教——道德圖式。但是，主人公的勝利很快就顯示出是一個幻影。」他指出：「（雙方）思想的這種牴牾，是小說哲學觀點最重要的特點。」〔註61〕

　　然而，《肉蒲團》的主人公未央生最終還是遭到了報應，他以自閹來對自己進行懲罰。沃斯克列辛斯基分析了中國豔情文學中的報應主題與西方文學中的報應的區別，指出：「在中國（情愛小說）主人公中實現的是佛教的『因果』思想，類似於西方宗教由於淫蕩行爲帶來的報應思想。……在未央生的生活中，他的一切愛情冒險最終使他走向厄運的結局。他失去了妻子、情人、力量和健康。這些都是由於自己的貪欲造成的無情的報應。這就是他的『果』」。〔註62〕

　　沃斯克列辛斯基在文中提出了這樣一個問題：「如果說好色主人公道路的最終結局都是預定了的（他的行爲是愚蠢的、不合道德的，然後就要求指責），那麼爲什麼還要誘人地描寫他的性生活的畫面呢？爲什麼作者（李漁或者其他作者）是那樣形象和鮮明地、帶著那樣一種滿足甚至是帶著對描繪令人難堪的感情的陶醉來描寫惡行的畫面呢？」〔註63〕他分析了三點原因：「首先，這種刻意描寫的色情場面的肉欲努力表現了惡行本身的令人討厭的性質。」〔註64〕「以便讀者明顯地信服這種惡行令人厭惡的特點，更重要的是

〔註60〕　《中國色情》，莫斯科：正方出版聯合體，1993年版，第400頁。
〔註61〕　《中國色情》，莫斯科：正方出版聯合體，1993年版，第400頁。
〔註62〕　《中國色情》，莫斯科：正方出版聯合體，1993年版，第402頁。
〔註63〕　《中國色情》，莫斯科：正方出版聯合體，1993年版，第403頁。
〔註64〕　《中國色情》，莫斯科：正方出版聯合體，1993年版，第403～404頁。

明白，報應的不可避免。」〔註65〕其次，沃斯克列辛斯基認爲，小說中大量
色情描寫的出現「說明了那個時代文化的一個特點。」那就是「養生」、「養
心」等一系列「與那個時代的生理心理學以及養生保健學相聯繫的概念。」
他指出：「『養生』與『養心』實質上就是人類自我調節活動的部分或方面。
（李漁就此寫過篇幅巨大的隨筆著作《閒情偶記》——原注）這種學說中最
重要的就是陰陽的和諧。」〔註66〕「在所有這些問題中，性關係包括性實踐
（性活動的樣式，必須的藥劑，如何建立陰陽的和諧等等）起著重要作用。」
〔註67〕第三，沃斯克列辛斯基認爲，文學作品中的色情描寫是「由那個時代
的現實和道德來說明的實際生活的特點」〔註68〕所決定的。「中國作者採取對
現實畫面的色情描寫，因爲是想說明，文學作品中感性的、色情的東西如同
貞節和禁欲一樣，具有成爲現實的權利，因爲它們都存在於生活之中，都是
現實的產物和它的組成部分。」〔註69〕我們認爲，沃斯克列辛斯基對中國古
代豔情文學產生原因的這三點分析，對我們今天正確認識中國古代小說中性
心理、性行爲描寫的意義和價值，肯定其中蘊含的人文精神和相對於當時歷
史環境而言的革命性啓蒙作用，還是很有參考價值的。

〔註65〕　《中國色情》，莫斯科：正方出版聯合體，1993 年版，第 404 頁。
〔註66〕　《中國色情》，莫斯科：正方出版聯合體，1993 年版，第 404 頁。
〔註67〕　《中國色情》，莫斯科：正方出版聯合體，1993 年版，第 405 頁。
〔註68〕　《中國色情》，莫斯科：正方出版聯合體，1993 年版，第 405 頁。
〔註69〕　《中國色情》，莫斯科：正方出版聯合體，1993 年版，第 406 頁。